빅데이터 분석

그것이 R고 싶다

임동훈 지음

자유아카데미

머리말

오늘날 빅데이터(big data) 시대가 도래하면서 하루에도 엄청난 양의 데이터가 생성되고 있다. 미국의 가트너(Gartner)는 빅데이터를 "데이터 양(Volume)이 많고, 데이터 형태가 다양(Variety)하며, 데이터 속도(Velocity)가 빠른 데이터"로 정의하였다. 일반적으로 빅데이터의 특징을 가트너의 3V, 즉 양(Volume), 다양성(Variety), 속도(Velocity)로 나타내지만, SAS는 여기에 가치(Value)라는 요소를 더해 4V로 나타내고, IBM은 3V에 정확성(Veracity, 진실성)이라는 요소를 더해 4V로 나타내고 있다. 오늘날에는 빅데이터의 특징을 3V에 가치(Value)와 정확성(Veracity, 진실성)을 추가하여 5V로 많이 나타내고 있다.

특히 요즘은 인터넷과 모바일 기기의 사용으로 엄청난 양의 데이터가 실시간으로 양산되고 있는데, 1분 동안 페이스북에서는 100만 건의 로그인이 발생하고, 트위터에서는 약 35만 건의 메시지가 트윗되며, 구글(Google)에서는 380만 건의 키워드가 검색되고, 19억 건의 이메일(Email)이 전송되고 있다. 또한, 멀티미디어 엔터테인먼트 기업인 넷플릭스(Netflix)에서는 약 70만 시간의 동영상이 시청되고 있고 유튜브에서는 1분 동안 450만 건의 비디오가 업로드되며, 플레이 스토어와 앱 스토어에서는 약 40만 개의 앱이 다운로드되고, 온라인 쇼핑으로 약 백만 달러가 거래되고 있다. 쇼핑의 예에서도 종전에는 상점에서 물건을 살 때만 데이터가 기록되었으나 오늘날에는 인터넷쇼핑몰의 경우 방문자가 구매를 하지 않더라도 어떤 상품에 관심이 있는지, 얼마 동안 쇼핑몰에 머물렀는지를 포함하여 방문자 행적 하나하나가 데이터로 저장되고 있다.

디지털 시대에 빅데이터만큼 중요한 자산은 없다. 개인이건 기업이건 경쟁사회에서 살아남기 위해서는 빅데이터를 이용하여 부가가치가 높은 자산으로 만들 필요가 있다. 방대한 규모의 빅데이터를 가치 있고 쓸모 있게 만드는 사람들이 바로 데이터 과학자(data scientist)이다.

저자가 대학교에서 빅데이터 분석을 강의하면서 느끼는 고충은 어떤 교재를 가지고 강의할 것인가였다. 대부분의 책들이 빅데이터 분석 방법에 대해 언급하고 있으나 비정형 데이터 혹은 트위터와 같은 소셜 미디어 데이터를 직접 프로그래밍을 통해 다룬 책들은 많지 않다. 설령 있다 하더라도 어려운 언어 사용으로 인해 구현하는 데 많은 시간이 소비되어 빅데이터의 맛을 제대로 볼 수가 없었다.

이 책은 2015년 출간된 "R을 이용한 빅데이터 분석"의 개정판으로 R 프로그램 업데이트 등 최신 경향에 맞춰 본문을 수정하고 예제를 추가하였다. 또한 부록에 R 사용법을 수록하여 처음으로 빅데이터에 입문하는 이들도 쉽게 배울 수 있게 구성하였다.

이 책은 총 9개의 장으로 구성되어 있다. 1장에서는 빅데이터 개요에 대해 소개하고 2장과 3장에서는 텍스트마이닝과 트위터 상에서 텍스트마이닝, 4장과 5장에서는 감성분석과 트위터 상에서 감성분석, 6장과 7장에서는 소셜 네트워크 분석과 트위터 상에서 소셜 네트워크 분석, 그리고 8장과 9장에서는 텍스트 클러스터링과 트위터 상에서 텍스트 클러스터링에 대해 다루었다. 그리고 부록에서는 R 언어를 모르는 독자들을 위해 R 프로그램 사용법, 즉 R 프로그램 설치, R 프로그램 실행, R 프로그램 문법에 대해 다루었다.

저자는 많은 사람들이 이 책을 통하여 빅데이터 맛을 볼 수 있도록 노력하였지만 여전히 책 내용에 오류가 있고 부족한 부분이 많을 것으로 생각한다. 따라서 독자들의 애정 어린 충고와 지속적인 지도편달을 바라며 미흡한 부분은 계속 보완해 나가고자 한다.

끝으로 책을 출간하는 데 도움을 주신 자유아카데미 출판사 여러분께 깊은 감사의 말씀을 드리고, 이 책이 나오기까지 많은 관심과 도움을 준 가족들에게도 감사를 표하고자 한다. 책의 예제 및 데이터 파일과 출간 후에 나올 수 있는 수정 등은 자유아카데미 홈페이지(www.freeaca.com) 자료실에 제공 예정이다.

2020년 5월

임동훈

이 저서는 2017년도 정부(과학기술정보통신부)의 재원으로 한국연구재단의 지원을 받아 수행된 연구임(No. NRF-2017R1E1A1A03071057).

차례

1장

빅데이터 개요

1.1 빅데이터 정의

오늘날 빅데이터(big data) 시대가 도래하면서 하루에도 엄청난 양의 데이터가 생성되고 있다. 글로벌 컨설팅 기업인 맥킨지 보고서(Mckinsey, 2011)는 빅데이터를 "일반적인 데이터베이스 관리 시스템(DBMS: Data Base Management System)으로 저장, 관리, 분석할 수 있는 범위를 초과하는 대규모 데이터"로 정의하고 있고, 2012년 미국의 리서치 전문업체인 가트너(Gartner)는 빅데이터를 "데이터 양(Volume)이 많고, 데이터 형태가 다양(Variety)하고, 데이터 속도(Velocity)가 빠른 데이터"로 정의하고 있다. 빅데이터는 단순히 데이터량이 많은 것이 아니라 크기(Volume), 다양성(Variety) 면에서 기존의 방식으로 저장, 관리, 분석하기 어렵고 또한 속도(Velocity) 면에서 실시간 생성과 분석을 필요로 하는 데이터는 말한다. 이처럼 빅데이터는 다양하게 정의될 수 있다. 따라서 빅데이터를 한마디로 "과거 아날로그 환경의 데이터에 비해 규모가 방대하고, 생성 주기가 짧으며, 수치 데이터뿐만 아니라 문자와 영상 데이터를 포함하는 대규모 데이터"라고 정의될 수 있다.

빅데이터의 특징을 그림 1.1과 같이 가트너의 3V로 널리 사용되고 있지만 SAS는 여기에 가치(Value)라는 요소를 더해 4V로 나타내고 있고, IBM은 3V에 가치(Value) 대신 정확성(Veracity, 진실성)이라는 요소를 더해 4V로 나타내고 있다. 오늘날 빅데이터의 특징을 보통 3V에 가치(Value)와 정확성(Veracity, 진실성)을 추가하여 5V로 많이 나타내고 있다.

빅데이터의 "빅(Big)"은 얼마만큼일까? 데이터의 생산량과 생산속도는 얼마나 될까? 온라인 커뮤니티인 레딧(Reddit)의 "What Happens In An Internet Minute

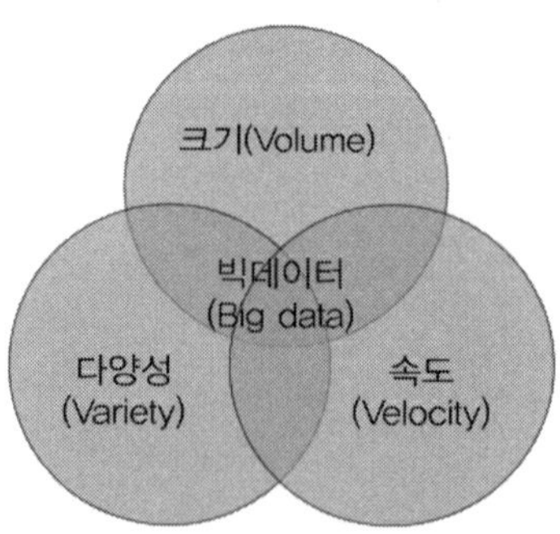

그림 1.1 빅데이터 특징 3V

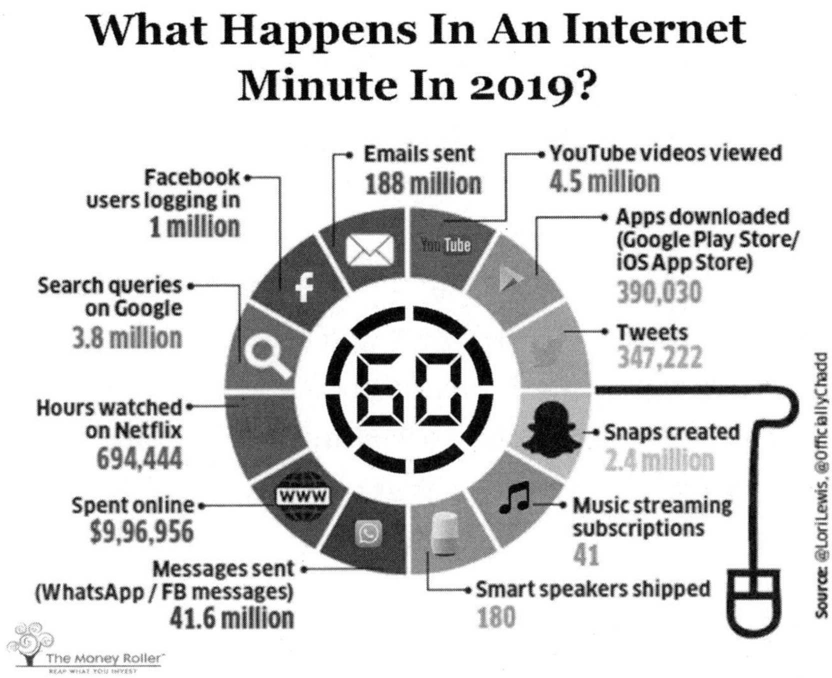

그림 1.2 인터넷에서 1분 동안 생산되는 데이터량
출처: https://www.reddit.com/r/Internet/comments/b2vg3h/

In 2019?"에 의하면 2019년 기준으로 인터넷에서 1분 동안 생산되는 데이터량은 그림 1.2와 같다.

그림 1.2에 따르면 1분 동안 페이스북에서는 100만 건의 로그인이 되고, 트위터에서는 347,222건의 메시지가 트윗되고, 구글(Google)에서는 380만 건의 키워드가 검색되고, 이메일(e-mail)은 18,800만 건 전송되고 있다. 멀티미디어 엔터테인먼트 기업인 넷플릭스(Netflix)에서 사용자는 694,444시간의 동영상을 시청하고 있고 유튜브(YouTube)에서는 1분 동안 450만 건의 비디오가 업로드되고, 플레이스토어와 앱스토어에서는 390,030개의 앱이 다운로드 되고, 온라인 쇼핑에서는 996,956달러가 거래되고 있다.

다음은 빅데이터의 특징을 3V 관점에서 크기(Volume), 다양성(Variety), 속도(Velocity)에 대해 자세하게 알아보고자 한다.

크기(Volume)

데이터의 물리적 크기를 말한다. 그림 1.3은 데이터 크기를 용량단위로 나타낸 것이다

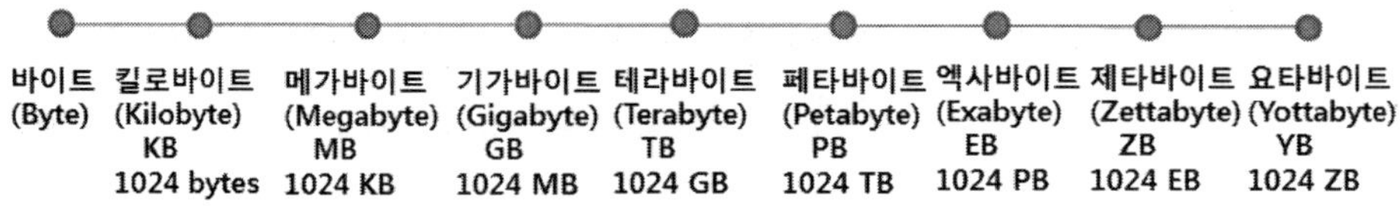

그림 1.3 데이터 크기

노래 한 곡당 3메가바이트(MB) 수준의 스몰데이터(small data)도 존재하지만 기업 데이터나 UHD급 고화질의 동영상 같은 경우는 우리가 생각한 것보다 규모가 훨씬 방대하다. 1,024기가바이트(GB) 데이터가 모여 1테라바이트(TB)가 되고 다시 1,024테라바이트가 모여 1페타바이트(PB) 데이터가 된다. 따라서 1페타바이트는 약 100만 기가바이트에 해당된다. 기업 데이터, 웹 로그 데이터(web log data), 센서 데이터(sensor data)인 경우 수백 테라바이트(TB)에서 수 페타바이트(PB) 이상의 용량을 차지한다.

미국 조사기업인 IDC는 전세계에서 생산되는 데이터의 양이 2025년에는 163제타바이트에 달할 것으로 예상했다. 2016년의 10배에 달하는 규모다. 이는 지구상 인구 한 명, 한 명이 세계 최대인 미국 의회도서관 장서 전체에 상당하는 양의 데이터를 생산한다는 계산이다.

- 웹 로그 데이터(web log data): 웹서버에 방문자가 웹사이트에 접속할 때마다 생성되는 데이터로 방문자의 IP, 접속시간, 외부사이트 경로, 페이지 등에 대한 정보를 담고 있고 방문자의 접속량과 페이지 조회 및 검색에 따라 기하급수적으로 증가한다.
- 센서 데이터(sensor data): CCTV, 인공위성, 그 밖의 센서가 부착된 장치로부터 얻어진 데이터를 말한다.

다양성(Variety)

데이터의 형태를 말한다. 표 1.1은 데이터 형태에 따라 분류한 표이다. 데이터는 형태에 따라 정형 데이터(structured data), 반정형 데이터(semi-structured data), 비정형 데이터(unstructured data)로 구분한다. 정형 데이터는 관계형 데이터베이스 시스템의 테이블과 같이 고정된 필드에 저장되는 데이터 혹은 스프레드시트 형태의 데이터를 의미하며, 일정한 형식을 갖추고 있다. 기존의 기업 환경에서 사용되는 데이터가 여기에 해당된다. 반정형 데이터는 고정된 필드로 저장되지는 않지만, XML이나 HTML 같은 웹문서가 여기에 해당된다. 그림 1.4는 반정형 데이터의 예로서 경상대학교 정보통계학과 홈페이지 첫 화면에 대한 HTML 문서이다.

표 1.1 데이터 형태에 따른 분류

종류	설명
정형 데이터(structured data)	고정된 필드에 저장된 데이터 (관계형 데이터베이스, 스프레드시트)
반정형 데이터(semi-structured data)	고정된 필드에 저장되어 있지는 않지만 메타 데이터나 스키마 등을 포함하는 데이터 (XML, HTML)
비정형 데이터(unstructured data)	고정된 필드에 저장되어 있지 않은 데이터 (텍스트 문서, 이미지, 동영상, 음성 데이터)

비정형 데이터는 고정된 필드에 저장되지 않는 데이터를 의미하며, 오디오, 텍스트 데이터, 이미지, 비디오 등이 여기에 해당된다. 오늘날 디지털 데이터의 90%가 비정형 데이터이며, 비정형 데이터는 예상할 수 없을 만큼 빠른 속도로 증가하고 있다.

속도(Velocity)

데이터의 속도는 데이터 생성부터 처리, 활용에 이르기까지 속도가 빠르다는 것을

그림 1.4 경상대학교 정보통계학과 홈페이지 HTML 문서

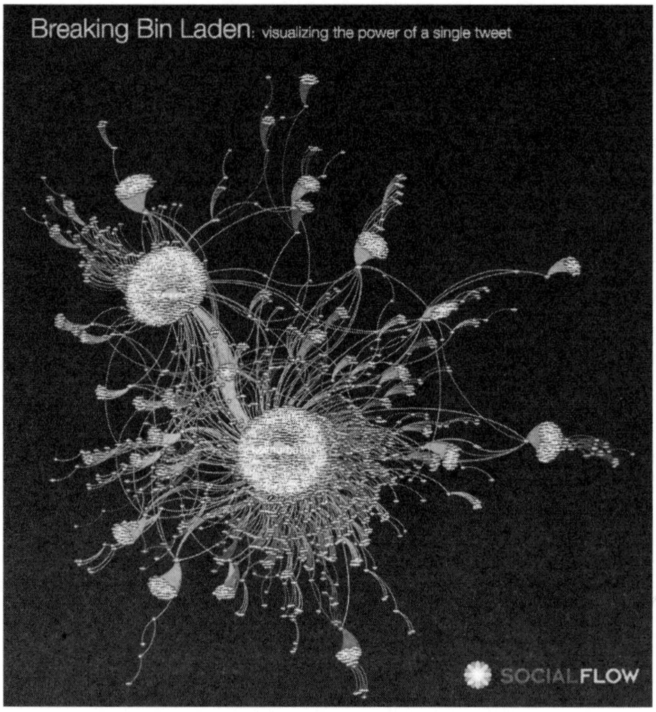

그림 1.5 빈라덴 사망소식 트윗 네트워크
출처 : http://www.socialflow.com

의미한다. 빠른 속도로 생성된 데이터는 정보 활용을 위해 빠른 속도의 데이터 처리 및 분석이 필요하다. 요즘 대세인 소셜미디어, 예를 들어 트위터, 페이스북은 매일 수십 테라바이트 이상의 데이터를 생산하고 있다. 과거에는 일정 시점 단위 일괄해서 데이터 처리하는 일괄처리(batch processing) 방식에서 오늘날에는 거의 실시간(near real-time) 혹은 실시간(real-time) 처리 방식으로 발전하고 있다.

이처럼 빅데이터는 데이터 생성 후 유통되고 활용되기까지 소요되는 시간이 기존의 수시간, 수주 단위에서 분, 초 단위 이하로 단축되고 있다. 예를 들면, 2012년 이슬람 무장세력 알카에다 지도자인 오사마 빈라덴(Osama Bin Laden)의 사망소식이 10여 분만에 트위터를 통해 전 세계로 확산될 정도로 빅데이터 시대의 속도는 상상을 초월한다. 그림 1.5는 트위터에서 빈라덴 사망소식을 트윗(tweet)을 통해 정보를 교류하는 네트워크 모습을 보여 주고 있다.

그림 1.6은 빅데이터의 3V 관점에서 기존 데이터와 비교하여 데이터 변화 형태를 보여 주고 있다.

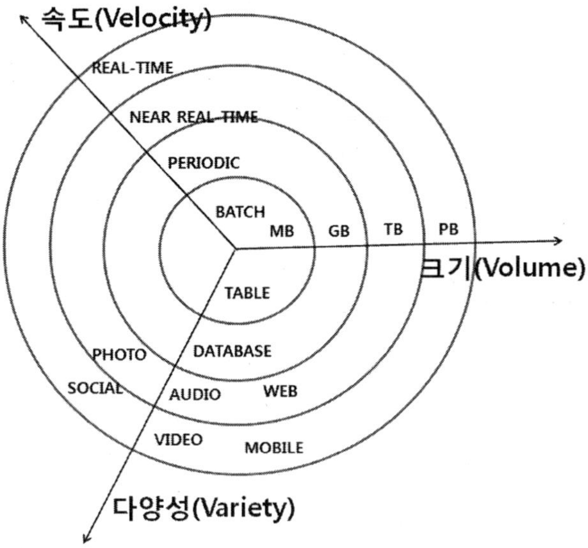

그림 1.6 3V 관점에서 데이터 변화 형태

가치(Value)

빅데이터가 추구하는 것은 가치창출이다. '구슬이 서 말이라도 꿰어야 보배'라는 속담처럼 서 말이나 되는 구슬도 흩어진 채로 굴러다니면 아무 짝에도 쓸모가 없지만 잘 꿰면 보석가치를 찾을 수 있다. 방대한 데이터로부터 제대로 된 가공과 분석이 이루어진다면 무한한 가치를 창출할 수 있다.

정확성(Veracity, 진실성)

데이터가 얼마나 정확하고 신뢰할 수 있는지를 의미한다. 빅데이터에는 많은 노이즈(noise)와 바이어스(bias)가 포함될 수 있어 적절하게 처리하지 못하면 이를 통해 유용한 가치를 만들어낼 수 없다. 빅데이터 시대에 데이터의 양이 많아지는 만큼 정보의 신뢰성이 떨어지기 쉽다.

1.2 빅데이터 환경

분산 컴퓨팅(distributed computing)

분산 컴퓨팅이란 인터넷에 연결된 여러 컴퓨터들의 처리 능력을 이용하여 거대한

표 1.2 기존 데이터 환경과 빅데이터 환경

구분	기존 데이터 환경	빅데이터 환경
하드웨어	• 고가의 저장장치(storage device) • 고가의 데이터웨어하우스(data-ware house)	• 분산 컴퓨팅(distributed computing) • 클라우드 컴퓨팅(cloud computing)
소프트웨어	• 관계형 데이터베이스(RDBMS) • 통계패키지(SAS, SPSS)	• 하둡(Hadoop), 스파크(Spark), NoSQL • R

계산 문제를 해결하려는 분산처리 모형이다. 간단히 말하면, 하나의 컴퓨터를 사용할 때보다 훨씬 더 신속한 결과를 얻기 위해 여러 대의 컴퓨터를 연결하여 각각 전체 작업의 일부를 수행하는 것을 말한다. 빅데이터 처리를 위해 용량 확장이 필요할 때마다 컴퓨터를 추가하여 대용량 데이터를 분산해서 빠르게 처리할 수 있다.

분산 컴퓨팅은 용량 확장뿐 아니라 시스템의 가용성 측면에서도 매우 중요한 기술이다. 특정 노드에 장애가 발생하면 다른 노드를 이용해 계속 서비스할 수 있고, 장애 복구도 장애 노드만을 대상으로 처리하므로 기존의 시스템 전체를 복구하는 것에 비해 상대적으로 적은 시간으로 복구가 가능하다.

분산 컴퓨팅 기술은 빅데이터 활용을 지원하는 데 있어 가장 중요한 기반 기술로 활용되고 있으며, 구글, 네이버 등 웹 포털 서비스 업체에서도 분산 컴퓨팅 기술을 활용하고 있다.

빅데이터를 처리하기 위해서는 여러 대의 컴퓨터에 작업을 나누어 처리하는 분산처리(distributed processing)가 필수적이다. 분산 시스템은 다수의 컴퓨터로 구성되어 있는 시스템을 마치 한 대의 컴퓨터 시스템인 것처럼 작동시켜 규모가 큰 작업도 빠르게 처리할 수 있다.

그림 1.7은 저자의 연구실에 빅데이터 처리를 위해 구축된 분산처리 시스템을 보여 주고 있다. 6대의 컴퓨터가 하나의 클러스터를 구축하고 있다.

클라우드 컴퓨팅(cloud computing)

클라우드(cloud)는 인터넷을 뜻하는 것이고 클라우드 컴퓨팅이란 인터넷을 기반으로 한 컴퓨터 기술(computing)을 의미한다. 다시 말하면, 클라우드 컴퓨팅이란 사용자가 필요한 소프트웨어를 자신이 컴퓨터에 설치하지 않고도 인터넷 접속을 통해 언제든 사용할 수 있고 동시에 각종 정보통신 기기에 데이터를 손쉽게 공유할 수 있는 사용 환경을 말한다. 예를 들어, 클라우드 컴퓨팅을 통해 문서나 사진, 동

그림 1.7 분산처리 시스템 실제 구축 모습

영상 등의 콘텐츠를 외부 서버에 저장하면 언제 어디서든 자료를 열람하거나 수정할 수 있을 뿐만 아니라 천재지변으로 인한 서비스 중단 시간을 최소화하거나 중단 자체를 방지할 수 있다.

대규모의 데이터를 저장하고 처리하기 위해 다수의 서버를 통해 분산처리하는데 바로 이 분산처리 기술은 클라우드의 핵심 기술이다. 따라서 빅데이터와 클라우드는 같은 분산처리 기술을 사용하는 상호보완적인 관계이다.

여러 포털 사이트와 통신업체에서 클라우드 컴퓨팅 서비스를 제공하고 있다. 네이버의 'N드라이브', 다음의 'Daum 클라우드', 구글의 '구글 드라이브' 그리고 통신업체인 KT의 'U 클라우드', LG U+의 '유박스' 등이 대표적이다.

그림 1.8은 클라우드 컴퓨팅 개념을 그림으로 표현한 것이다.

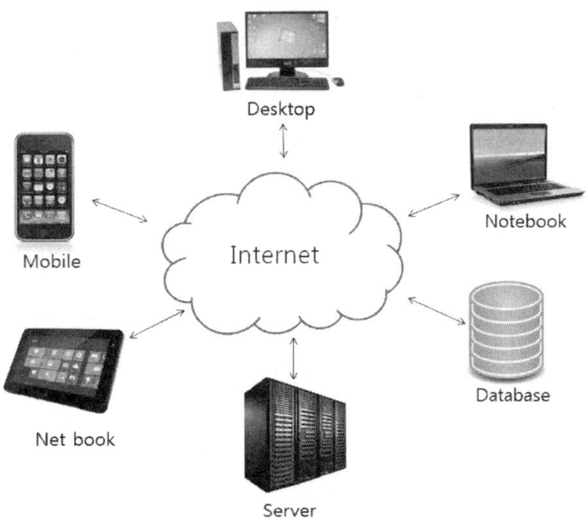

그림 1.8 클라우드 컴퓨팅 개념

하둡(Hadoop)

그림 1.9 하둡의 심볼인 코끼리

그림 1.10 하둡의 창시자 더그 커팅

하둡은 대용량의 데이터 처리를 위해 개발된 오픈소스 플랫폼이다. 하둡은 그림 1.9와 같이 노란색 아기코끼리로 표현하는데 이는 하둡을 처음 개발한 더그 커팅(Doug Cutting)이 자신의 아이가 가지고 놀던 장난감 코끼리의 이름에서 따온 것이다.

하둡은 HDFS(Hadoop Distributed File System, 분산파일시스템)와 맵리듀스(MapReduce, 분산처리시스템)로 구성되어 있다. 하둡은 분산파일시스템인 HDFS에 데이터를 저장하고, 분산처리시스템인 맵리듀스를 이용하여 데이터를 처리한다. HDFS는 그림 1.11과 같이 네임노드(name node)와 데이터노드(data node)로 구성되어 있다. 네임노드는 디렉토리 구조에 대한 정보를 저장하고 데이터노드는 실제 데이터를 저장한다. 맵리듀스는 잡 트래커(Job Tracker)와 태스크 트래커

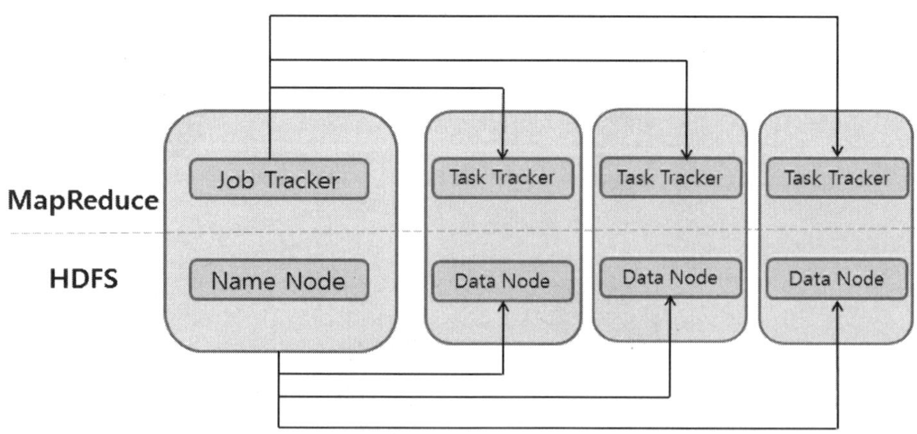

그림 1.11 하둡의 구조

(Task Tracker)로 구성되고 HDFS에 저장된 파일에서 데이터를 읽어서 가공하는 역할을 수행한다.

보통 잡 트래커는 HDFS의 네임노드와 같은 서버에 위치하고 태스크 트래커는 HDFS의 데이터노드와 같은 서버에 위치한다.

맵리듀스 동작에서 입력 데이터는 여러 조각으로 분할(split)하여 병렬처리한다. 맵리듀스의 동작 과정은 크게 맵(map)과 리듀스(reduce)의 2단계로 구성된다. 맵과 리듀스에서 입력 데이터와 출력 데이터 모두 <키(key), 값(value)> 쌍으로 처리한다. 맵리듀스에 대한 이해를 돕기 위해 하둡에서 흔히 예를 드는 단어세기(word count)를 가지고 맵과 리듀스에서 어떻게 처리되는지 살펴보고자 한다. 여기서 단어세기란 텍스트를 단어별로 나누어 빈도수를 계산하는 것을 말한다. 그림 1.12는 단어세기에 대한 맵리듀스 동작 과정을 보여 주고 있다.

그림 1.12에서 3개의 문장으로 이루어진 입력 데이터는 3개의 태스크(task)로 분할되어 실행되는데 이때 3개의 태스크를 맵 태스크(map task)라고 한다. 실제, 입력 데이터는 HDFS의 기본 블록 사이즈인 64 MB 단위로 분리하여 하나의 맵에 할당한다. 맵 태스크의 입력으로 <키(key), 값(value)> 쌍은 <1, I am a boy>, <2, You are a girl>, <3, She is a girl>들이 될 수 있다. 각 맵 태스크에 대해 맵 함수를 동시에 수행한 후 얻어진 <키(key), 값(value)> 쌍, 예를 들면, <I, 1>, <am, 1>, <a, 1>,<boy, 1>, ..., <She, 1>, <is, 1>, <a, 1>, <girl, 1>들에 대해 Shuffle / Sort 단계에서는 키(key)에 따라 단어들을 모은 후 다시 정렬하여 최종 처리하는 과정인 리듀스 태스크(reduce task)로 넘긴다. 여기서 리듀스 태스크의 수는 2개이다. 리듀스 태스크에서는 각 키에 따라 값들에 대해 병렬로 리듀스 함수

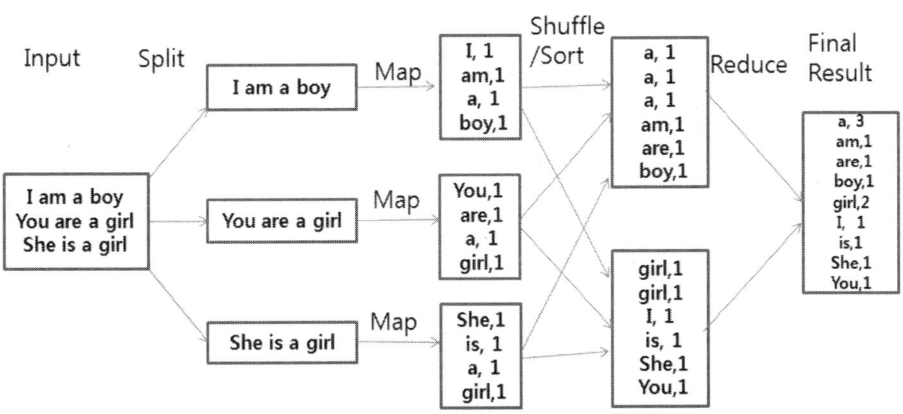

그림 1.12 단어세기에 대한 맵리듀스 동작 과정

를 적용한 후 <키(key), 값(value)> 쌍으로 최종 출력한다. 그림 1.12에서 2개의 리듀스 태스크들도 3개의 맵 태스크처럼 동시에 병렬처리를 수행한다.

NoSQL

NoSQL은 "Not Only SQL"의 약자로 전통적인 관계형 데이터베이스와 다르게 설계된 비관계형 데이터베이스(non-relational database)를 의미한다. NoSQL은 정형, 비정형 데이터를 쉽게 다룰 수 있도록 제공하는 방식으로 설계되어 있어 빅데이터 처리에 효과적이다. NoSQL 데이터베이스 예로서 MongoDB, HBASE 등이 있다.

R

R은 데이터 분석을 위한 통계 및 그래픽스를 지원하는 오픈소스 프로그램이다. R은 공개용(general public license, GPL) 통계 분석도구로 다양한 분야의 패키지들을 다운로드하여 사용할 수 있어 최근 들어 더욱 주목을 받고 있다. R은 패키지뿐만 아니라 일종의 언어로 기본적인 통계 기법부터 모델링, 최신 데이터마이닝 기법까지 구현이 가능하고 구현한 결과는 그래프 등으로 시각화할 수 있다. 또한 Java나 C, Python 등의 다른 프로그래밍 언어와 연결도 용이하다. 또한, R은 하둡 환경에서 분산처리를 지원하는 라이브러리 덕분에 구글, 페이스북, 아마존 등의 빅데이터 분석이 필요한 기업에서 대용량 데이터 통계분석을 위해 널리 사용되고 있다.

1.3 빅데이터 분석 방법

표 1.3 기존 데이터 분석과 빅데이터 분석

기존 데이터 분석	빅데이터 분석
• 데이터마이닝(data mining) • 머신러닝(machine learning, 기계학습)	• 텍스트마이닝(text mining) • 감성분석(sentiment analysis) • 소셜 네트워크 분석 (social network analysis) • 텍스트 클러스터링(text clustering)

(1) 기존 데이터 분석

데이터마이닝(data mining)

데이터마이닝은 통계 및 수학적 기술뿐만 아니라 패턴인식 기술들을 이용하여 데이터 저장소에 저장된 정형화된 데이터를 조사함으로써 의미 있는 관계, 패턴, 추세 등을 발견하는 과정이다.

머신러닝(machine learning, 기계학습)

머신러닝이란 인공지능의 한 분야로 컴퓨터가 데이터로부터 학습할 수 있도록 알고리즘을 개발하는 분야이다. 즉, 컴퓨터가 입력 데이터로부터 모형을 만들고 모형을 이용하여 새로운 데이터에 대해 예측과 의사결정을 하는 분야로 가령, 기계학습을 통해서 수신한 이메일(e-mail)이 스팸인지 아닌지를 구분할 수 있도록 훈련할 수 있다.

(2) 빅데이터 분석

텍스트마이닝(text mining)

텍스트마이닝은 자연어(natural language)로 구성된 비정형 텍스트 데이터에서 패턴 또는 관계를 추출하여 가치와 의미 있는 정보를 찾아내는 기법으로 자연어 처리(natural language processing) 기술에 기반한 방법이다. 소셜미디어(트위터, 페이스북 등)에서 생산되는 데이터는 비정형 데이터이기 때문에 텍스트마이닝을 이용하여 데이터를 분석한다.

그림 1.13은 문화체육관광부가 2017년 5월 19일부터 6월 4일까지 2주간 '정책브리핑'을 통해 접수받은 "국민이 새 정부에 바라는 의견"에 대한 총 7,319건의 데이터를 워드 클라우드로 나타낸 그림이다.

그림 1.13의 워드 클라우드로부터 국민이 새 정부에 거는 기대와 다양한 정책 제안이 담겨 있는 것을 알 수 있다.

감성분석(sentiment analysis)

감성분석이란 텍스트를 작성한 사람들의 태도, 의견, 성향과 같은 주관적인 데이터를 가지고 특정 주제에 대해 긍정인지 또는 부정인지를 분류하는 방법이다. 다시 말하면, 트위터나 페이스북 같은 소셜 네트워크 서비스를 통해 사회적 이슈나

그림 1.13 "국민이 새 정부에 바라는 의견"에 대한 워드 클라우드
출처: 문화체육관광부

좋아하는 영화 등에 대한 의견(opinion)으로부터 긍정, 부정, 중립의 선호도를 판별하는 기술이다. 일명 오피니언 마이닝(opinion mining)이라고 한다.

특정 브랜드나 상품이 시장 및 고객으로부터 어떤 평가를 받고 있는지는 기업이나 고객 모두의 입장에서 중요한 정보이다. 그림 1.14는 빅터뉴스(Bigtanews)가 2019년 3월 1일부터 3월 25일까지 SNS에서 '5G 요금제' 관련 '갤럭시 버즈'를

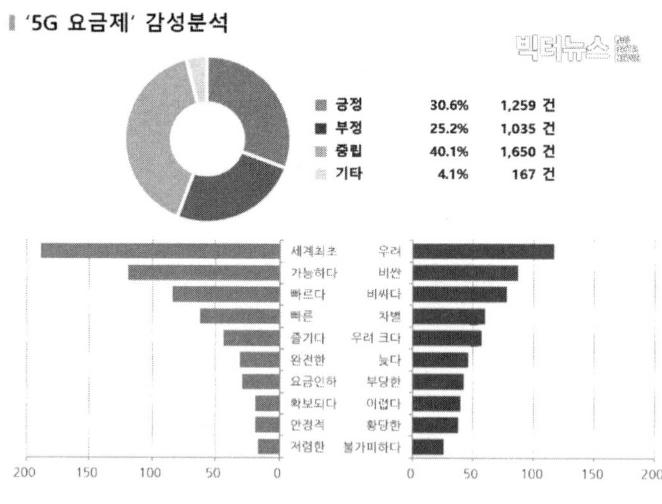

그림 1.14 5G 요금제 감성분석 결과
출처: 빅터뉴스 http://www.bigtanews.co.kr

분석한 결과이다.

빅터뉴스에 의하면 긍정 감성어는 1259건으로 30.6%를 차지했고, 부정 감성어는 이보다 적은 1035건으로 25.2%를 차지한 것으로 나왔다. 그러나 긍정 감성어를 보면 ▲세계최초, ▲가능하다, ▲빠르다, ▲즐기다 등 주로 5G에 대한 기대감과 관련된 단어 그룹인 반면, 부정 감성어는 ▲우려, ▲비싼, ▲비싸다, ▲차별, ▲우려 크다 등 주로 요금제와 관련된 단어 그룹으로 구분되었다. 누리꾼들은 5G의 기술에 대해 긍정적으로 기대를 하는 한편, 통신사의 요금제에 대해서는 비싸게 책정될 것에 대해 부정적으로 인식하고 있는 것으로 나타났다.

소셜 네트워크 분석(Social Network Analysis; SNA)

소셜 네트워크분석이란 소셜 개체, 즉 개인(또는 집단)들 간의 사회적 관계를 구조적으로 분석하여 내재된 관계를 파악하는 방법/기술을 말한다. 즉, 구성원들 간의 연결구조와 연결강도 등을 정량적인 방법으로 분석함으로써 내재된 현상을 찾아내는 일이다.

그림 1.15는 강원일보가 2000년부터 2007년 7월까지의 통계청 전출입 인구이동 자료를 토대로 강원도 시·군의 인구이동을 소셜 네트워크 분석한 결과이다.

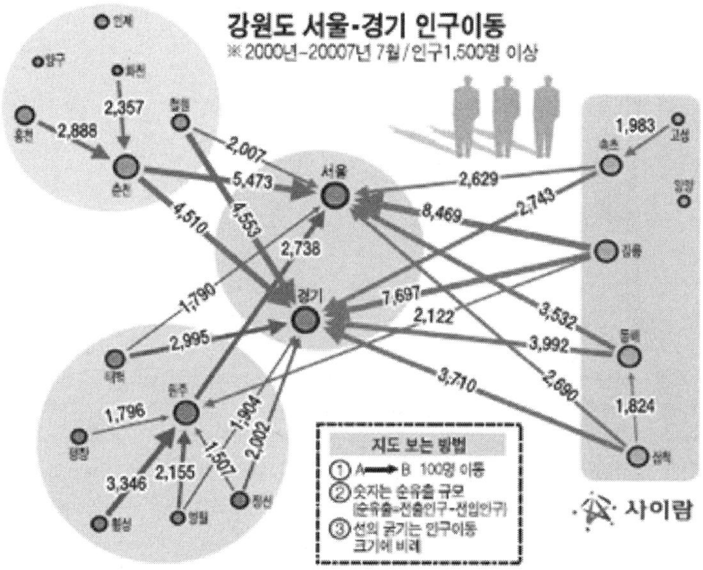

그림 1.15 강원도 시 · 군 주민 인구이동에 대한 네트워크
출처: 강원일보(2007)

텍스트 클러스터링(text clustering)

텍스트 클러스터링이란 텍스트 문서들에 대해 유사도(similarity)가 높은 문서들을 종류별로 분류하는 작업을 말한다. 텍스트 클러스터링을 통해 텍스트 요약 또는 문서 분류 등 다양한 분야에 활용되고 있다. 일명, 문서 클러스터링(document clustering)이라고 한다. 쉽게 설명하면, 대용량의 문서집합을 주제에 따라 분류하는 것으로 생각하면 된다. 예를 들어, 트위터 상에서 주로 사진/카메라에 대해 이야기하는 사용자 그룹이 있을 수 있고 자동차에 대해 관심있는 사용자 그룹이 있을 수 있다. 이러한 관심사나 취미에 따른 사용자 그룹을 텍스트 군집을 통해 분류할 수 있다.

그림 1.16은 2004~2005년 BBC 스포츠 사이트로부터 737개 문장에 대해 텍스트 클러스터링한 결과이다.

여기에서는 5가지 토픽(athletics, cricket, football, rugby, tennis)에 대해 클러스터링하였다. 각각의 토픽에 사용된 주요 키워드들은 다음과 같다.

1: chelsea, united, club, arsenal, league, liverpool, cup, football, manager, mourinho

2: test, pakistan, cricket, india, series, australia, south, tour, africa, runs

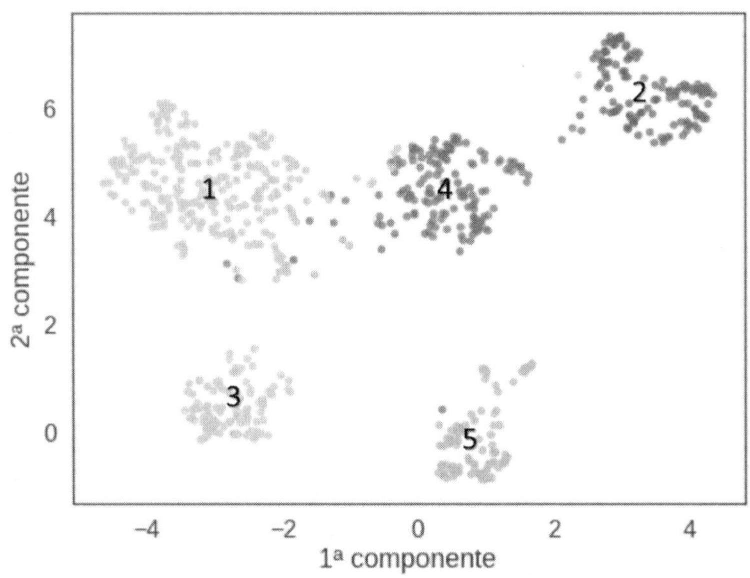

그림 1.16 텍스트 클러스터링의 예

출처: BBC 스포츠 https://www.bbc.com/sport

3: open, seed, australian, roddick, final, beat, federer, set, win, hewitt
4: england, wales, ireland, france, nations, robinson, scotland, half, rugby, game
5: olympic, race, athens, european, champion, indoor, holmes, athletics, championships, world

데이터 과학자(Data Scientist)

데이터 과학자란 빅데이터 시대를 이끌어갈 전문가로 빅데이터로부터 패턴을 파악해서 의미있는 값을 찾아내는 사람을 말한다. 다시 말하면, 비정형화된 대용량 데이터를 분석하여 새로운 가치를 창출하는 역량을 가진 사람을 말한다. 최근 하버드 비즈니스 리뷰(Harvard Business Review)에서 “데이터 과학자: 21세기의 가장 섹시한 직업(Data Scientist: The Sexist Job of the 21st Century)”이란 기사가 나올 정도로, 데이터 과학자는 빅데이터 시대의 도래와 함께 가장 전도 유망한 직업으로 떠오르고 있다.

그림 1.17은 빅데이터 활용을 위한 3가지 요소, 즉 기술(platform, 환경), 자원(big data), 인력(data scientist)을 나타내고 있다. 여기서 인력에 해당되는 요소가 바로 데이터 과학자이다.

데이터 과학자가 가져야 할 역량으로는 먼저 수리 및 통계학적 지식을 바탕으로 데이터를 분석하고 해석할 수 있는 능력을 갖고 있고, 다음으로 IT 기술을 가지고 대용량 데이터를 수집하고 통합하며, 관리할 수 있어야 한다. 마지막으로 현업지식은 빅데이터가 발생하는 현업, 예를 들면 생산, 마케팅, 의료, 생명공학 등

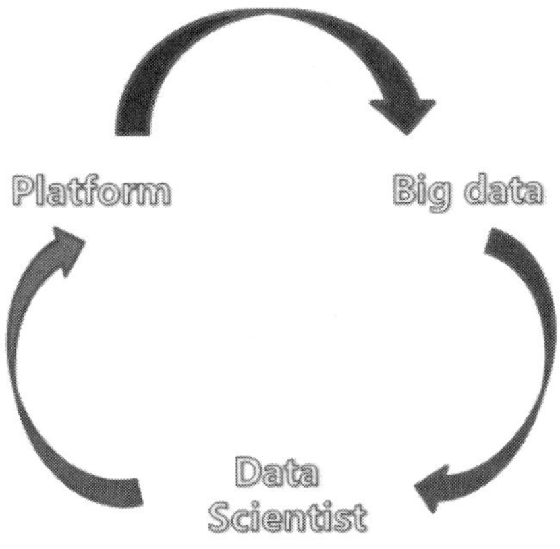

그림 1.17 빅데이터 활용의 3가지 요소

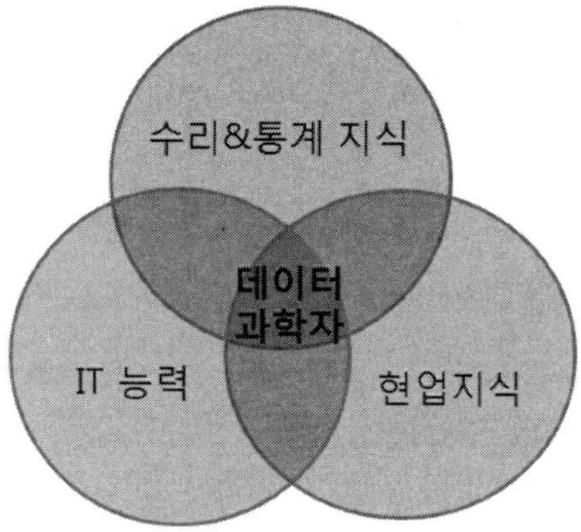

그림 1.18 데이터 과학자가 가져야 할 역량

의 업무지식을 의미한다. 이 세 가지를 골고루 갖춘 사람을 데이터 과학자라고 한다. 그림 1.18은 데이터 과학자가 가져야 할 역량을 벤다이어그램(venn diagram)으로 표현한 것이다.

1.4 빅데이터 활용

(1) 빅데이터의 핵심

우리 생활 모든 것이 데이터화되는 현실에서 과거에는 쓸모없는 것으로 인식되어서 버려졌던 대규모 데이터에 대한 분석이 가능해짐에 따라 빅데이터의 핵심인 미래에 대한 예측이 가능해졌다.

'구슬이 서말이라도 꿰어야 보배다'

라는 말처럼, 방대하고 복잡한 데이터로부터 질좋은 정보를 발굴해 내는 일이 중요하다. 세상에는 셀 수 없을 정도로 데이터가 많으며 하루에도 엄청난 양의 데이터가 생성되기도 하고 소멸되기도 한다. 2020년 한 해 생성되는 데이터 양은 40 제타바이트에 이를 것으로 예상되지만 이 엄청난 양의 데이터들이 사용되기도 전에 버려진다.

빅데이터 분석은 이렇게 버려지는 엄청난 양의 데이터로부터 패턴을 추출하여 필요한 정보를 찾아내는 기술이다.

(2) 빅데이터 활용사례

① 2012년 미국의 대형유통업체 타겟(Target)의 유아용품 매장은 14살 딸아이를 둔 부모에게 출산용품(유아복, 유아용 침대)을 준비하라는 우편물을 발송하여 엄청난 항의를 받았다고 한다. 그러나 알고 보니 그 아이는 실제 임신 중이었다. 타겟은 고객의 가입 정보, 구매 이력, 검색 이력 등의 데이터를 분석하고 이를 통해 임신 중인 고객의 구매 패턴에 따라 어떤 상품을 구매하는지를 알아냈다. 상관관계 분석을 통해 타겟은 고객이 임신을 하면 평소에는 구매하지 않던 칼슘, 마그네슘 등의 영양제를 구입하고, 임신 중기에는 화학 물질이 적은 로션, 출산이 임박하면 유아용품을 구매한다는 사실을 알아냈다. 즉, 여성 고객이 영양제를 구매하였을 때 타겟은 미리 임신 가능성을 주목하여 할인 쿠폰을 발송한 것이다(출처: 찰스 두히그의 '습관의 힘').

② 미국의 월마트는 허리케인이 예보됐을 때 소비 품목 중에 그림 1.19와 같이 맥주와 팝타르트(켈로그에서 만든 딸기가 들어간 과자)와 휴대용 랜턴 간의 공통점을 찾아냈다. 월마트는 2008년 두 차례의 대형 허리케인의 발행 예보를 기점으로 허리케인 기간 동안 어떤 소비 패턴이 나타났는지에 대한 판매 데이터를 분석하였다. 그 결과 8월말 세 번째 허리케인 프랜시스가 카리브해 인근에서 발생한다는 예보가 나오자, 월마트는 플로리다 지역에 이들 세 상품의 재고량을 급격히 늘렸고, 그 결과 매출액이 큰 폭으로 증가하였다.

③ 구글(Google)은 홈페이지에서 발열, 기침 등 독감과 관련된 검색어를 분석하여 '구글 독감 동향'이라는 독감확산 조기 경계체계를 마련하여 미국 지역별, 시간대별 독감 유행정보를 제공하였다. 구글의 독감예보시스템은 '미국 질병통제

그림 1.19 허리케인 발생시 준비물

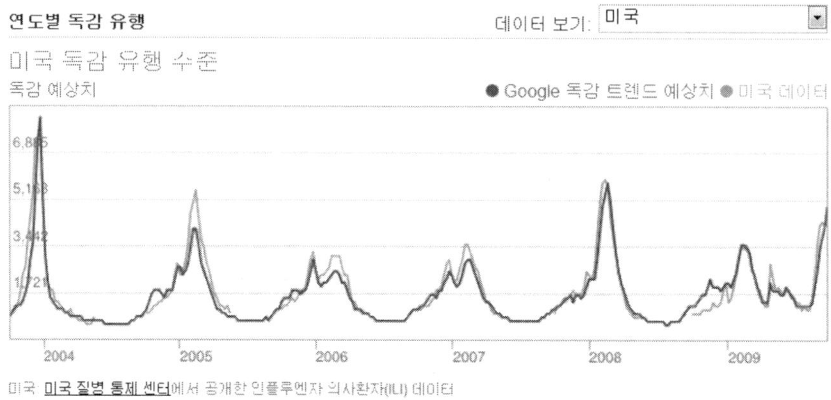

그림 1.20 구글의 독감 유행 분석

예방센터'보다 2주나 더 빠른 정보를 제공하면서도 그림 1.20에서 보는 바와 같이 미국 질병통제 예방센터와 데이터 비교 결과 검색빈도 및 실제 독감증세를 보인 환자 숫자 사이에서 아주 유사한 상관관계가 있다는 것을 확인하였다.

④ 구글이 개발한 그림 1.21의 '구글 엔그램 뷰어(Google Ngram Viewer)'는 800만 권(2010년 『사이언스』 발표 당시엔 500만 권이었으나 2012년 800만 권으로 업데이트됨)에 담긴 8000억 개의 단어가 지난 500년 동안(1520년~2012년) 사용된 빈도와 추이를 그래프로 보여 주는 프로그램이다.

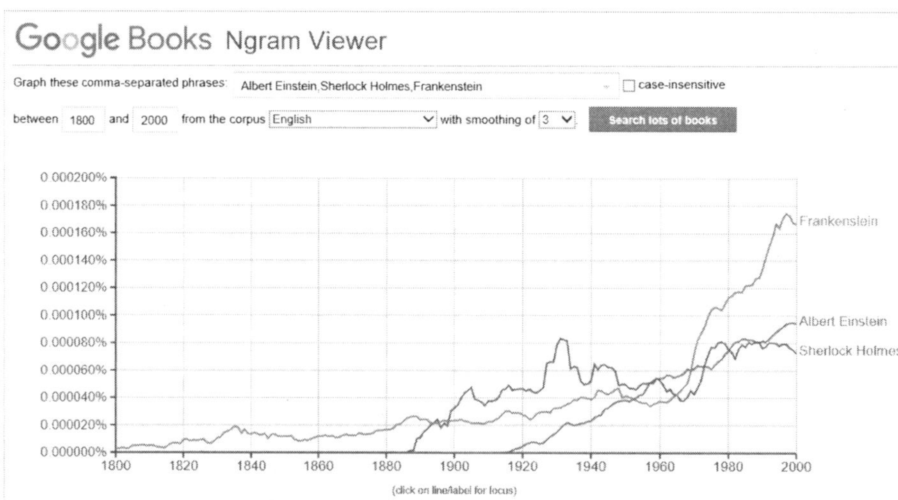

그림 1.21 구글 엔그램 뷰어 https://books.google.com/ngrams

그림 1.21의 예시로부터 검색어 "Albert Einstein, Sherlock Holmes,

Frankenstein"에 대한 검색 결과 프랑켄슈타인(Frankenstein)이 책 속에서 먼저 등장하고 다음으로 셜록 홈즈(Sherlock Holmes) 그리고 알버트 아이슈타인(Albert Einstein) 순으로 등장하였음을 알 수 있다. 또한 시대별 이들의 변화 추이를 알 수 있다.

⑤ 미국건강보험회사 웰포인트(Wellpoint)는 그림 1.22의 IBM의 인공지능컴퓨터 "왓슨(Watson)"의 빅데이터 분석을 활용해 환자 치료에 이용하고 있다. 왓슨은 200만 페이지의 의학서적과 150만여 건의 환자기록, 60만여 건의 의학적 검증자료를 토대로 3초 안에 환자 진단 및 치료 가이드라인을 제시하는 서비스를 실시하고 있다.

⑥ 아마존(Amazon)은 빅데이터 기반 추천 시스템을 개발하여 매년 20% 이상의 매출 신장세를 보이고 있다. 아마존의 추천 시스템은 아마존 사이트에 남긴 사용자의 로그 데이터나 상품의 유사도 분석 등의 대량의 데이터를 분석해 상품을 추천하는 것이다. 예를 들어, 고객이 책을 사려고 아마존에 접속하면 이전 구매내역 및 행동 패턴을 분석하여 관심을 가질만한 책을 추천해준다. 또한 고객이 셔츠를 사면 그 셔츠와 어울릴 만한 바지를 보여 주며 함께 구매할 것을 권한다.

⑦ 서울시의 디지털 정책 자문을 수행하는 서울디지털재단은 카카오모빌리티와 함께 서울의 심야교통 문제, 특히 심야시간 서울 지역 택시 초과수요에 대해 1년(2017.11 ~ 2018.10)간 카카오 T 택시 앱을 통한 택시 호출 및 운행 빅데

그림 1.22 IBM 슈퍼컴퓨터 왓슨

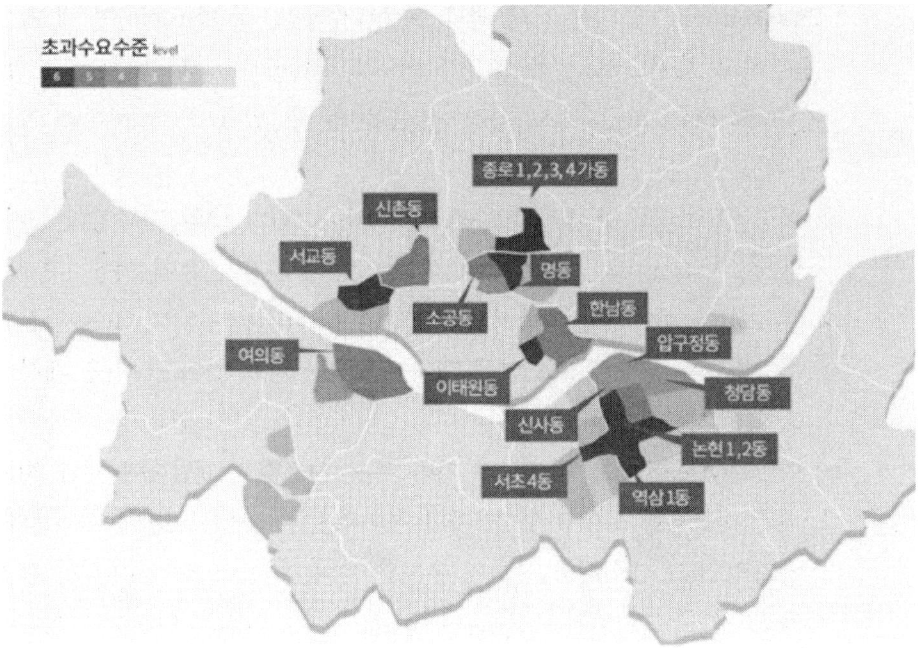

그림 1.23 심야시간 서울 지역 택시 초과수요 분포
출처: 보안뉴스 https://www.boannews.com

이터를 분석하였다. 그 결과는 그림 1.23과 같다.

심야시간대(자정~새벽 3시) 택시 초과수요(앱을 통해 택시를 요청했으나 배차가 이뤄지지 않은 경우)가 강남역 · 종로 · 홍대 · 이태원 순으로 많이 발생하는 것으로 나타났다.

2장

텍스트 마이닝

2.1 텍스트마이닝이란?

텍스트마이닝(text mining)은 비정형 텍스트 데이터(unstructured text data)에서 패턴을 추출하여 유용한 정보를 찾아내는 기법으로 자연어 처리(natural language processing; NLP)에 기반을 둔 기술이다. 여기서 자연어(natural language)란 우리가 일상생활에서 사용하는 언어를 말하고, 자연어 처리는 자연어를 컴퓨터를 이용해 처리하기 위한 기술 분야이다.

텍스트마이닝은 트위터, 페이스북, 블로그, 게시판 등 다양한 정보원으로부터 방대한 비정형 텍스트 데이터를 실시간으로 수집하여 정형화하는 과정을 거친 후 유용한 정보를 추출한다.

텍스트마이닝은 말 그대로 텍스트 형태의 비정형 데이터에 마이닝 기법을 적용한 것이다. 즉, 텍스트에 나타난 단어를 분해, 정제하고, 특정 단어의 출현빈도 등을 파악하여 단어들 간의 관계를 조사한다.

데이터마이닝(data mining)이 정형화된 데이터로부터 정보를 찾아내는 기법이라면 텍스트마이닝은 비정형화된 텍스트에서 정보를 찾아내는 기법이라 할 수 있다.

그림 2.1은 텍스트마이닝과 데이터마이닝의 관계를 나타내는 그림이다.

그림 2.1로부터 텍스트마이닝과 데이터마이닝은 둘 다 패턴을 추출한다는 점에서는 공통점이 있으나 어떤 데이터에서 패턴을 추출하는가에 대해서는 차이점이 있다. 텍스트마이닝은 정형 데이터보다는 비정형 데이터인 텍스트로부터 패턴을 추출한다는 점에서 차이가 있다.

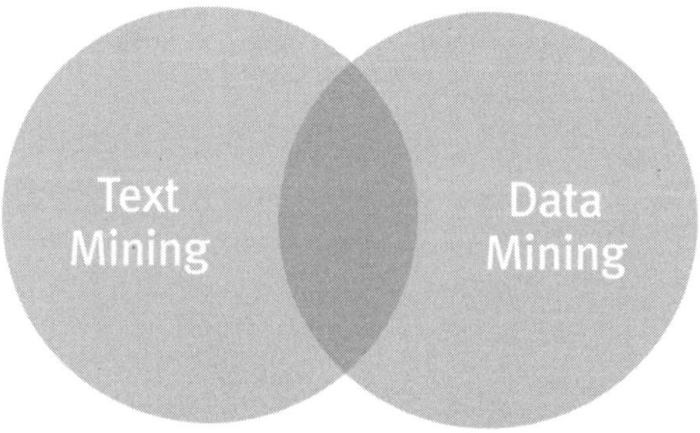

그림 2.1 텍스트마이닝과 데이터마이닝과의 관계

2.2 워드 클라우드

워드 클라우드(word cloud)란 단어의 빈도수를 가지고 핵심단어(key word, 키워드)를 시각화하는 방법으로 사용빈도가 많은 단어일수록 크게 표시한다. 워드 클라우드라는 이름은 데이터를 구름모양으로 보여 준다고 하여 붙여진 이름으로 일명, 태그 클라우드(tag cloud)라고 한다. 워드 클라우드는 방대한 양의 텍스트 데이터에 대해 키워드, 개념 등을 직관적으로 파악하기 위해 많이 사용한다.

그림 2.2는 1999년부터 2018년까지 20년간 추석 연휴 기간(추석 포함 3일) 동안 나온 기사를 분석하여 워드 클라우드로 나타낸 것이다. 뉴스 빅데이터 분석 시스템 '빅카인즈(BIG KINDS)'에 저장된 54개 언론사 기사 중 '추석'을 키워드로 해서 가장 많이 언급된 주요단어를 중심으로 나타냈다.

그림 2.2 추석기사 워드 클라우드
출처 : 한국일보 (2019)

분석 결과 지난 20년간 기사에서 가장 많이 언급된 단어 1위는 '고속도로(4,815건)'였다. 고속도로는 매해 1위 또는 2위를 차지하며 압도적인 관심사로 꼽혔다. 고속도로와 관련해 '대구', '부산', '강릉', '광주' 등 행선지로 보이는 단어들도 순위권에 들었다. '교통사고', '귀성객' 등 고속도로 상황과 연관되는 단어들도 많이 쓰였다. '보름달' 역시 매년 5위권 안에 꼽힌 단어였다.

R을 이용하여 워드 클라우드를 그리기 위해서는 "wordcloud" 패키지가 필요하다. 그리고 기존의 워드 클라우드보다 세련된 워드 클라우드인 워드 클라우드2를 그리기 위해서는 "wordcloud2" 패키지 설치가 필요하다.

(1) 한글 텍스트에 대한 워드 클라우드

예제 2.1 2.1절의 "텍스트마이닝(Text Mining)이란?"에 대한 내용을 워드 클라우드로 나타내고자 한다.

R 코드 2.1

```
#R 3.6.1
install.packages("KoNLP")
install.packages("wordcloud")
install.packages("wordcloud2")

library(KoNLP)
library(wordcloud)
library(wordcloud2)

text <- "텍스트마이닝(text mining)은 비정형 텍스트 데이터(unstructured text data)에서 
패턴을 추출하여 유용한 정보를 찾아내는 기법으로 자연어 처리(natural language 
processing; NLP)에 기반을 둔 기술이다. 여기서 자연어(natural language)란 우리가 일
상생활에서 사용하는 언어를 말하고, 자연어 처리는 컴퓨터가 사람처럼 자연어를 처리하는 
분야를 말한다.
텍스트마이닝은 트위터, 페이스북, 블로그, 게시판 등 다양한 정보원으로부터 방대한 비정형 
텍스트 데이터를 실시간으로 수집하여 정형화하는 과정을 거친 후 유용한 정보를 추출한다.
텍스트마이닝은 말 그대로 텍스트 형태의 비정형 데이터에 마이닝 기법을 적용한 것이다.
즉, 텍스트에 나타난 단어를 분해, 정제하고, 특정 단어의 출현빈도 등을 파악하여 단어들
간의 관계를 조사한다.
데이터마이닝(data mining)은 정형화된 데이터로부터 정보를 찾아내는 기법이라면 텍스트
마이닝은 비정형화된 텍스트에서 정보를 찾아내는 기법이라고 할 수 있다.
```

```
그림 2.1은 텍스트마이닝과 데이터마이닝과의 관계를 나타내는 그림이다.
그림 2.1로부터 텍스트마이닝과 데이터마이닝은 둘 다 패턴을 추출한다는 점에서는 공통점
이 있으나 어떤 데이터에서 패턴을 추출하는가에 대해서는 차이점이 있다. 텍스트마이닝은
정형 데이터보다는 비정형 데이터인 텍스트로부터 패턴을 추출한다는 점에서 차이가 있다."

useNIADic()

noun1 <- extractNoun(text)
noun2 <- noun1[nchar(noun1)>=2] #명사 중에서 2개 글자 이상만 검색

noun2 <-gsub("[[:digit:]]", "", noun2)
noun2 <-gsub("[[:punct:]]", "", noun2)
noun2 <-gsub("그림","", noun2)
noun2 <-gsub("비정|비정형화","비정형", noun2)

wordcount <-table(noun2)  #빈도 계산
#wordcount  <- sort(wordcount, decreasing=T)[1:20]
pal <- brewer.pal(6, "Dark2")

windowsFonts(malgun=windowsFont("맑은 고딕"))

set.seed(1000)
wordcloud(words=names(wordcount), freq=wordcount, colors=pal, min.freq=2,
          random.order=F, family="malgun")

wordcount <- sort(wordcount, decreasing=T)
wordcount <- wordcount[wordcount>=2]
set.seed(1000)
wordcloud2(data=wordcount, backgroundColor = "black")
```

[R 코드 2.1] 실행결과

그림 2.3 [R 코드 2.1]의 워드 클라우드

그림 2.4 [R 코드 2.1]의 워드 클라우드2

[R 코드 2.1] 설명

- KoNLP 패키지: KoNLP은 한글 자연어 처리(Korean Natural Language Processing)의 약자로서 한글 텍스트 처리를 위한 패키지이다. 이 패키지에 useNIADic() 함수, extractNoun() 함수들이 있다. 단, KoNLP 패키지를 사용하기 위해서는 자바 JRE(Java Runtime Environment)가 먼저 설치되어 있어야 한다.

  - useNIADic() 함수: KoNLP에 있는 NIA 사전(NIADic)을 사용하기 위한 함수이다. 이 함수에 의해 텍스트로부터 단어가 추출된다.

- NIA 사전(NIADic)

  한국정보화진흥원(National Information Agency; NIA)이 한글 텍스트 분석을 위해 국립국어원의 우리말샘 사전을 바탕으로 제작된 형태소 사전이다. 여기서 형태소란 '일정한 뜻(의미)을 가진 가장 작은 말의 단위'로 더 쪼개면 본래의 의미를 잃어버리는 말의 단위이다. 그림 2.5는 예시를 통해 형태소를 설명한 것이다.

  그림 2.5의 예시에서 "책가방"을 "책"과 "가방"으로 쪼개는 경우 각각 의미를 갖고 있으나 "가방"을 "가"와 "방"으로 쪼개면 의미가 없어진다. 이 경우 "책"과 "가방"은 형태소이고 "가"와 "방"은 형태소가 아니다.

  - extractNoun() 함수: 한글 텍스트에서 명사만을 추출하기 위한 함수이다.

  예 noun1 <- extractNoun("한글 텍스트에서 명사만을 추출하기 위한 함수이다.")

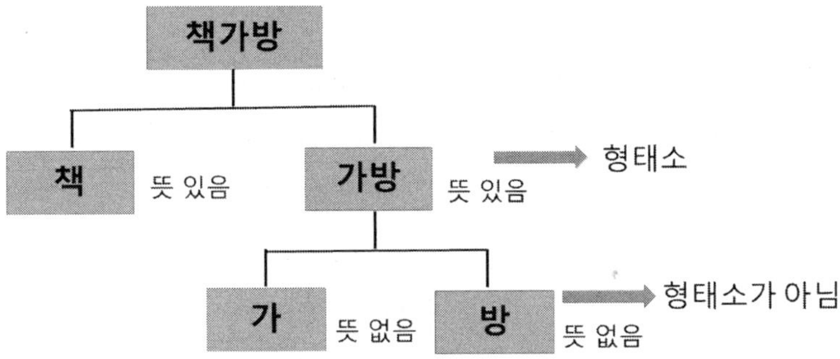

그림 2.5 형태소에 대한 설명

```
noun1
[1] "한글"    "텍스트" "명사"    "만"      "추출"    "하기"    "함수"
```

→ 추출된 명사들은 벡터 형태로 출력된다.

- nchar() 함수: 단어의 글자 수를 세는 함수이다.

예 noun1 <- c("한글", "텍스트", "명사", "만", "추출", "하기", "함수")

```
nchar(noun1)
[1] 2 3 2 1 2 2 2
```

nchar() 함수를 이용하여 단어의 글자 수에 제한을 두고자 하는 경우 다음과 같다.

예 noun2 <- noun[nchar(noun)>=2]

→ 변수 noun에 있는 단어의 글자 수가 2자 이상 되는 단어만을 검색한다.

- gsub() 함수: 문자열에서 찾고자 하는 패턴을 검색하여 지정된 패턴으로 대체하는 함수이다. gsub은 global substitute의 약자로서 여기서 global은 문서 전체를 나타내는 everywhere를 의미한다. 참고로, gsub() 함수는 아래 한글 프로그램에서 “찾아 바꾸기” 기능을 가진 함수라고 생각하면 된다. 다음은 gsub() 함수의 사용형식이다.

```
gsub(pattern, replacement, x)
```

- pattern: 찾고자 하는 패턴
- replacement: 대체 패턴

- x: 문자열

예 noun2 <-gsub("[[:digit:]]", "", noun2)

→ [:digit:]는 정규 표현식(regular expression)에서 숫자를 나타낸다. 따라서 문자열 noun2에서 숫자를 찾아 제거한다.

예 noun2 <-gsub("[[:punct:]]", "", noun2)

→ [:punct:]는 정규 표현식(regular expression)에서 구두점(punctuation)을 나타낸다. 따라서 문자열 noun2에서 구두점을 찾아 제거한다. 구두점에는 마침표(.), 쉼표(,), 물음표(?), 느낌표(!), 콜론(:), 세미콜론(;) 등이 있다.

예 noun2 <-gsub("그림", "", noun2)

→ 문자열 noun2에서 "그림"을 제거한다.

예 noun2 <-gsub("비정|비정형화", "비정형", noun2)

→ 문자열 noun2에서 "비정" 혹은 "비정형화"를 "비정형"으로 대체한다.

- brewer.pal() 함수: 컬러 팔레트의 이름과 색상의 개수를 결정하는 함수이다.

```
brewer.pal(n, name)
```

- n: 워드 클라우드에서 나타낼 수 있는 색상의 개수
- name: 컬러 팔레트의 이름으로 다음과 같다.

Accent, Dark2, Paired, Pastel1, Pastel2, Set1, Set2, Set3

예 pal <- brewer.pal(6, "Dark2")

참고로, R 시스템에 등록된 컬러 팔레트를 알고자 하는 경우 다음과 같다.

```
display.brewer.all()
> display.brewer.all()
```

brewer.pal() 함수는 RColorBrewer 패키지에 있는 함수인데 wordcloud 패키지가 설치될 때 같이 설치되기 때문에 별도로 RColorBrewer 패키지를 설치할 필요가 없다.

- windowsFonts() 함수: 글자폰트 등록을 위한 함수이다.

사용자가 원하는 글자폰트를 사용하고자 하는 경우 미리 사용 전에 등록을 하여야 한다. 다음은 "맑은 고딕" 혹은 "궁서체"을 등록하는 문장이다.

```
windowsFonts(malgun = windowsFont("맑은 고딕"))
```

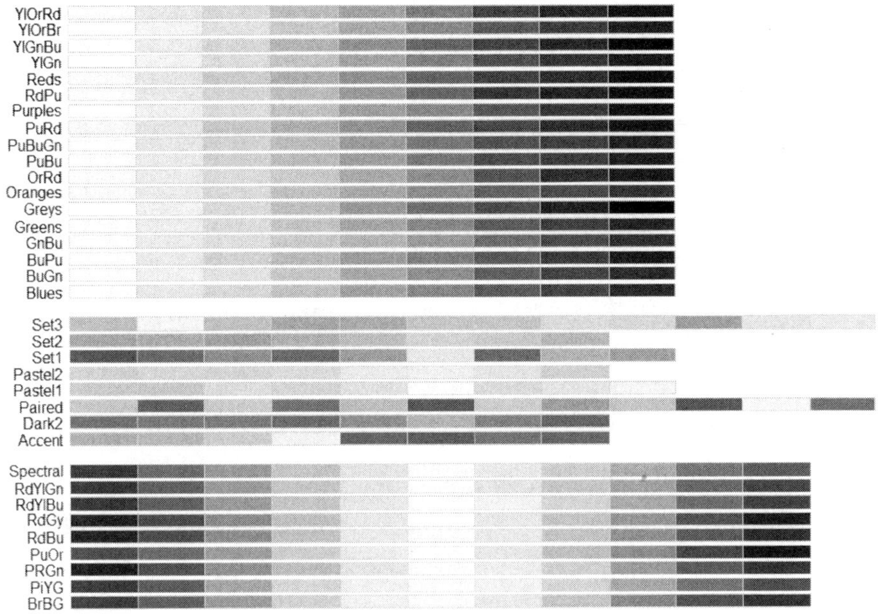

그림 2.6 R 시스템에 등록된 컬러 팔레트

```
windowsFonts(gunseo = windowsFont("궁서체"))
```

참고로, 현재 R 시스템에 등록된 폰트 리스트를 출력하고자 하는 경우 다음과 같다.

```
windowsFonts()
```

- wordcloud 패키지: wordcloud() 함수가 들어 있는 패키지이다.
  - wordcloud() 함수: 워드 클라우드를 작성하기 위한 함수이다.

```
wordcloud(words, freq, scale, min.freq, colors, random.order=TRUE, family, ...)
```

- words: 단어들의 이름(names)
- freq: 단어들의 빈도(frequency)
- scale: 가장 빈도 높은 단어의 크기와 가장 빈도 낮은 단어의 크기 지정
- min.freq: 최소 빈도 수 지정
- colors: 단어의 색 지정
- family: 폰트 지정
- random.order=TRUE이면 단어빈도와 상관없이 임의의 위치에 단어들이 나타

난다.

- random.order=FALSE이면 단어빈도의 역순으로 빈도가 높을수록 가운데 나타난다.

• wordcloud2 패키지: wordcloud2() 함수가 들어 있는 패키지이다.

- wordcloud2() 함수: 워드 클라우드2를 작성하기 위한 함수이다.

```
wordcloud2(data, backgroundColor = "white", shape = 'circle', ...)
```

- data: 단어(word)에 대한 빈도(freq)를 갖고 있는 데이터
- backgroundColor: 배경색
- shape: 워드 클라우드 모양, 디폴트는 'circle'(원)이다. 그 밖에 'cardioid'(심장형), 'diamond'(마름모), 'triangle'(삼각형), 'pentagon'(오각형), 'star'(별) 등이 있다.

빈도분석

• table() 함수를 사용하여 텍스트에서 단어의 사용빈도를 알 수 있다.

```
wordcount <-table(noun2)  #빈도 계산
```

```
> wordcount
noun2
                    data      language        mining       natural           NLP
          5            2             2             2             2             1
 processing         text  unstructured          가에        게시판        공통점
          1            2             1             1             1             1
       과정         관계          기반          기법          기술          다양
          1            2             1             4             1             1
       단어       데이터  데이터마이닝        마이닝        방대한          분야
          3            7             3             1             1             1
     블로그       비정형          빈도          사람          사용          생활
          1            5             1             1             1             1
       수집       실시간          언어          우리          유용          일상
          1            1             1             1             2             1
     자연어         적용          정보        정보원          정제          정형
          4            1             4             1             1             1
```

```
    정형화          조사          차이        처리        추출        출현
         2             1             2           3           5           1
    컴퓨터          텍스트   텍스트마이닝    트위터        특정        파악
         1             6             7           1           1           1
      패턴      페이스북          형태
         4             1             1
```

다음은 sort() 함수를 사용하여 단어의 사용빈도를 내림차순으로 정렬한 것이다.

```
wordcount <- sort(wordcount, decreasing=T)
```

```
> wordcount
noun2
    데이터        텍스트        마이닝      텍스트      비정형        추출
         7             7             6           5           5           5
      기법        자연어          정보        패턴        단어 데이터마이닝
         4             4             4           4           3           3
      처리          data      language      mining     natural        text
         3             2             2           2           2           2
      관계          유용        정형화        차이         NLP  processing
         2             2             2           2           1           1
unstructured          가에        게시판      공통점        과정        기반
         1             1             1           1           1           1
      기술          다양        마이닝      방대한        분야      블로그
         1             1             1           1           1           1
      빈도          사람          사용        생활        수집      실시간
         1             1             1           1           1           1
      언어          우리          일상        적용      정보원        정제
         1             1             1           1           1           1
      정형          조사          출현      컴퓨터      트위터        특정
         1             1             1           1           1           1
      파악      페이스북          형태
         1             1             1
```

참고로 sort() 함수를 사용하여 정렬할 단어의 개수를 지정할 수 있다. 다음은 내림차순으로 정렬할 단어 20개를 지정하였다.

```
wordcount <- sort(wordcount, decreasing=T)[1:20]
```

그래프 그리기

barplot() 함수를 이용하여 막대그래프를 그린다. 여기서는 단어의 사용 빈도수가 2 이상인 단어만 막대그래프로 나타낸다.

```
wordcount <-table(noun2)  #빈도 계산
wordcount <- wordcount[wordcount>=2]
barplot(wordcount, las=2)
```

여기서 las는 수평축 라벨의 스타일(label axis style)을 지정한다. las=1이면 라벨을 수평축과 평행, las=2이면 수평축과 수직으로 나타낸다.

```
> barplot(wordcount, las=2)
```

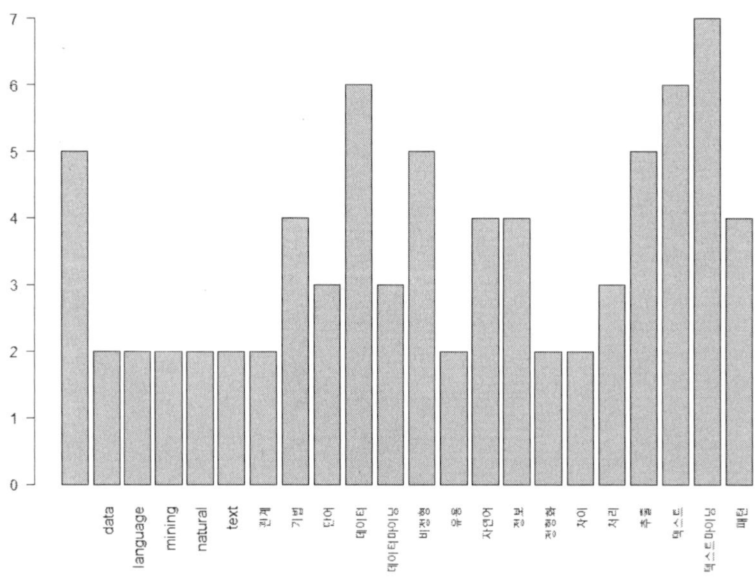

그림 2.7 단어의 사용빈도에 대한 막대그래프

[R 코드 2.1]은 R 코드에 직접 텍스트를 삽입하여 워드 클라우드를 작성하였다. 이 경우는 텍스트의 크기가 작은 경우에 가능하다. 텍스트 데이터가 긴 경우 텍스트를 파일로 처리할 수밖에 없다.

예제 2.2 다음은 제19대 문재인 대통령이 2018년 9월 19일 평양 5 · 1 경기장에서 연설한 내용에 대해 워드 클라우드로 나타내고자 한다. 이 연설 내용은 "moon.txt" 파일에 들어 있다.

R 코드 2.2

```
#R 3.6.1
setwd("D:/빅데이터R고싶다/제2장")

library(KoNLP)
library(wordcloud)
library(wordcloud2)

useNIADic()

moon <- readLines("moon.txt", encoding="UTF-8")
#class(moon)
length(moon)

words <- sapply(moon, extractNoun, USE.NAMES=F)
#class(words)

words <- unlist(words)
#class(words)

words <- gsub("하기","", words)
words <- gsub("사이","", words)

words <- words[nchar(words)>= 2]
words_table <- table(words)

pal <- brewer.pal(6, "Dark2")
windowsFonts(malgun=windowsFont("맑은 고딕"))

set.seed(1234)
wordcloud(words=names(words_table),     freq=words_table,     scale=c(6,     1),
colors=pal, min.freq=2, random.order=F, family="malgun")

words_table  <- sort(words_table, decreasing=T)
```

```
words_table <- words_table[words_table>=2]
set.seed(1234)
wordcloud2(words_table, backgroundColor = "black")
```

[R 코드 2.2] 실행결과

그림 2.8 [R 코드 2.2]의 워드 클라우드

그림 2.9 [R 코드 2.2]의 워드 클라우드2

[R 코드 2.2] 설명

- setwd() 함수: R에서 작업 디렉토리(working directory)를 지정하기 위한 함수이다. 참고로, getwd() 함수는 현재의 작업 디렉토리를 알고자 하는 경우 사용하는 함수이다.

- readLines() 함수: 텍스트 문서를 한 줄 한 줄 라인별로 읽는 함수이다. 따라서 각 라인이 벡터에서 하나의 원소로 취급된다. encoding 옵션은 텍스트 문서에 대한 인코딩 방식을 지정하기 위해 사용한다. 한글 텍스트인 경우 인코딩 방식을 지정하지 않으면 한글이 깨지는 현상이 발생할 수 있다.
  - R의 인코딩 정보 확인

  예
  ```
  > Sys.getlocale()
  [1] "LC_COLLATE=Korean_Korea.949; LC_CTYPE=Korean_Korea.949;
  LC_MONETARY=Korean_Korea.949;LC_NUMERIC=C;LC_TIME=
  Korean_Korea.949"
  ```

→ 현재 사용 중인 R은 한글버전으로 인코딩 명은 “Korean_Korea.949”이다. 여기서 949는 CP949 인코딩을 의미한다. 윈도우 메모장에서 기본 저장 방식 ‘ANSI’를 선택하면 CP949로 인코딩된다. 따라서 메모장에서 저장방식 ANSI을 사용한 파일인 경우는 encoding 옵션을 사용할 필요가 없으나 다른 저장방식의 예를 들면, “UTF-8”을 사용하는 경우에는 encoding 옵션을 사용하여 지정해야 한다.

예 moon <- readLines("moon.txt", encoding="UTF-8")

```
> length(moon)
[1] 41
```

→ 텍스트 moon은 41개의 원소로 이루어진 벡터이다. 즉, 대통령 연설문이 41줄로 구성되어 있다는 뜻이다.

• sapply() 함수: 벡터(혹은 리스트)를 구성하는 각각의 원소에 대해 특정함수를 적용하기 위해 사용하는 함수이다. 즉, 텍스트가 여러 개의 문장으로 구성되어 있는 경우 각 문장을 하나의 벡터 원소로 간주하여 각각의 문장에 대해 특정함수를 적용하는 경우 사용한다. sapply() 함수의 사용형식은 다음과 같다.

```
sapply(X, FUN, USE.NAMES=T)
```

- X: 벡터(혹은 리스트)
- FUN: 적용할 함수명
- USE.NAMES=T이면 함수 적용한 결과에 이름이 나타나고, USE.NAMES=F 이면 이름이 나타나지 않는다.
- sapply() 함수에서 USE.NAMES=F인 경우

예 noun <- sapply(moon, extractNoun, USE.NAMES=F)

→ 텍스트 moon은 41개의 문장, 즉 벡터의 원소로 구성되어 있다. 벡터에서 각각의 원소에 extractNoun() 함수를 적용하여 결과를 리스트 형태로 출력한다.

다음은 sapply() 함수의 결과 리스트 형태를 보여 주고 있다.

```
> noun
[[1]]
 [1] " 북녘"    "동포"    "여러분" "남녘"    "국민"    "여러분" "해외"    "동포"
```

```
 [9] "여러분" "전쟁"   "한반도" "시작"   "되"     "남"     "오늘"   "한반도"
[17] "전"     "지역"   "전쟁"   "수"     "위험"   "합의"

[[2]]
[1] ""

[[3]]
 [1] "남북군사공동위원회" "동해"               "군사"
 [4] "분야"               "합의"               "사항"
 [7] "이행"               "협의"               "진행"
[10] "하기"               "1953"               "년"
[13] "정전협정"           "포성"               "65"
[16] "년"                 "전쟁"               "우리"
[19] "삶"                 "계속"               "되"
[22] "이유"               "목숨"               "들이"
[25] "이웃"               "들"                 "사이"
[28] "벽"                 "한반도"             "평화"
[31] "지대"               "우리"               "우리"
[34] "삶"                 "정상"               "수"
.........................................................
[[40]]
 [1] "지난봄" "한반도" "평화"   "번영"   "씨앗"   "오늘"   "가을"   "평양"
 [9] "평화"   "번영"   "열매"

[[41]]
[1] "감사"
```

- sapply() 함수에서 USE.NAMES=T인 경우

예
```
noun <- sapply(moon, extractNoun, USE.NAMES=T)
> noun
$...
 [1] " 북녘"  "동포"   "여러분" "남녘"   "국민"   "여러분" "해외"   "동포"
 [9] "여러분" "전쟁"   "한반도" "시작"   "되"     "남"     "오늘"   "한반도"
[17] "전"     "지역"   "전쟁"   "수"     "위험"   "합의"

..............................
$`지난봄, 한반도에는 평화와 번영의 씨앗이 뿌려졌습니다. 오늘 가을의 평양에서 평화
와 번영의 열매가 열리고 있습니다.`
```

```
[1] "지난봄" "한반도" "평화"   "번영"   "씨앗"   "오늘"   "가을"   "평양"
[9] "평화"   "번영"   "열매"

$감사합니다.
[1] "감사"
```

• unlist() 함수: 리스트 형태의 결과를 벡터 형태로 만들기 위한 함수이다.

예 noun2 <- unlist(noun)

```
> noun2
  [1] " 북녘"          "동포"            "여러분"
  [4] "남녘"           "국민"            "여러분"
  [7] "해외"           "동포"            "여러분"
 [10] "전쟁"           "한반도"          "시작"
 [13] "되"             "남"              "오늘"
 [16] "한반도"         "전"              "지역"
 [19] "전쟁"           "수"              "위험"
......................
```

(2) 영어 텍스트에 대한 워드 클라우드

지금까지 한글 텍스트에서 KoNLP 패키지를 사용하여 텍스트마이닝을 하였다. 영어 텍스트에서는 KoNLP 패키지를 사용할 수 없고 대신 tm 패키지를 사용한다. 여기서 tm은 text mining의 약자이다. 물론 tm 패키지는 한글 텍스트에도 사용할 수 있다. tm 패키지에서 텍스트를 처리하기 위해서는 코퍼스(corpus, 말뭉치)로 변환해야 한다. 코퍼스란 메타 데이터와 콘텐츠(content)를 갖고 있는 텍스트 집합이다. 즉, 코퍼스 구조는 문서별로 메타 데이터와 콘텐츠를 갖고 있는 리스트 형태이다.

소스(source)가 되는 텍스트 데이터가 벡터 형태 혹은 데이터프레임 형태에 따라 VectorSource(), DataframeSource() 함수를 적용하여 Source 객체를 생성한다. 그러고 나서 VCorpus() 함수를 사용하여 코퍼스를 생성한다. 코퍼스 생성에는 휘발성 코퍼스(Volatile Corpus, VCorpus)와 영구저장 코퍼스(Permanent Corpus, PCorpus)가 있다. 주로 VCorpus() 함수를 이용하여 데이터를 메모리에 적재하여 텍스트 분석에 활용한다.

다음은 3개의 문장으로 구성된 하나의 문서가 있다고 가정하고 이 문서를 다루기 위한 코퍼스를 생성하는 예이다.

```
#rm(list=ls())
install.packages("tm")
library(tm)
docs <- c("I am a boy", "You are a girl", "I am a student")
corpus <- VCorpus(VectorSource(docs))

str(corpus) #corpus 구조
str(corpus[[1]]) #첫 번째 문서에 대한 corpus 구조

inspect(corpus) #corpus 정보
meta(corpus[[1]]) #첫 번째 문서에 대한 meta
corpus[[1]]$meta
content(corpus[[1]]) #첫 번째 문서에 대한 content
corpus[[1]]$content
```

- 코퍼스 구조

```
> str(corpus)
List of 3
 $ 1:List of 2
  ..$ content: chr "I am a boy"
  ..$ meta    :List of 7
  .. ..$ author       : chr(0)
  .. ..$ datetimestamp: POSIXlt[1:1], format: "2019-12-15 04:43:47"
  .. ..$ description  : chr(0)
  .. ..$ heading      : chr(0)
  .. ..$ id           : chr "1"
  .. ..$ language     : chr "en"
  .. ..$ origin       : chr(0)
  .. ..- attr(*, "class")= chr "TextDocumentMeta"
  ..- attr(*, "class")= chr [1:2] "PlainTextDocument" "TextDocument"
 $ 2:List of 2
  ..$ content: chr "You are a girl"
  ..$ meta    :List of 7
  .. ..$ author       : chr(0)
  .. ..$ datetimestamp: POSIXlt[1:1], format: "2019-12-15 04:43:47"
  .. ..$ description  : chr(0)
  .. ..$ heading      : chr(0)
  .. ..$ id           : chr "2"
```

```
  .. ..$ language        : chr "en"
  .. ..$ origin          : chr(0)
  .. ..- attr(*, "class")= chr "TextDocumentMeta"
  ..- attr(*, "class")= chr [1:2] "PlainTextDocument" "TextDocument"
 $ 3:List of 2
  ..$ content: chr "I am a student"
  ..$ meta   :List of 7
  .. ..$ author          : chr(0)
  .. ..$ datetimestamp : POSIXlt[1:1], format: "2019-12-15 04:43:47"
  .. ..$ description     : chr(0)
  .. ..$ heading         : chr(0)
  .. ..$ id              : chr "3"
  .. ..$ language        : chr "en"
  .. ..$ origin          : chr(0)
  .. ..- attr(*, "class")= chr "TextDocumentMeta"
  ..- attr(*, "class")= chr [1:2] "PlainTextDocument" "TextDocument"
 - attr(*, "class")= chr [1:2] "VCorpus" "Corpus"
```

→ 이 코퍼스의 원소는 3개(여기서는 문서가 3개)이고 각각의 원소는 다시 2개(content와 meta)의 원소로 구성되어 있다. 즉, 이 코퍼스의 구조는 리스트의 원소가 리스트를 포함하는 구조이다.

- 첫 번째 문서에 대한 코퍼스 구조

```
> str(corpus[[1]])
List of 2
 $ content: chr "I am a boy"
 $ meta   :List of 7
  ..$ author          : chr(0)
  ..$ datetimestamp   : POSIXlt[1:1], format: "2019-12-15 04:43:47"
  ..$ description     : chr(0)
  ..$ heading         : chr(0)
  ..$ id              : chr "1"
  ..$ language        : chr "en"
  ..$ origin          : chr(0)
  ..- attr(*, "class")= chr "TextDocumentMeta"
 - attr(*, "class")= chr [1:2] "PlainTextDocument" "TextDocument"
```

→ 첫 번째 문서에 대한 corpus 구조는 2개의 원소, 즉 content와 meta로 구성되어 있다.

- 코퍼스의 상세한 정보

```
> inspect(corpus)
<<VCorpus>>
Metadata:  corpus specific: 0, document level (indexed): 0
Content:  documents: 3

[[1]]
<<PlainTextDocument>>
Metadata:  7
Content:  chars: 10

[[2]]
<<PlainTextDocument>>
Metadata:  7
Content:  chars: 14

[[3]]
<<PlainTextDocument>>
Metadata:  7
Content:  chars: 14
```

→ 코퍼스는 리스트 형태이고 각각의 원소는 공통적으로 7가지 메타 데이터를 갖고 있고 각 콘텐츠는 문서에서 글자 수를 나타내고 있다.

- 코퍼스의 meta

```
> meta(corpus[[1]]) #첫 번째 문서에 대한 meta
  author       : character(0)
  datetimestamp: 2019-12-15 04:43:47
  description  : character(0)
  heading      : character(0)
  id           : 1
  language     : en
  origin       : character(0)
> corpus[[1]]$meta
  author       : character(0)
  datetimestamp: 2019-12-15 04:43:47
  description  : character(0)
  heading      : character(0)
  id           : 1
```

```
language    : en
origin      : character(0)
```

- 코퍼스의 content

```
> content(corpus[[1]]) # 첫번째 문서에 대한 content
[1] "I am a boy"
> corpus[[1]]$content
[1] "I am a boy"
```

위 예에서 텍스트 소스는 3개의 문장으로 구성된 벡터이기 때문에 VectorSource() 함수를 이용하여 Source 객체를 생성하였고 VCorpus() 함수를 사용하여 코퍼스를 생성하였다.

생성된 코퍼스에 대해 텍스트마이닝에 앞서 전처리(preprocessing) 과정이 필요하다. 전처리로는 공백(whitespace) 제거, 대문자를 소문자로 변환, 구두점(punctuation) 제거, 숫자(number) 제거, 불용어(stopword) 제거 등이 있다.

코퍼스에 대해 전처리 과정을 거친 후 단어의 사용 빈도, 단어 간의 관계, 단어와 문서(혹은 문장)간의 관계를 알기 위해 단어-문서 행렬(term-document matrix)을 생성한다. 단어-문서 행렬에서 행(row)은 단어(term), 열(column)은 문서(document), 여기서는 문장으로 구성된 행렬이다.

예제 2.3 구글에서 검색어 "Text mining"에 대한 위키피디아(wikipedia)의 설명을 워드 클라우드로 나타내고자 한다.

R 코드 2.3

```
#R 3.6.1
setwd("D:/빅데이터R고싶다/제2장")
install.packages("tm")
library(tm)
library(wordcloud)
library(wordcloud2)

text = readLines("wikipedia.txt")
myCorpus<- VCorpus(VectorSource(text))
```

```
myCorpus <- tm_map(myCorpus, stripWhitespace)
myCorpus <- tm_map(myCorpus, tolower)
myCorpus <- tm_map(myCorpus, removePunctuation)
myCorpus <- tm_map(myCorpus, removeNumbers)
myCorpus <- tm_map(myCorpus, removeWords, stopwords("english"))
myCorpus <- tm_map(myCorpus, PlainTextDocument)
tdm<- TermDocumentMatrix(myCorpus)
matrix <- as.matrix(tdm)

# calculate the frequency of words and sort it descendingly by frequency
wordcount <- as.table(rowSums(matrix))
#class(wordcount)
pal=brewer.pal(8,"Dark2")

set.seed(1234) # to make it reproducible
wordcloud(words=names(wordcount), freq=wordcount, scale=c(10,.5), min.freq=2,
colors=pal, random.order=F)

wordcount <- sort(wordcount, decreasing=TRUE)
wordcount <- wordcount[wordcount>=2]
set.seed(1234)
wordcloud2(data = wordcount, backgroundColor = "black")
```

[R 코드 2.3] 실행결과

그림 2.10 [R 코드 2.3]의 워드 클라우드

그림 2.11 [R 코드 2.3]의 워드 클라우드2

[R 코드 2.3] 설명

• 코퍼스 생성

벡터로부터 코퍼스를 생성하기 위해 먼저, VectorSource() 함수를 이용하여 텍스트에 대한 source 객체를 생성한 후 VCorpus() 함수를 이용하여 코퍼스를 생성한다.

예 myCorpus <- VCorpus(VectorSource(text))

• tm_map() 함수: 코퍼스에 함수를 적용하기 위해 사용하는 함수이다.

ⓐ 공백 제거

문서에 있는 여러 개의 공백(whitespace)를 하나의 빈칸으로 변환한다.

예 myCorpus <- tm_map(myCorpus, stripWhitespace)

ⓑ 소문자로 변환

영어텍스트에서 대문자를 소문자(lower case)로 변환한다.

예 myCorpus <- tm_map(myCorpus, tolower)

ⓒ 구두점 제거

구두점(punctuation; 마침표(.), 콤마(,), 세미콜론(;), 콜론(:) 등)을 제거한다.

예 myCorpus <- tm_map(myCorpus, removePunctuation)

ⓓ 숫자 제거

예 myCorpus <- tm_map(myCorpus, removeNumbers)

ⓔ 불용어 제거

불용어(stop word)는 인터넷 검색 시 검색용어로 사용하지 않는 단어이다. 관사, 전치사, 조사, 접속사 등이 해당되며 문장에서 내용을 나타내는데 큰 역할을 하지 않는 단어들이다. 예를 들면, ‘of’와 같은 전치사 혹은 ‘the’와 같은 관사가 불용어에 해당된다.

예 myCorpus <- tm_map(myCorpus, removeWords, stopwords(“english”))

ⓕ 단순 텍스트로 변환

단순 텍스트(plain text)란 오직 텍스트만을 포함하고 있는 텍스트를 말한다. 즉, 서식이 없는 순수한 텍스트를 말한다.

예 myCorpus <- tm_map(myCorpus, PlainTextDocument)

• 단어-문서 행렬(TermDocumentMatrix) 생성

코퍼스에서 단어에 대한 사용 빈도수 그리고 단어 간의 관계, 단어와 문서 간의 관계를 알기 위해 단어-문서 행렬을 생성한다.

TermDocumentMatrix() 함수를 사용하여 단어-문서 행렬을 생성한다. 각 행은 단어를 나타내고 각 열은 문서들을 나타낸다. 그리고 원소는 단어가 문서에서 사용빈도를 나타낸다. TermDocumentMatrix() 함수는 tm 패키지에 있는 함수이다.

예 tdm <- TermDocumentMatrix(myCorpus)

여기서 생성된 tdm은 흔히 우리가 접하는 보통의 행렬(ordinary matrix)이 아니고 행렬을 묘사한 메타데이터이다.

```
> tdm
<<TermDocumentMatrix (terms: 106, documents: 5)>>
Non-/sparse entries: 123/407
Sparsity           : 77%
Maximal term length: 17
Weighting          : term frequency (tf)
```

- as.matrix() 함수

TermDocumentMatrix() 함수의 결과인 tdm을 보통의 행렬 형태로 바꾸기 위해서는 as.matrix() 함수가 필요하다.

예 matrix <- as.matrix(tdm)

빈도 및 관련성 분석

- findFreqTerms() 함수: 단어-문서 행렬에서 발생빈도가 많은 단어를 추출하기 위한 함수이다. findFreqTerms() 함수는 tm 패키지에 있는 함수이다.

```
findFreqTerms(x, lowfreq, highfreq)
```

- x: 단어-문서 행렬
- lowfreq: 최소 발생빈도 수
- highfreq: 최대 발생빈도 수

예 findFreqTerms(x=tdm, lowfreq=3, highfreq=Inf)

```
> findFreqTerms(tdm, 3)
[1] "analysis"    "data"        "information" "mining"      "text"
[6] "usually"
```

→ term-document 행렬 tdm에서 발생빈도가 3 이상이 되는 단어를 추출한다.

- findAssocs() 함수: 단어-문서 행렬에서 연관성(associations)을 찾기 위한 함수이다. 이 함수를 이용하여 텍스트에서 특정 단어와 관련이 있는 단어를 추출할 수 있다. findAssocs() 함수는 tm 패키지에 있는 함수이다.

```
findAssocs(x, term, corlimit)
```

- x: 단어-문서 행렬
- term: 단어
- corlimit: 상관계수 하한, 0과 1 사이 값

예 findAssocs(x=tdm, term="love", corlimit=0.6)

```
> findAssocs(tdm, "information", 0.8)
            information
analytics          0.91
data               0.91
extraction         0.91
involves           0.91
pattern            0.91
```

→ 단어-문서 행렬 tdm에서 "information" 단어와 상관계수가 0.8 이상 되는 단어를 추출한다.

셰익스피어 전집에 대한 워드 클라우드

셰익스피어는 39편의 희곡(play), 154편의 소네트(sonnets), 4편의 설화시(narrative poem)와 다수의 서정시(lyrical poems)를 남겼다. 그중 희곡은 13편의 희극과 10편의 비극, 11편의 역사극과 5편의 낭만극으로 분류된다.

셰익스피어 전집(The Complete Works of William Shakespeare)에 대한 텍스트파일은 다음의 구텐베르크(Gutenberg) 사이트에서 다운로드할 수 있다.

http://www.gutenberg.org/ebooks/100

다음은 셰익스피어 전집에 대한 Ebook 내용 일부이다. Ebook 내용 중 분석하는 데 불필요한 내용, 예를 들면 Ebook 설명, Ebook 저작권 관련 내용, 희곡의 등장인물 등이 여러 번에 걸쳐 포함되어 있어 제거할 필요가 있다.

The Project Gutenberg EBook of The Complete Works of William Shakespeare, by William Shakespeare

This eBook is for the use of anyone anywhere at no cost and with
almost no restrictions whatsoever. You may copy it, give it away or
re-use it under the terms of the Project Gutenberg License included
with this eBook or online at www.gutenberg.org

** This is a COPYRIGHTED Project Gutenberg eBook, Details Below **
**   Please follow the copyright guidelines in this file.   **

Title: The Complete Works of William Shakespeare

Author: William Shakespeare

Posting Date: September 1, 2011 [EBook #100]
Release Date: January, 1994
Language: English
Character set encoding: ASCII

*** START OF THIS PROJECT GUTENBERG EBOOK COMPLETE WORKS--WILLIAM SHAKESPEARE ***

Produced by World Library, Inc., from their Library of the Future

This is the 100th Etext file presented by Project Gutenberg, and is presented in cooperation with World Library, Inc., from their Library of the Future and Shakespeare CDROMS. Project Gutenberg often releases Etexts that are NOT placed in the Public Domain!!
Shakespeare

This Etext has certain copyright implications you should read!

<<THIS ELECTRONIC VERSION OF THE COMPLETE WORKS OF WILLIAM SHAKESPEARE IS COPYRIGHT 1990-1993 BY WORLD

LIBRARY, INC., AND IS PROVIDED BY PROJECT GUTENBERG ETEXT OF ILLINOIS BENEDICTINE COLLEGE WITH PERMISSION.

<중략>

PROHIBITED COMMERCIAL DISTRIBUTION INCLUDES BY ANY SERVICE THAT CHARGES FOR DOWNLOAD TIME OR FOR MEMBERSHIP.>>

Project Gutenberg is proud to cooperate with The World Library
in the presentation of The Complete Works of William Shakespeare
for your reading for education and entertainment. HOWEVER, THIS
IS NEITHER SHAREWARE NOR PUBLIC DOMAIN. . .AND UNDER THE LIBRARY OF THE FUTURE CONDITIONS OF THIS PRESENTATION. . .NO CHARGES MAY BE MADE FOR *ANY* ACCESS TO THIS MATERIAL. YOU ARE ENCOURAGED!!
TO GIVE IT AWAY TO ANYONE YOU LIKE, BUT NO CHARGES ARE ALLOWED!!

....

1609
THE SONNETS

by William Shakespeare

1

From fairest creatures we desire increase,
That thereby beauty's rose might never die,

<중략>

Pity the world, or else this glutton be,
To eat the world's due, by the grave and thee.

....

THE END

<<THIS ELECTRONIC VERSION OF THE COMPLETE WORKS OF WILLIAM SHAKESPEARE IS COPYRIGHT 1990-1993 BY WORLD LIBRARY, INC., AND IS PROVIDED BY PROJECT GUTENBERG ETEXT OF ILLINOIS BENEDICTINE COLLEGE WITH PERMISSION.

<중략>

PROHIBITED COMMERCIAL DISTRIBUTION INCLUDES BY ANY SERVICE THAT CHARGES FOR DOWNLOAD TIME OR FOR MEMBERSHIP.>>

1603

ALLS WELL THAT ENDS WELL

by William Shakespeare

Dramatis Personae

KING OF FRANCE

THE DUKE OF FLORENCE

BERTRAM, Count of Rousillon

LAFEU, an old lord

PAROLLES, a follower of Bertram

TWO FRENCH LORDS, serving with Bertram

STEWARD, Servant to the Countess of Rousillon

LAVACHE, a clown and Servant to the Countess of Rousillon

A PAGE, Servant to the Countess of Rousillon

COUNTESS OF ROUSILLON, mother to Bertram

HELENA, a gentlewoman protected by the Countess

A WIDOW OF FLORENCE.

DIANA, daughter to the Widow

VIOLENTA, neighbour and friend to the Widow

MARIANA, neighbour and friend to the Widow

Lords, Officers, Soldiers, etc., French and Florentine

<<THIS ELECTRONIC VERSION OF THE COMPLETE WORKS OF WILLIAM SHAKESPEARE IS COPYRIGHT 1990-1993 BY WORLD LIBRARY, INC., AND IS PROVIDED BY PROJECT GUTENBERG ETEXT OF ILLINOIS BENEDICTINE COLLEGE WITH PERMISSION.

<중략>

PROHIBITED COMMERCIAL DISTRIBUTION INCLUDES BY ANY SERVICE THAT CHARGES FOR DOWNLOAD TIME OR FOR MEMBERSHIP.>>

End of the Project Gutenberg EBook of The Complete Works of William Shakespeare, by William Shakespeare

*** END OF THIS PROJECT GUTENBERG EBOOK COMPLETE WORKS--WILLIAM SHAKESPEARE ***

예제 2.4 위의 셰익스피어 전집에 대해 워드 클라우드를 작성하고자 한다.

R 코드 2.4

```
setwd("D:/빅데이터R고싶다/제2장")

library(tm)
library(wordcloud)
library(wordcloud2)

shakespeare = readLines("shakespeare.txt")
#length(shakespeare)
#head(shakespeare)
#tail(shakespeare)

shakespeare = shakespeare[-(124369:length(shakespeare))]
```

```
shakespeare = shakespeare[-(1:174)]
#length(shakespeare)

shakespeare = paste(shakespeare, collapse = " ")
#length(shakespeare)

shakespeare = strsplit(shakespeare, "<<[^>]*>>")[[1]]

(dramatis.personae <- grep("Dramatis Personae", shakespeare, ignore.case =
TRUE))
#length(dramatis.personae)
shakespeare = shakespeare[-dramatis.personae]

myCorpus <- VCorpus(VectorSource(shakespeare))
myCorpus <- tm_map(myCorpus, tolower)
myCorpus <- tm_map(myCorpus, removePunctuation)
myCorpus <- tm_map(myCorpus, removeNumbers)
#myCorpus <- tm_map(myCorpus, removeWords, stopwords("english"))
myStopwords <- c(stopwords('english'), "thou", "let","shall",
 "thee", "thy", "will", "now", "sir", "now", "well", "upon", "one", "tis", "may", "yet", "must",
"enter")
# remove stopwords from corpus
myCorpus <- tm_map(myCorpus, removeWords, myStopwords)

myCorpus <- tm_map(myCorpus, PlainTextDocument)
tdm <- TermDocumentMatrix(myCorpus)
m <- as.matrix(tdm)

words_table <- as.table(rowSums(m), decreasing=TRUE)

pal=brewer.pal(8,"Dark2")

set.seed(1234) # to make it reproducible
wordcloud(words=names(words_table), freq=words_table, min.freq=500, colors=
pal, random.order=F)

words_table <- sort(words_table, decreasing=TRUE)
words_table <- words_table[words_table>=500]
wordcloud2(words_table, backgroundColor = "black")
```

[R 코드 2.4] 실행결과

그림 2.12 [R 코드 2.4]의 워드 클라우드

그림 2.13 [R 코드 2.4]의 워드 클라우드2

[R 코드 2.4] 설명

- 세익스피어 전집 내용과 관계없는 부분 제거

  shakespeare = shakespeare[-(124369:length(shakespeare))]

  → 124369번째 줄부터 끝까지 제거한다.

  shakespeare = shakespeare[-(1:174)]

  → 첫줄부터 174번째 줄까지 제거한다.

- paste() 함수: 벡터들을 묶어서(concatenate) 하나의 문자열을 만들어 주는 함수이다.

```
paste(..., collapse=" ")
```

collapse: 벡터들을 묶을 때 사용되는 구분자이다.

예 paste(c("east", "west", "south", "north"), collapse=" ")

```
> paste(c("east", "west", "south", "north"), collapse=" ")
[1] "east west south north"
```

→ 4개의 단어, 즉 "east", "west", "south", "north"이 묶어서 하나의 문자열을 만들고 있다. 이때 하나의 문자열에서 4개의 단어는 " "(공백)으로 구분한다.

예 shakespeare = paste(shakespeare, collapse = " ")

→ 124194 줄로 이루어진 **shakespeare** 전집을 하나의 문자열로 묶고자 한다. 이때 줄과 줄 연결은 " "(공백)으로 구분하고자 한다.

- **strsplit() 함수**: 문자열을 분리하기 위한 함수이다. 결과는 리스트로 출력한다.

```
strsplit(x, split)
```

- x: 문자열
- split: 분리자

→ 문자열에서 옵션 split에 지정된 글자를 기준으로 분리한다.

예
```
split=strsplit("abcde", "c")
> split
[[1]]
[1] "ab" "de"
```

→ 문자열 "abcde"은 "c"가 제거되면서 "ab"와 "cd"로 분리된다.

예 shakespeare = strsplit(shakespeare, "<<[^>]*>>")[[1]]

분리자를 정규표현식 "<<[^>]*>>"를 사용하여 나타내고 있다. 정규표현식 "<<[^>]*>>"의 의미는 다음과 같다.

<<로 시작하고 >>로 끝나는 문자열이다. 그리고 <<와 >> 사이에는 "[^>]*"가 있다. 먼저, [ ]는 해당되는 문자열의 범위 중 한 문자만 선택한다는 의미이다. 만약 [xyz]이면 문자 x, y, z 중 하나를 찾는다는 의미한다. 그리고 [^>]은 >를 제외한 문자 하나를 찾는다는 의미이다. 여기서 ^는 not를 의미한다. 그리고 [^>]*은 >를 제외한 문자 하나를 찾고 그 문자가 0번 이상되는 문자를 나타낸다. 따라서 <<로 시작하고 >>로 끝나는 문자열이고 <<와 >> 사이에는 >를 제외한 어떠한 문자열을 나타내고 있다.

결국 shakespeare는 <<로 시작하고 >>로 끝나는 문장이 제거되면서 분리된다. 그리고 strsplit() 함수 뒤에 [[1]]을 적어 준 이유는 strsplit() 함수의 결과가 리스트이기 때문이다.

- **grep() 함수**: 벡터에서 특정 패턴을 찾아서 그 위치를 출력하는 함수이다.

```
grep(pattern, x, ignore.case = FALSE)
```

- pattern: 특정 패턴
- x: 벡터
- ignore.case = FALSE: 패턴 매칭이 대소문자를 구분한다.
- ignore.case = TRUE: 패턴 매칭이 대소문자 구분을 무시한다.

예
```
x <- c("abc defg", "b", "ABC", "c")
grep("abc", x, ignore.case=T)

> grep("abc", x, ignore.case=T)
[1] 1 3
```

shakespeare 전집에서 등장인물(Dramatis Personae)을 제거하기 위해 먼저 대소문자 구분없이 grep() 함수를 이용하여 "Dramatis Personae"을 찾아서 그 위치를 출력한다.

예
```
(dramatis.personae <- grep("Dramatis Personae", shakespeare, ignore.case = TRUE))
> (dramatis.personae <- grep("Dramatis Personae", shakespeare, ignore.case = TRUE))
 [1]   2   8  11  17  23  28  33  43  49  55  62  68  74  81  87  93  99 105 111
[20] 117 122 126 134 140 146 152 158 164 170 176 182 188 194 200 206 212
```

→ R에서 (변수)처럼 사용하면 변수값이 출력된다.

- 등장인물(Dramatis Personae) 제거

예
```
shakespeare = shakespeare[-dramatis.personae]
```

- 불용어(stopword) 제거

전치사, 조사, 접속사 등의 기본적인 불용어 외에 추가로 제거하고자 하는 불용어를 다음과 같이 지정한다.

예
```
myStopwords <- c(stopwords('english'), "thou", "let","shall", "thee", "thy", "will", "now", "sir", "now", "well", "upon", "one", "tis", "may", "yet", "must", "enter")
myCorpus <- tm_map(myCorpus, removeWords, myStopwords)
```

참고로, 불용어 추가 지정 없이 기본적인 불용어만을 제거하고자 하는 경우 다음과 같다.

```
myCorpus <- tm_map(myCorpus, removeWords, stopwords("english"))
```

3장

트위터 텍스트마이닝

3.1 영어 트위터 분석

트위터(Twitter)란 무엇인가?

140자 이내의 문장을 이용해 전 세계 이용자들과 개인의 의견이나 생각을 공유하고 소통할 수 있는 소셜 네트워크 서비스(Social Network Service; SNS)이다. 트위터의 영어 단어 Twitter는 "새가 지저귀다"라는 뜻으로 일상의 작은 얘기들을 그때그때 짧게 올릴 수 있는 온라인 공간이다.

다음은 트위터에서 사용되는 용어들이다.

- 트윗(tweet): 트위터에서 사용자가 쓴 글(혹은 메시지)을 말하고 140자 이내의 문장을 말한다.
- 팔로잉(following): 다른 사람의 글을 받아보는 구독신청이고, 내가 다른 트위터 유저를 친구 추가하는 것을 말한다.
- 팔로워(follower): 내가 쓴 글을 받아보는 사람이고, 나를 친구 추가한 트위터 유저를 말한다.
- 리트윗(retweet; RT): 다른 사람의 트윗을 재전달하는 것을 말한다. 리트윗의 기능은 다른 사람의 트윗을 나의 팔로어들에게 공유할 수 있게 해주는 기능이다. 이런 기능은 빠른 정보전파를 가능하게 한다. 예를 들면, 홍수 속보나 교통 상황 등의 소식을 리트윗을 통해 트위터 내에서 빠르고 광범위하게 전달할 수 있다.
- 타임라인(timeline): 내가 올린 트윗과 내가 팔로잉한 사람들의 트윗들의 목록을 시간 순서대로 나타낸 공간을 말한다.

트위터를 이용하기 위해서는 그림 3.1의 트위터 사이트(www.twitter.com)에 접속하여 트위터 계정을 만들어야 한다.

그림 3.1 트위터 사이트

(1) 워드 클라우드 작성

인터넷 상에서 트위터 데이터를 다운로드하여 워드 클라우드를 작성하고자 한다. 이를 위해 그림 3.2의 사이트 http://www.rdatamining.com/data에 있는 트위터 데이터 "rdmTweets.RData"을 다운로드 받는다. 여기서는 "D:/빅데이터R고싶다/제3장"에서 다운받는다. 파일 확장자 "RData"는 R의 작업환경 및 데이터를 저장하는 확장자이다. 이 트위터 파일은 트위터 계정없는 독자들을 위해 R 작업환경 하에서 트위터 분석을 할 수 있도록 제공된 파일이다.

다음은 확장자 RData인 파일을 생성하는 예이다.

```
setwd("D:/빅데이터R고싶다/제3장")
x <- c(1,2,3)
y <- c("a", "b", "c")
matrix <- cbind(x,y)
df <- as.data.frame(matrix)
save(df, file="myfile.RData")
```

위 예는 행렬(matrix)을 생성하고 데이터프레임(dataframe)으로 변환 후 save() 함수를 사용하여 확장자가 "RData"인 파일 "myfile.RData"를 생성하고 있다.

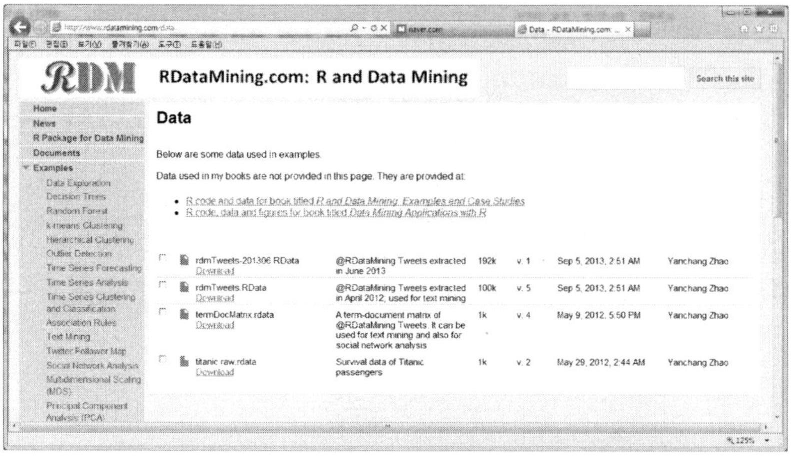

그림 3.2 트위터 데이터 http://www.rdatamining.com/data

예제 3.1 트위터 데이터 파일 "rdmTweets.RData"을 읽어 워드 클라우드를 작성하고자 한다.

R 코드 3.1

```
#R 3.6.1
#rm(list = ls())
setwd("D:/빅데이터R고싶다/제3장")

install.packages("twitteR")
install.packages("tm")
install.packages("wordcloud")
install.packages("wordcloud2")
#install.packages("SnowballC")

library(twitteR)
library(tm)
library(wordcloud)
library(wordcloud2)

load("rdmTweets.RData")
#ls()
#str(rdmTweets)
#class(rdmTweets)
```

```
df <- twListToDF(rdmTweets)
#df <- do.call("rbind", lapply(rdmTweets, as.data.frame))
class(df)

myCorpus <- VCorpus(VectorSource(df$text))

 # convert to lower case
 myCorpus <- tm_map(myCorpus, tolower)
 # remove punctuation
 myCorpus <- tm_map(myCorpus, removePunctuation)
 # remove numbers
 myCorpus <- tm_map(myCorpus, removeNumbers)

 # remove stopwords from corpus
  myCorpus <- tm_map(myCorpus, removeWords, stopwords('english'))

# remove URLs
 removeURL <- function(x) gsub("http[[:alnum:]]*", "", x)
 myCorpus <- tm_map(myCorpus, removeURL)

 myCorpus <- tm_map(myCorpus, PlainTextDocument)

 tdm <- TermDocumentMatrix(myCorpus, control=list(wordLengths=c(1,Inf)))
 matrix <- as.matrix(tdm)

 # calculate the frequency of words
 wordcount <- as.table(rowSums(matrix))

 set.seed(375) # to make it reproducible
 wordcloud(words=names( wordcount), freq= wordcount, scale=c(8,.4),
min.freq=2, random.order=F)
# dev.off()

wordcount <- sort(wordcount, decreasing=TRUE)
wordcount <- wordcount[wordcount>=2]
set.seed(375) # to make it reproducible
wordcloud2(data = wordcount, backgroundColor = "black")
```

[R 코드 3.1] 실행결과

그림 3.3 [R 코드 3.1]의 워드 클라우드

그림 3.4 [R 코드 3.1]의 워드 클라우드2

[R 코드 3.1] 설명

① 트위터 데이터 로딩

- load() 함수: 다운로드 받은 RData 파일을 읽는다.

예 load("rdmTweets.RData")

참고로, 다운로드 받은 RData 파일에 대한 객체, 즉 R 객체 “rdmTweets”에 대한 구조(structure)를 알고자 하는 경우 str() 함수를 사용한다. 여기서 파일의 객체 목록을 보고자 하는 경우 명령어 ls() 함수를 사용한다.

```
> str(rdmTweets)
List of 154
 $ :Reference class 'status' [package "twitteR"] with 10 fields
  ..$ text          : chr "Postdoc/Research Scientist Position on Big Data at MIT
                      http://t.co/hZ1ojAW2"
  ..$ favorited     : logi TRUE
  ..$ replyToSN     : chr(0)
  ..$ created       : POSIXct[1:1], format: "2012-04-14 09:56:00"
  ..$ truncated     : logi TRUE
  ..$ replyToSID    : chr(0)
  ..$ id            : chr "191102498466037760"
  ..$ replyToUID    : chr(0)
```

```
..$ statusSource : chr "web"
..$ screenName : chr "RDataMining"
..and 33 methods, of which 22 are possibly relevant:
..   getCreated, getFavorited, getId, getReplyToSID, getReplyToSN,
..   getReplyToUID, getScreenName, getStatusSource, getText, getTruncated,
..   initialize, setCreated, setFavorited, setId, setReplyToSID,
..   setReplyToSN, setReplyToUID, setScreenName, setStatusSource, setText,
..   setTruncated, toDataFrame
```

→ rdmTweets 데이터는 154개의 트윗으로 구성되어 있고 각 트윗은 10개의 필드(변수)로 이루어져 있다. 여기서 우리가 분석하고자 하는 변수는 10개 변수 중에서 트윗에 해당되는 text 변수이다.

② 데이터 프레임으로 변환

트위터 데이터형인 리스트를 데이터프레임(data frame)으로 변환한다. 여기서 데이터프레임으로 변환하는 이유는 트위터 데이터의 특정변수, 여기서는 text 변수만을 추출하여 분석하기 위해서이다.

데이터프레임

데이터프레임이란 변수(열)와 관찰치(행)로 구성된 2차원 데이터 구조이다. 데이터프레임은 행렬과 같은 구조이나 행렬과 다르게 각 열(column)마다 다른 데이터 형을 가질 수 있는 데이터 구조이다.

```
> df <- data.frame(x=c(1,2,3), y=c("M", "F", "M"))
> df
  x y
1 1 M
2 2 F
3 3 M
> df$x
[1] 1 2 3
> df$y
[1] M F M
Levels: F M
```

→ 변수 x, y는 데이터 형이 다름을 알 수 있다.

위 예에서 데이터프레임 df 생성 후 dfx, dfy처럼 원하는 변수만을 추출할 수 있다.

• twListToDF() 함수: 트위터 데이터의 형태인 리스트를 데이터프레임으로 변환하기 위한 함수이다. 이 함수는 twitteR 패키지에 들어 있다.

```
> df <- twListToDF(rdmTweets)
> head(df)
                                          text
1 Postdoc/Research Scientist Position on Big Data at MIT
  http://t.co/hZ1ojAW2
2 Research scientist position for privacy-preserving data publishing,
  Singapore http://t.co/GPA0TyG5
3 Easier Parallel Computing in R with snowfall and sfCluster
  http://t.co/BPcinvzK
4 Tutorial: Parallel computing using R package snowfall http://t.co/CHBCyr76
5 handling big data: Interacting with Data using the filehash Package for R
  http://t.co/7RB3sChx
6 Parallel Computing with R using snow and snowfall http://t.co/nxp8EZpv
  favorited replyToSN             created truncated replyToSID
1      TRUE      <NA> 2012-04-14 09:56:00      TRUE       <NA>
2      TRUE      <NA> 2012-04-14 09:47:11      TRUE       <NA>
3      TRUE      <NA> 2012-04-14 09:26:43      TRUE       <NA>
4      TRUE      <NA> 2012-04-14 09:19:15      TRUE       <NA>
5      TRUE      <NA> 2012-04-14 09:17:55      TRUE       <NA>
6      TRUE      <NA> 2012-04-12 12:10:14      TRUE       <NA>
                  id replyToUID statusSource  screenName
1 191102498466037760       <NA>          web RDataMining
2 191100277758230528       <NA>          web RDataMining
3 191095126263730176       <NA>          web RDataMining
4 191093248444477440       <NA>          web RDataMining
5 191092912589770752       <NA>          web RDataMining
6 190411501146869760       <NA>          web RDataMining
```

→ 트윗 필드(변수) 10개 각각에 대해 154개의 트윗 중 상위 6개 트윗에 대한 정보가 데이터프레임 형태로 나타내었다. 여기서 우리가 분석하고자 하는 변수는 트윗에 해당되는 text 변수이다.

③ 코퍼스 생성

tm 패키지에서 사용할 코퍼스는 데이터가 벡터 형태인 경우, 먼저 Vector Source() 함수를 이용하여 Source 객체를 생성한다.

```
myCorpus <- VCorpus(VectorSource(df$text))
```

VectorSource() 함수는 생성된 데이터프레임의 변수 text의 데이터 형태가 벡터이기 때문에 사용하였다. 참고로 inspect() 함수를 이용하여 생성된 코퍼스의 상세한 내용을 볼 수 있다.

```
> inspect(myCorpus[1:5])
A corpus with 5 text documents

The metadata consists of 2 tag-value pairs and a data frame
Available tags are:
  create_date creator
Available variables in the data frame are:
  MetaID

[[1]]
Postdoc/Research Scientist Position on Big Data at MIT http://t.co/hZ1ojAW2

[[2]]
Research scientist position for privacy-preserving data publishing, Singapore
http://t.co/GPA0TyG5

[[3]]
Easier Parallel Computing in R with snowfall and sfCluster http://t.co/BPcinvzK

[[4]]
Tutorial: Parallel computing using R package snowfall http://t.co/CHBCyr76

[[5]]
handling big data: Interacting with Data using the filehash Package for R
http://t.co/7RB3sChx
```

④ 생성된 코퍼스에 대한 전처리

tm 패키지의 tm_map() 함수를 사용하여 소문자(lowercase) 변환, 구두점(punctuation) 제거, 숫자 제거, 불용어(stop word) 제거, URL 제거와 같은 전처리를 한다.

- 소문자 변환: 대문자를 소문자로 변환

  myCorpus <- tm_map(myCorpus, tolower)

- 구두점 제거: 구두점(마침표(.), 콤마(,), 세미콜론(;), 콜론(:) 등) 제거

  myCorpus <- tm_map(myCorpus, removePunctuation)

- 숫자 제거

  myCorpus <- tm_map(myCorpus, removeNumbers)

- 불용어 제거: 전치사, 관사 등 의미없는 단어 제거

  myCorpus <- tm_map(myCorpus, removeWords, stopwords("english"))

- URL 제거: 인터넷 사이트의 주소(URL) 제거

  myCorpus <- tm_map(myCorpus, removeURL)

여기서 removeURL <- function(x) gsub("http[[:alnum:]]*", "", x)

참고 gsub("http[[:alnum:]]*", "", x)

여기서 "http[[:alnum:]]*"는 정규 표현식(regular expression)이다. 정규 표현식이란 특정한 규칙을 가진 문자열의 집합을 표현하는 데 사용되는 형식언어이다. [[:alnum:]]는 문자열 중에서 [:alnum:]를 검색하는 언어이다. 예를 들면, [abc]하면 a 혹은 b, c가 포함된 문자열을 검색한다. [:alnum:]는 alphanumeric characters를 나타내는데 알파벳 혹은 숫자를 의미한다. [[:alnum:]]*에서 *는 0번 이상을 뜻한다. 따라서 "http[[:alnum:]]*"는 http로 시작하는 문자열 중에서 알파벳 혹은 숫자가 0번 이상 나오는 문자열을 나타낸다. 예를 들면, https, http 등이 여기에 해당된다. 이때 https는 알파벳 혹은 숫자가 1번 나온 경우이고 http는 0번 나온 경우이다.

⑤ 단어-트윗 간의 매트릭스 생성

단어-트윗 간의 매트릭스를 단어-문서 행렬(term-document matrix)이라고 하고 각 행은 단어를 나타내고 각 열은 문서들을 나타낸다. 그리고 원소는 단어가 문서에서 사용빈도를 나타낸다. TermDocumentMatrix() 함수를 사용하여 단어-문서 행렬을 생성한다.

```
tdm <- TermDocumentMatrix(myCorpus, control=list(wordLengths=c(1,Inf)))
```

```
> tdm
A term-document matrix (585 terms, 154 documents)

Non-/sparse entries: 1203/88887
Sparsity           : 99%
```

```
Maximal term length: 27
Weighting          : term frequency (tf)
```

→ 단어-문서 행렬은 585개의 단어와 154개의 문서로 이루어져 있다. 그리고 Sparsity가 99%라는 의미는 단어-문서 행렬에서 원소 0가 99% 차지한다는 뜻으로 매우 0인 원소가 많은 sparse한 행렬임을 나타내고 있다.

[R 코드 3.1]에 대한 실행결과인 그림 3.3, 그림 3.4의 워드 클라우드는 Stemming(어간 추출)을 하지 않았다. Stemming이란 어간(Stem)을 추출하여 공통어간을 가지는 단어들을 묶어 주는 작업을 말한다. 예를 들면 update, updated, updating 등은 공통어간이 updat이므로 단어빈도분석에서 같은 단어로 취급한다.

```
install.packages("SnowballC")
library(SnowballC)
> wordStem(c("update", "updated", "updating"))
[1] "updat" "updat" "updat"
```

여기서 wordStem() 함수는 벡터에서 주어진 단어들의 어간을 추출하는 함수이다. 이 함수는 SnowballC 패키지에 있는 함수이다.

예제 3.2 예제 3.1에서 Stemming 작업을 수행하고자 한다.

R 코드 3.2

```
#R 3.6.1
#rm(list = ls())
setwd("D:/빅데이터R고싶다/제3장")

install.packages("twitteR")
install.packages("tm")
install.packages("wordcloud")
install.packages("wordcloud2")
install.packages("SnowballC")

library(twitteR)
library(tm)
library(wordcloud)
```

```
library(wordcloud2)
library(SnowballC)

load("rdmTweets.RData")
#ls()
#str(rdmTweets)
#class(rdmTweets)

df <- twListToDF(rdmTweets)
#df <- do.call("rbind", lapply(rdmTweets, as.data.frame))
class(df)

myCorpus <- VCorpus(VectorSource(df$text))

 # convert to lower case
 myCorpus <- tm_map(myCorpus, tolower)
 # remove punctuation
 myCorpus <- tm_map(myCorpus, removePunctuation)
 # remove numbers
 myCorpus <- tm_map(myCorpus, removeNumbers)

 # remove stopwords from corpus
  myCorpus <- tm_map(myCorpus, removeWords, stopwords('english'))

# remove URLs
 removeURL <- function(x) gsub("http[[:alnum:]]*", "", x)
 myCorpus <- tm_map(myCorpus, removeURL)

 myCorpus <- tm_map(myCorpus, stemDocument)
 myCorpus <- tm_map(myCorpus, PlainTextDocument)

 tdm <- TermDocumentMatrix(myCorpus, control=list(wordLengths=c(1,Inf)))
 matrix <- as.matrix(tdm)

 # calculate the frequency of words
 wordcount <- as.table(rowSums(matrix))

 set.seed(375) # to make it reproducible
 wordcloud(words=names( wordcount), freq= wordcount, scale=c(8,.4),
```

```
min.freq=2, random.order=F)
# dev.off()

wordcount <- sort(wordcount, decreasing=TRUE)
wordcount <- wordcount[wordcount>=2]
set.seed(375) # to make it reproducible
wordcloud2(data = wordcount, backgroundColor = "black")
```

[R 코드 3.2] 실행결과

그림 3.5 [R 코드 3.2]에 대한 워드 클라우드

그림 3.6 [R 코드 3.2]에 대한 워드 클라우드2

[R 코드 3.2] 설명

- Stemming

  tm_map() 함수의 인수 stemDocument() 함수를 사용하여 코퍼스에 Stemming 작업을 수행한다.

```
corpus <- tm_map(corpus, stemDocument)
```

그림 3.5, 3.6의 워드 클라우드는 mine, analysi, packag, exampl, tutori, posit, comput 등과 같은 단어의 어간들로 이루어진 것을 알 수 있다.

그림 3.5, 3.6의 워드 클라우드에서 빈도가 높은 상위 20개 단어를 출력하고자 한다.

```
> words_table[1:20]
       r       data       mine   analysi    packag    exampl   network
      83         63         50        23        23        17        17
  tutori      slide        use  research     group    social     posit
      17         16         16        15        12        12        11
  comput  introduct      avail      code   cluster  parallel
      10         10          9         9         8         8
```

예제 3.3 예제 3.2에서 Stemming 작업 수행 후 어간들을 트윗에서 사용된 단어로 대체하고자 한다.

R 코드 3.3

```
#R 3.6.1
#rm(list = ls())
setwd("D:/빅데이터R고싶다/제3장")

install.packages("twitteR")
install.packages("tm")
install.packages("wordcloud")
install.packages("wordcloud2")
install.packages("SnowballC")

library(twitteR)
library(tm)
library(wordcloud)
library(wordcloud2)
library(SnowballC)

load("rdmTweets.RData")
#ls()
#str(rdmTweets)
#class(rdmTweets)

df <- twListToDF(rdmTweets)
#df <- do.call("rbind", lapply(rdmTweets, as.data.frame))
class(df)
```

```
myCorpus <- VCorpus(VectorSource(df$text))

 # convert to lower case
 myCorpus <- tm_map(myCorpus, tolower)
 # remove punctuation
 myCorpus <- tm_map(myCorpus, removePunctuation)
 # remove numbers
 myCorpus <- tm_map(myCorpus, removeNumbers)

 # remove stopwords from corpus
  myCorpus <- tm_map(myCorpus, removeWords, stopwords('english'))

# remove URLs
 removeURL <- function(x) gsub("http[[:alnum:]]*", "", x)
 myCorpus <- tm_map(myCorpus, removeURL)

 myCorpus <- tm_map(myCorpus, stemDocument)
 myCorpus <- tm_map(myCorpus, gsub, pattern = "mine", replacement = "mining")
 myCorpus <- tm_map(myCorpus, gsub, pattern = "analysi", replacement = "analysis")
 myCorpus <- tm_map(myCorpus, gsub, pattern = "packag", replacement = "package")
 myCorpus <- tm_map(myCorpus, gsub, pattern = "exampl", replacement = "example")
 myCorpus <- tm_map(myCorpus, gsub, pattern = "tutori", replacement = "tutorial")
 myCorpus <- tm_map(myCorpus, gsub, pattern = "introduct", replacement = "introduction")
 myCorpus <- tm_map(myCorpus, gsub, pattern = "avail", replacement = "available")
 myCorpus <- tm_map(myCorpus, gsub, pattern = "comput", replacement = "computing")
 myCorpus <- tm_map(myCorpus, gsub, pattern = "seri", replacement = "series")
 myCorpus <- tm_map(myCorpus, PlainTextDocument)

 tdm <- TermDocumentMatrix(myCorpus, control=list(wordLengths=c(1,Inf)))
 matrix <- as.matrix(tdm)

 # calculate the frequency of words
 wordcount <- as.table(rowSums(matrix))

 set.seed(375) # to make it reproducible
 wordcloud(words=names( wordcount), freq= wordcount, scale=c(8,.4), min.freq=
 2, random.order=F)
# dev.off()
```

```
wordcount <- sort(wordcount, decreasing=TRUE)
wordcount <- wordcount[wordcount>=2]
set.seed(375) # to make it reproducible
wordcloud2(data = wordcount, backgroundColor = "black")
```

[R 코드 3.3] 실행결과

그림 3.7 [R 코드 3.3]의 워드 클라우드

그림 3.8 [R 코드 3.3]의 워드 클라우드2

[R 코드 3.3] 설명

그림 3.7, 3.8의 [R 코드 3.3]에 대한 워드 클라우드와 그림 3.5, 3.6의 [R 코드 3.2]에 대한 워드 클라우드를 비교해 보면 어근 mine, analysi, packag, exampl, tutori, comput 등이 각각 mining, analysis, package, examples, tutorial, computing으로 대체된 것을 알 수 있다.

그림 3.7, 3.8의 워드 클라우드에서 빈도가 높은 상위 20개 단어를 출력하고자 한다.

```
> words_table[1:20]
          r        data      mining    analysis     package
         83          63          50          23          23
   examples     network    tutorial       slide         use
         17          17          17          16          16
   research       group      social   positions   computing
```

15	12	12	11	10
introduction	available	code	cluster	parallel
10	9	9	8	8

(2) 빈도 및 관련성 분석

특정 트위터에 사용된 단어의 빈도를 계산하고자 한다. 그리고 특정 단어와 관련성이 있는 단어를 구하고, 어느 정도 관련성이 있는지를 알고자 한다.

예제 3.4 트위터 데이터 파일 "rdmTweets.RData"에서 빈도분석을 수행하고자 한다.

R 코드 3.4

```
#R 3.6.1
#rm(list = ls())
setwd("D:/빅데이터R고싶다/제3장")

install.packages("twitteR")
install.packages("tm")
install.packages("wordcloud")
install.packages("wordcloud2")
#install.packages("SnowballC")

library(twitteR)
library(tm)
library(wordcloud)
library(wordcloud2)

load("rdmTweets.RData")
#ls()
#str(rdmTweets)
#class(rdmTweets)

df <- twListToDF(rdmTweets)
#df <- do.call("rbind", lapply(rdmTweets, as.data.frame))
class(df)
```

```
myCorpus <- VCorpus(VectorSource(df$text))

 # convert to lower case
 myCorpus <- tm_map(myCorpus, tolower)
 # remove punctuation
 myCorpus <- tm_map(myCorpus, removePunctuation)
 # remove numbers
 myCorpus <- tm_map(myCorpus, removeNumbers)


 # remove stopwords from corpus
  myCorpus <- tm_map(myCorpus, removeWords, stopwords('english'))

# remove URLs
 removeURL <- function(x) gsub("http[[:alnum:]]*", "", x)
 myCorpus <- tm_map(myCorpus, removeURL)

 myCorpus <- tm_map(myCorpus, PlainTextDocument)

 tdm <- TermDocumentMatrix(myCorpus, control=list(wordLengths=c(1,Inf)))
 matrix <- as.matrix(tdm)

 # calculate the frequency of words
 wordcount <- as.table(rowSums(matrix))

#  wordcount <- sort(wordcount, decreasing=TRUE)
  wordcount <- wordcount[wordcount>=10]
#  wordcount <- subset( wordcount,  wordcount>= 10)
```

[R 코드 3.4] 실행결과

```
# 다음의 실행결과는 단어 빈도수가 10 이상인 단어들에 대한 도수분포표이다.
> wordcount <- wordcount[wordcount>=10]
> wordcount
    analysis         data     examples  introduction       mining
          23           63           15            10           50
```

```
network   package         r  research    slides
     15        17        83        12        16
 social  tutorial     using
     12        13        10
```

그림 3.9는 위의 도수분포표에 대한 막대그래프이다.

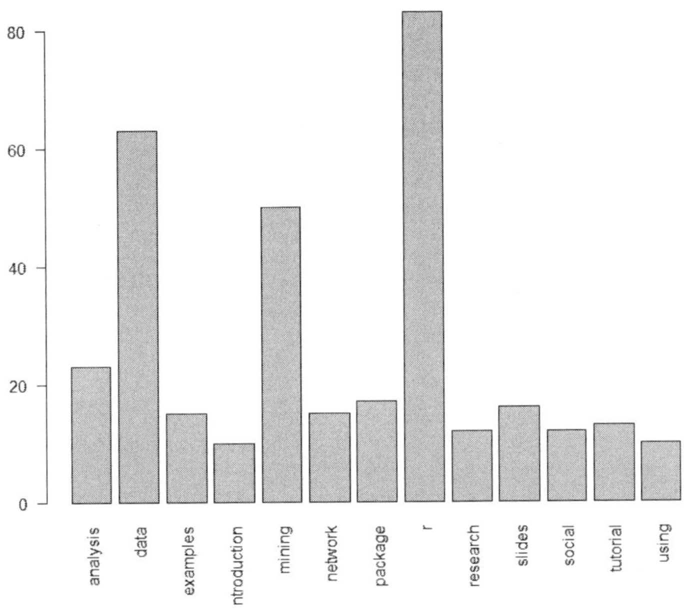

그림 3.9 [R 코드 3.4]의 막대그래프

[R 코드 3.4] 설명

① 단어 빈도 계산

- rowSums() 함수: 행렬에서 각 행(row)의 합(sum)을 계산하는 함수이다.
- subset() 함수: 조건을 만족하는 부분집합을 계산하는 함수이다.

다음은 subset() 함수의 사용형식이다.

```
subset(x, subset)
```

여기서 x는 객체이고 subset는 조건을 나타내는 논리식이다.

```
# wordcount <- sort(wordcount, decreasing=TRUE)
  wordcount <- wordcount[wordcount>=10]
# wordcount <- subset( wordcount,  wordcount>= 10)
```

② 막대그래프 작성

```
barplot(wordcount, las=2)
```

여기서 las는 수평축 라벨의 스타일(label axis style)을 지정한다. las=1이면 라벨을 수평축과 평행으로, las=2이면 수평축과 수직으로 나타낸다.

예제 3.5 트위터 데이터 파일 "rdmTweets.RData"에서 특정 단어 관련성 분석을 수행하고자 한다.

R 코드 3.5

```
#R 3.6.1
#rm(list = ls())
setwd("D:/빅데이터R고싶다/제3장")

install.packages("twitteR")
install.packages("tm")
install.packages("wordcloud")
install.packages("SnowballC")

library(twitteR)
library(tm)
library(wordcloud)
library(SnowballC)

load("rdmTweets.RData")
#str(rdmTweets)

df <- do.call("rbind", lapply(rdmTweets, as.data.frame))
myCorpus <- VCorpus(VectorSource(df$text))

 # convert to lower case
```

```
myCorpus <- tm_map(myCorpus, tolower)
# remove punctuation
myCorpus <- tm_map(myCorpus, removePunctuation)
# remove numbers
myCorpus <- tm_map(myCorpus, removeNumbers)

# remove stopwords from corpus
 myCorpus <- tm_map(myCorpus, removeWords, stopwords('english'))

# remove URLs
removeURL <- function(x) gsub("http[[:alnum:]]*", "", x)
myCorpus <- tm_map(myCorpus, removeURL)
myCorpus <- tm_map(myCorpus, PlainTextDocument)

tdm <- TermDocumentMatrix(myCorpus, control=list(wordLengths=c(1,Inf)))

findAssocs(tdm, 'data', 0.25)
findAssocs(tdm, 'mining', 0.25)
```

[R 코드 3.5] 설명

• findAssocs() 함수

특정 단어와 관련성 있는 단어들을 알고자 하는 경우 사용하는 함수이다.

```
findAssocs(tdm, terms, corlimit)
```

- tdm: Term Document 행렬
- terms: 단어
- corlimit: 최소 상관계수 한계(lowest correlation limit)

예를 들어, 단어 'data'와 상관계수가 0.25 이상 관련성이 있는 단어들을 알고자 하는 경우 다음과 같다.

```
findAssocs(tdm, 'data', 0.25)
```

```
> findAssocs(tdm, 'data', 0.25)
$data
```

```
   mining        incl  practice realworld     small       big      card
     0.52        0.34      0.34      0.34      0.34      0.29      0.29
functions    handling reference
     0.29        0.29      0.29
```

예를 들어 단어 'mining'와 상관계수가 0.25 이상 관련성이 있는 단어들을 알고자 하는 경우 다음과 같다.

```
findAssocs(tdm, 'mining', 0.25)
```

```
> findAssocs(tdm, 'mining', 0.25)
$mining
          data         mahout recommendation           sets       supports
          0.52           0.41           0.41           0.41           0.41
      frequent        itemset           card      reference      functions
          0.36           0.35           0.30           0.30           0.28
          text classification        lecture       chapters          lists
          0.28           0.27           0.27           0.25           0.25
        useful           want
          0.25           0.25
```

3.2 한글 트위터 분석

기존의 한글 트위터 파일을 가지고 워드 클라우드를 작성하고 빈도 및 관련성 분석을 하고자 한다. 여기서는 tm 패키지를 이용하여 코퍼스를 생성하고 단어-문서 행렬(term-document matrix)을 생성하여 워드 클라우드를 작성한다.

(1) 워드 클라우드 작성

예제 3.6 "삼성전자.RData"은 트위터에서 검색어 "삼성전자"에 대한 검색 결과로부터 얻어진 한글 트위터 파일이다. 이 파일에 대해 워드 클라우드를 작성하고자 한다.

R 코드 3.6

```
#R 3.6.1
#rm(list = ls())
setwd("D:/빅데이터R고싶다/제3장")

install.packages("twitteR")
install.packages("KoNLP")
install.packages("tm")
install.packages("wordcloud")
install.packages("wordcloud2")

library(twitteR)
library(KoNLP)
library(tm)
library(wordcloud)
library(wordcloud2)

load("삼성전자.RData")
#ls()
df <- twListToDF(rdmTweets)
#df <- do.call("rbind", lapply(rdmTweets, as.data.frame))
useNIADic()
class(df$text)
index1  <- grep("증권가소식", df$text)
index2  <- grep("한국투데이", df$text)
index3  <- grep("한투블로그기자", df$text)
index4  <- grep("폰앤케이스", df$text)
index5  <- grep("서울=연합뉴스", df$text)
index6  <- grep("서울=뉴시스", df$text)

total_index = c(index1,index2,index3,index4,index5,index6)
#length(total_index)
text <- df$text[-total_index]

#write.table(text,"samsung.txt")
words <- sapply(text, extractNoun, USE.NAMES=F)
```

```
myCorpus <- VCorpus(VectorSource(words))
myCorpus <- tm_map(myCorpus, removePunctuation)
myCorpus <- tm_map(myCorpus, removeNumbers)
myCorpus <- tm_map(myCorpus, removeWords, stopwords('english'))

remove삼성전자 <- function(x) { gsub("삼성전자*", "", x)}
myCorpus <- tm_map(myCorpus, remove삼성전자)
removeURL <- function(x) { gsub("http", "", x)}
myCorpus <- tm_map(myCorpus, removeURL)
removeAt <- function(x) { gsub("[@[a-z]]*", "", x)}
myCorpus <- tm_map(myCorpus, removeAt)
remove아이폰5 <- function(x) { gsub("아이폰.*", "아이폰5", x)}
myCorpus <- tm_map(myCorpus, remove아이폰5)
removeRT <- function(x) { gsub("RT", "", x)}
myCorpus <- tm_map(myCorpus, removeRT)
remove10개국 <- function(x) { gsub("개국", "10개국", x)}
myCorpus <- tm_map(myCorpus, remove10개국)
removeLTE롱텀에볼루션 <- function(x) { gsub("LTE롱텀에볼루션", "", x)}
myCorpus <- tm_map(myCorpus, removeLTE롱텀에볼루션)
remove확실시 <- function(x) { gsub("확실시", "", x)}
myCorpus <- tm_map(myCorpus, remove확실시)

myCorpus <- tm_map(myCorpus, PlainTextDocument)
tdm <- TermDocumentMatrix(myCorpus, control=list(wordLengths=c(2,Inf)))
matrix <- as.matrix(tdm)
wordcount <- as.table(sort(rowSums(matrix)))
pal <- brewer.pal(8,"Dark2")

#word cloud
set.seed(1000) # to make it reproducible
wordcloud(words=names(wordcount), freq=wordcount, scale=c(8,.5), min.freq=5,
colors=pal, random.order=F)

wordcount <- sort(wordcount, decreasing=TRUE)
wordcount <- wordcount[wordcount>=5]
set.seed(1000) # to make it reproducible
wordcloud2(data = wordcount, backgroundColor = "black")
```

[R 코드 3.6] 실행결과

그림 3.10 [R 코드 3.6]에 대한 워드 클라우드 **그림 3.11** [R 코드 3.6]에 대한 워드 클라우드2

[R 코드 3.6] 설명

[R 코드 3.6]에서 트위터 내용과 관련 없는 특정단체 홍보성 기사는 분석에 앞서 제거하였다. 여기서는 "증권가소식", "한국투데이", "한투블로그기자", "폰앤케이스", "서울=연합뉴스", "서울=뉴시스"의 홍보성 기사는 grep() 함수를 이용하여 제거하였다.

- grep() 함수: 벡터에서 주어진 패턴과 매칭되는 위치(index)를 찾는 데 사용하는 함수이다. 이 grep() 함수의 사용형식은 다음과 같다.

```
grep(pattern, x, ignore.case = FALSE,..., )
```

- x: 벡터
- pattern: 패턴
- ignore.case = FALSE: 대소문자 구분한다.

```
index1 <- grep("증권가소식", df$text)
index2 <- grep("한국투데이", df$text)
index3 <- grep("한투블로그기자", df$text)
index4 <- grep("폰앤케이스", df$text)
index5 <- grep("서울=연합뉴스", df$text)
```

```
index6 <- grep("서울=뉴시스", df$text)

total_index = c(index1,index2,index3,index4,index5,index6)
#length(total_index)
text <- df$text[-total_index]
```

단어 "아이폰"은 외래어이므로 명사로 인식되지 않고 "아이폰" 뒤에 붙는 조사를 포함하여 하나의 명사로 잘못 인식되고 있다. 예를 들면, "아이폰가" 혹은 "아이폰에" 모두 명사로 인식되어 다음과 같이 정규 표현식을 사용하여 "아이폰"으로 대체하고 있다.

```
remove아이폰 <- function(x) { gsub("아이폰[가에]*", "아이폰", x)}
myCorpus <- tm_map(myCorpus, remove아이폰)
```

[R 코드 3.6]에서는 숫자는 무의미한 것으로 간주하여 다음의 문장에 의해 제거하고 있다.

```
myCorpus <- tm_map(myCorpus, removeNumbers)
```

이 경우 숫자 뒤에 문자가 오는 경우, 예를 들어 "9개국에서"인 경우 숫자 9가 제거되어 "개국에서"가 하나의 명사로 잘못 인식된다. 따라서 다음과 같이 이 단어를 제거하고자 한다.

```
remove개국에서 <- function(x) { gsub("개국에서", "", x)}
myCorpus <- tm_map(myCorpus, remove개국에서)
```

(2) 빈도 및 관련성 분석

예제 3.7 "삼성전자.RData"에 대해 빈도분석과 관련성 분석을 수행하고자 한다.

R 코드 3.7

```
tdm <- TermDocumentMatrix(myCorpus, control=list(wordLengths=c(2,Inf)))
matrix <- as.matrix(tdm)

wordcount <- as.table(rowSums(matrix))
wordcount <- subset(wordcount, wordcount>=15)
```

```
#wordcount <- sort(subset(wordcount, wordcount>=15), decreasing=T)

barplot(wordcount, las=2)

findAssocs(tdm, '애플', 0.50)
```

[R 코드 3.7] 설명

```
# 단어 빈도수가 15 이상인 단어들에 대한 도수분포표를 구하고자 한다.
> wordcount <- subset(wordcount, wordcount>=15)
> wordcount
  가처분   갤럭시  갤럭시노트      결정  기능  김치냉장고    반대
     16       17          15        16    17          21      16
   삼성     소송    스마트폰   아이폰5  애플        영향    제품
     41       24          27        39    83          16      16
   철회     출시        침해    태블릿  특허    판매금지
     16       30          24        15    32          17
```

그림 3.12는 위의 도수분포표로부터 구한 막대그래프이다.

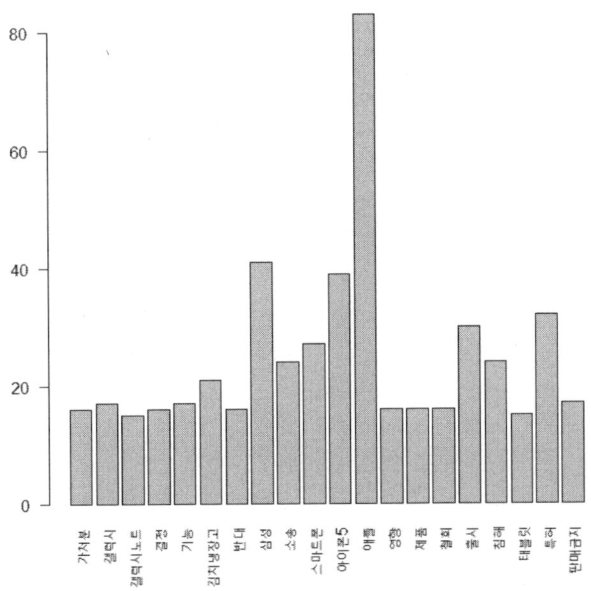

그림 3.12 삼성전자 트위터 데이터에 대한 막대그래프

예를 들어 단어 '애플'과 상관계수가 0.50 이상 관련성이 있는 단어들을 알고자 하는 경우 다음과 같다.

```
findAssocs(tdm, '애플', 0.50)
```

```
> findAssocs(tdm, '애플', 0.50)
 10개국 아이폰5  소송전    영향    전망    공개    진행    미국    소송
  0.72   0.72   0.69   0.69   0.69   0.66   0.66   0.51   0.51
```

3.3 실시간 트위터 분석

트위터는 외부에서 트위터의 정보를 이용할 수 있도록 API(Application Programming Interface)를 제공하고 있다. 트위터 API는 트위터 상의 데이터를 외부에서 이용할 수 있도록 제공되는 인터페이스로, 다양한 업체들이 이를 통해 트위터의 데이터를 분석하거나 검색하고 클라이언트 애플리케이션을 만들고 있다. 따라서 트위터 API를 이용하여 트윗 정보를 수집하는 경우 그 계정 사용자에게 따로 동의를 받을 필요가 없다. 이를 위해 가장 먼저 트위터 홈페이지에서 클라이언트 애플리케이션(Application; 앱)을 생성한 후 OAuth(Open Authorization) 인증을 거친 후에 사용 가능하다. 인증에 앞서 트위터 계정이 없는 경우는 먼저 트위터 계정을 만들어야 한다.

OAuth 인증

OAuth 인증은 OpenAPI로 개발된 표준 인증 방식이다. OAuth가 사용되기 전에는 인증방식의 표준이 없었기 때문에 기존의 기본인증인 아이디와 비밀번호를 사용하였는데, 이는 보안상 취약한 구조이다. OAuth는 이렇게 제각각인 인증방식을 표준화한 인증방식이다.

(1) 트위터 개발자 계정 신청 및 승인

2018년 7월부터 트위터 API를 사용하여 앱을 생성하기 위해서는 먼저 트위터 개발자 계정(Twitter Developer Account)을 신청하고 승인을 받아야 한다. 승인이 완료되면 다음의 트위터 개발자 사이트에서 앱을 생성한다.

https://developer.twitter.com

① 트위터 개발자 계정 신청

다음의 트위터 개발자 계정 신청 사이트에 접속한다.

https://developer.twitter.com/en/apply/user

그림 3.13과 같이 트위터 계정(Twitter Account)을 입력한다.

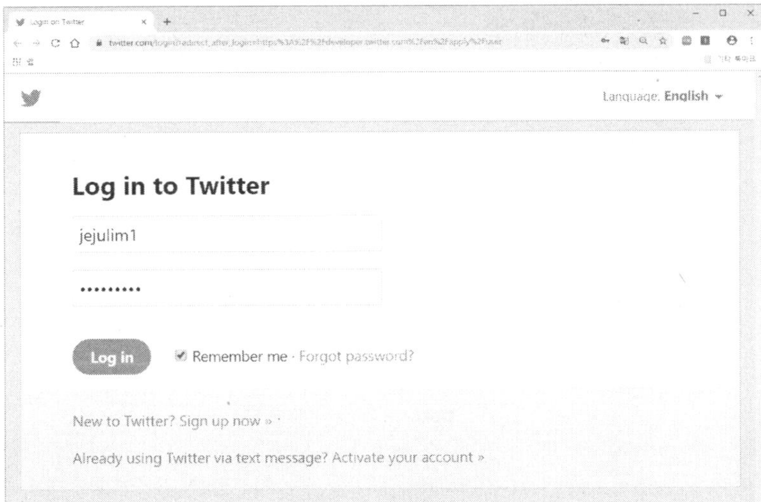

그림 3.13 트위터 계정

그림 3.13에서 트위터 사용자 아이디와 패스워드를 입력한다.

그림 3.14와 같이 트위터 개발자 계정 신청 이유에 대해 입력한다.

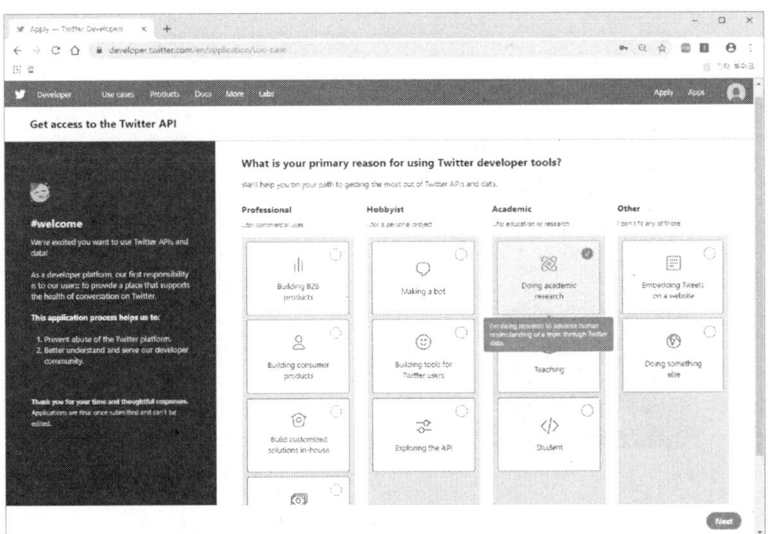

그림 3.14 트위터 개발자 계정 신청 이유

여기서는 학술연구용인 경우 “Doing academic research”을 선택한다. 그림 3.15와 같이 트위터 개발자 계정의 용도에 대해 입력한다.

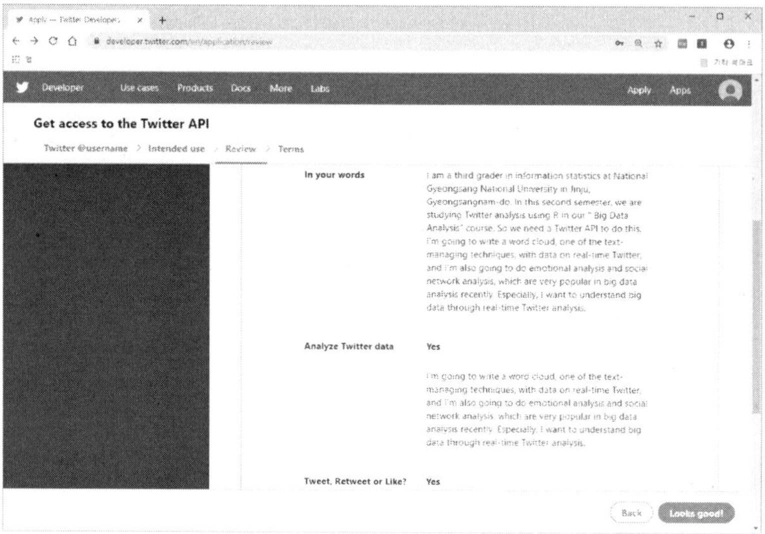

그림 3.15 트위터 개발자 계정의 용도

마지막으로 그림 3.16에서 트위터의 개발자 정책 동의화면에서 내용을 읽어보고 체크박스에 체크하면 된다. 제품 업데이트, 뉴스, 마케팅 소식 내용을 수신하고자 하는 경우 체크박스에 체크한다.

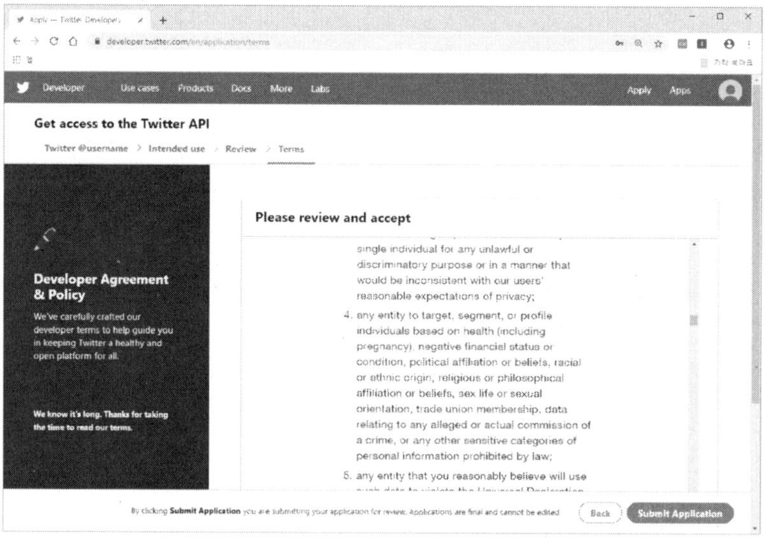

그림 3.16 트위터의 개발자 정책 동의

그림 3.17과 같이 트위터 개발자 계정 신청이 완료한 후 이메일(email)을 통해 승인 여부를 확인한다. 이메일 내용에 있는 “Please confirm your email” 버튼을 눌러 확인한다.

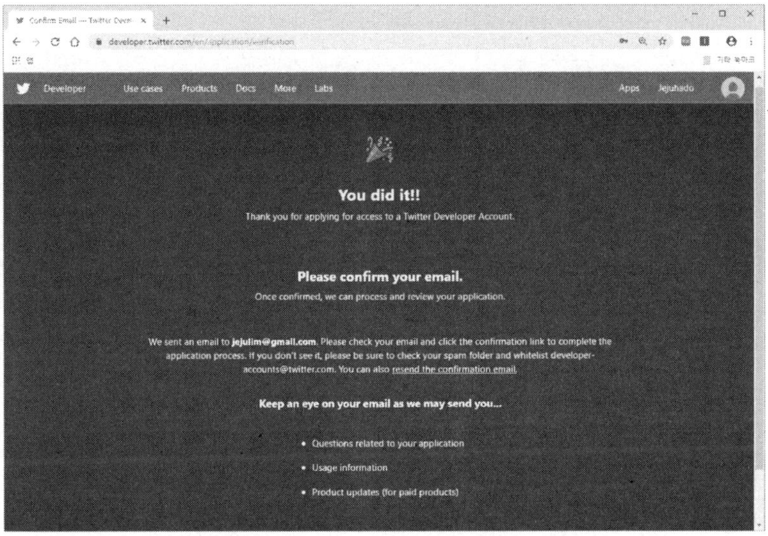

그림 3.17 트위터 개발자 계정 신청 완료

② 트위터 개발자 계정 승인

그림 3.18은 등록된 이메일로 수신된 트위터 개발자 계정 신청에 대한 감사 메시지이다.

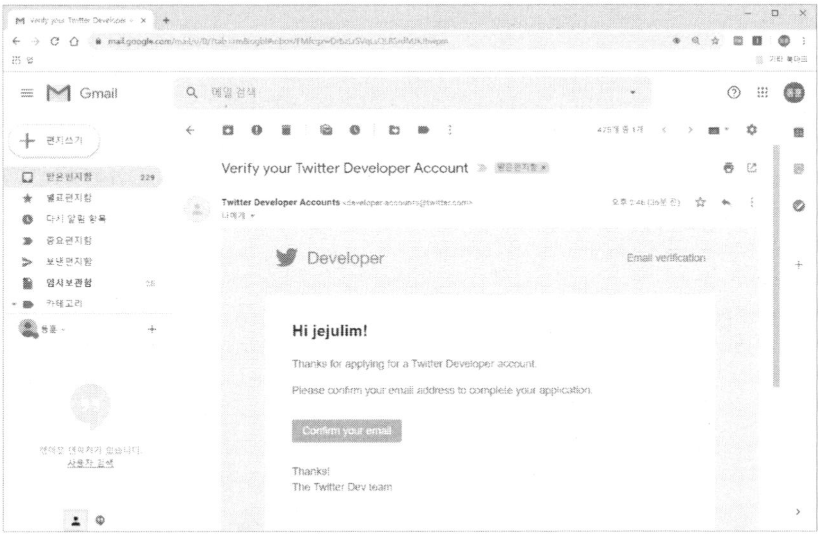

그림 3.18 트위터 개발자 계정 신청 감사 메시지

그림 3.18의 이메일 내용에 있는 "Confirm your email" 버튼을 눌러 승인 여부를 확인한다. 그림 3.19는 트위터 개발자 계정 승인 축하 메시지이다.

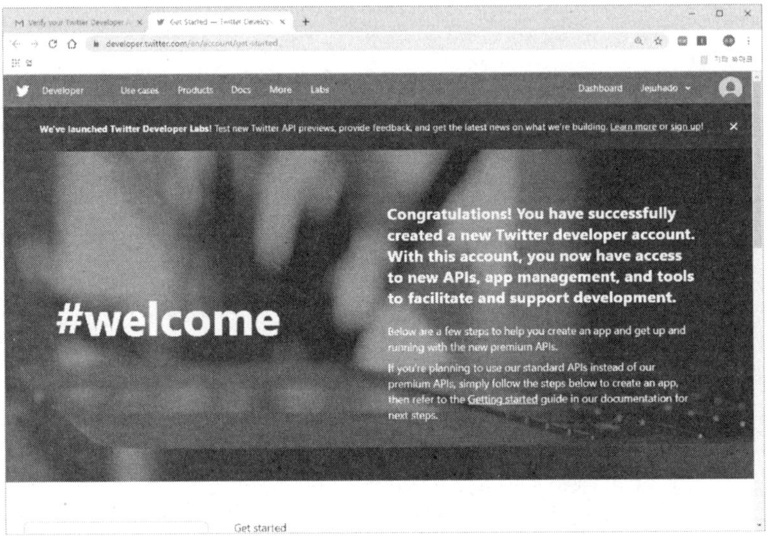

그림 3.19 트위터 개발자 계정 승인 축하 메시지

(2) 트위터 앱 생성

그림 3.20의 트위터 개발자 사이트(https://developer.twitter.com)에서 트위터 앱(Twitter Apps)을 생성한다.

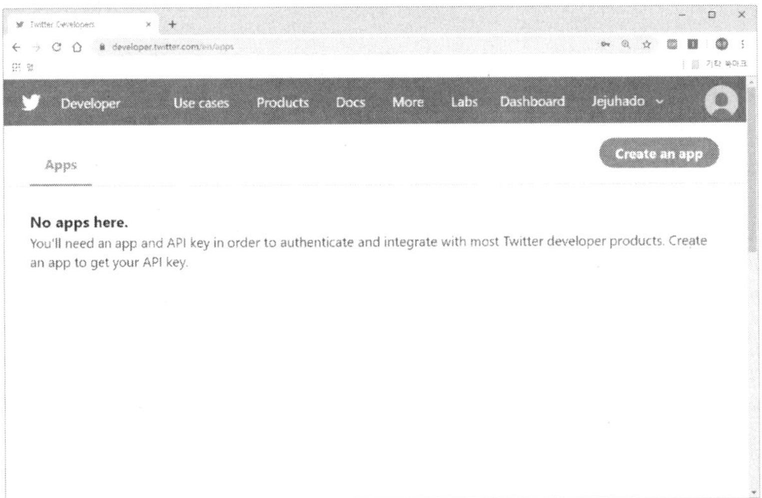

그림 3.20 트위터 개발자 사이트에서 앱 신청

그림 3.20에서 오른쪽 "Create an app"을 클릭하여 그림 3.21의 앱 신청화면으로 이동한다.

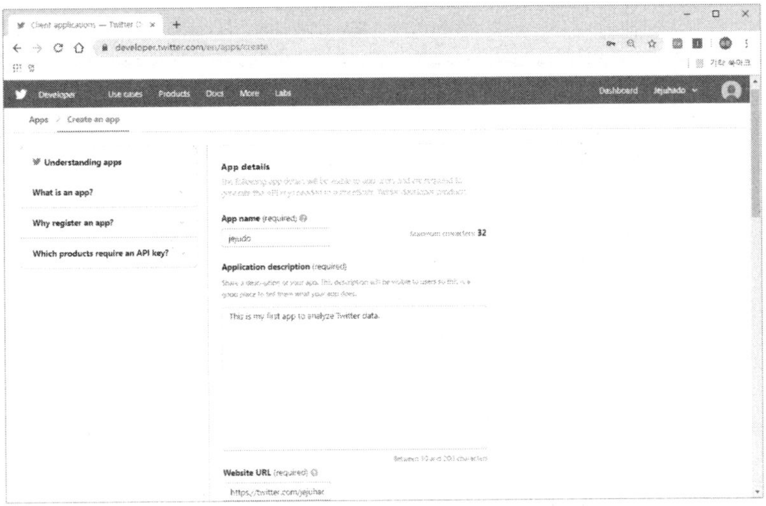

그림 3.21 트위터 앱 신청화면

- App name(required): 애플리케이션의 이름이다. 임의의 이름을 지정하면 된다. 기존에 같은 이름으로 등록되어 있는 경우에는 다른 이름으로 등록해야 한다. 여기서는 트위터 계정의 ID인 "jejudo"로 지정하였다.
- Application description(required): 애플리케이션에 대해서 간단한 설명을 적는다. 여기서는 "This is my first application to analyze Twitter data."라고 적었다.
- Website URL(required): 애플리케이션 홈페이지이다. 필수 입력이기 때문에 홈페이지가 있는 경우 주소를 적어주고 별도의 주소가 없다면 임의 주소를 적어주면 된다. 여기서는 트위터 계정의 웹사이트를 지정하였다. 여기서는 "https://twitter.com/jejuhado"라고 지정하였다.
- Tell us how this app will be used (required): 앱의 용도에 대한 설명이다. 여기서는 "I will only use this app for classes for Twitter data analysis. I'm going to crawl Twitter data to create a word cloud, analyze sensitivity, and do a social network analysis."라고 적었다.
- 그 밖의 아래 입력사항은 선택사항으로 작성하지 않아도 된다.
  Callback URLs, Terms of Service URL, Privacy policy URL, Organization name, Organization website URL

그림 3.22는 신청 앱에 대한 편집화면이다. 그림 3.21의 신청 앱을 편집하려는 경

우 그림 3.22에서 수정할 수 있다.

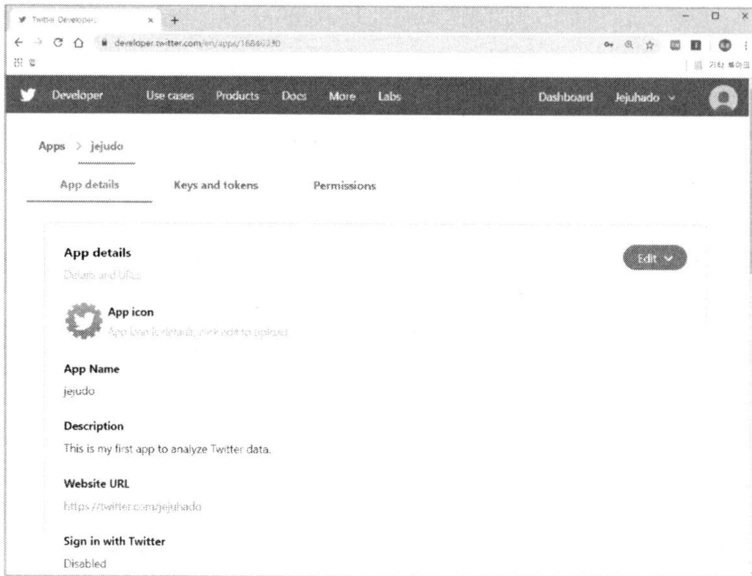

그림 3.22 트위터 신청 앱 편집화면

그림 3.23은 신청 앱에 대한 키(keys)와 토큰(tokens) 생성에 관한 화면이다.

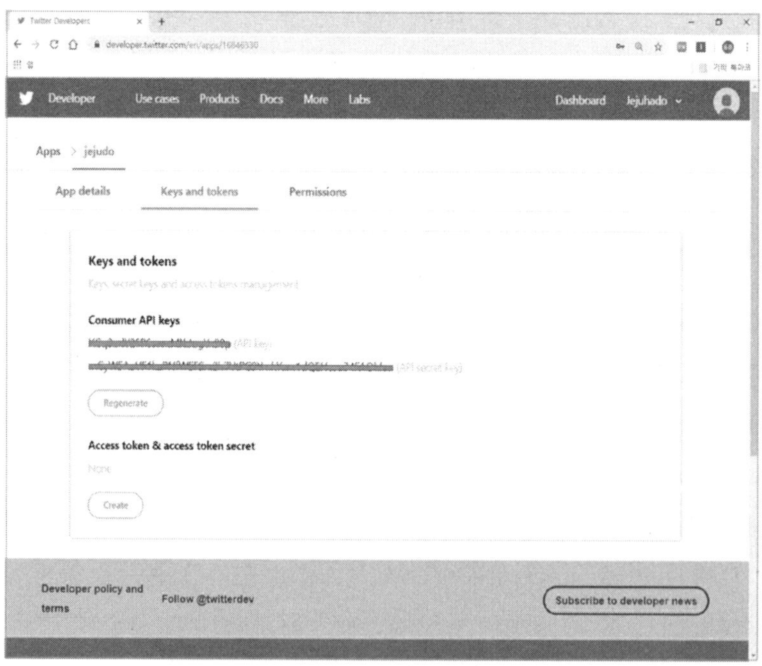

그림 3.23 앱에 대한 키와 토큰 생성

그림 3.23의 “Consumer API keys”에서 2개의 키인 “API key”와 “API secret key”가 생성된 것을 알 수 있다.

다음은 앱에 대한 토큰을 생성하기 위해 그림 3.23의 아래쪽에 있는 “Create” 버튼을 클릭한다. 그림 3.24는 인증에 필요한 2개의 토큰인 “Access token”와 “Access token secret”가 생성된 것을 알 수 있다.

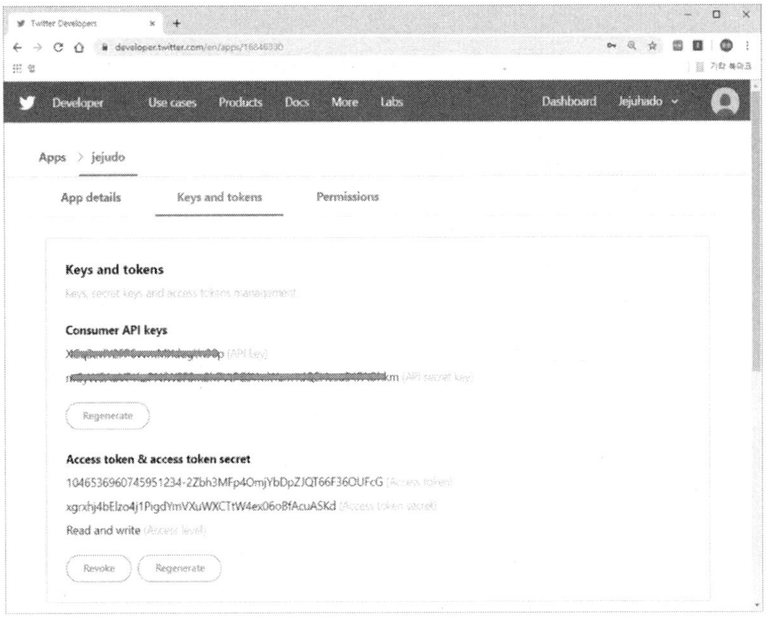

그림 3.24 앱에 대한 “Access token”와 “Access token secret” 생성

그림 3.24에서 2개의 API 키와 2개의 Access 토큰이 생성된 것을 볼 수 있다. 이것이 트위터 인증을 받는 데 필요한 키와 토큰이다.

(3) 트위터 인증 수행

setup_twitter_oauth() 함수를 이용하여 그림 3.24에서 생성된 API 키와 Access 토큰 정보를 인수로 트위터 인증을 수행한다.

```
api_key = "xxxxxxxxxxxxxxxxxxxxxxxxxxxxxxxxxx"
api_secret_key =  "xxxxxxxxxxxxxxxxxxxxxxxxxxxxxxxxxx"
access_token ="1046536960745951234-2Zbh3MFp4OmjYbDpZJQT66OUFcG"
access_token_ secret ="xgrxhj4bElzo4j1PigdYmVXuWXCTtW4ex06oBfSKd"
```

```
setup_twitter_oauth(api_key, api_key_secret_key, access_token, access_token_
secret)
```

실시간 트위터 데이터 접근을 위해 트위터 인증을 받기 위해서는 위의 코드를 미리 실행해야 한다. 저자는 위의 내용을 그림 3.25와 같이 파일로 저장한 후 source() 함수를 이용하여 인증이 필요할 때마다 다음과 같이 불러와서 사용한다.

```
source("OAuth.R")
```

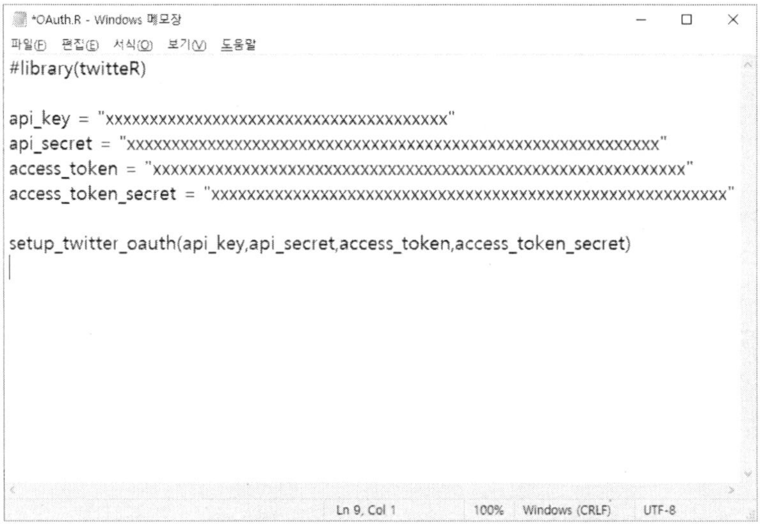


```
#library(twitteR)

api_key = "xxxxxxxxxxxxxxxxxxxxxxxxxxxxxxxxxxxxxxxx"
api_secret = "xxxxxxxxxxxxxxxxxxxxxxxxxxxxxxxxxxxxxxxxxxxxxxxxxxxxxxxxxxxxxxxx"
access_token = "xxxxxxxxxxxxxxxxxxxxxxxxxxxxxxxxxxxxxxxxxxxxxxxxxxxxxxxxxxxxxxxx"
access_token_secret = "xxxxxxxxxxxxxxxxxxxxxxxxxxxxxxxxxxxxxxxxxxxxxxxxxxxxxxxxxxxxx"

setup_twitter_oauth(api_key,api_secret,access_token,access_token_secret)
```

그림 3.25 인증파일 "OAuth.R"

(4) 실시간 트위터 분석

예제 3.8 우리가 실시간으로 분석하고자 하는 트위터는 미국의 제45대 대통령인 트럼프의 트위터이다. 트럼프 대통령의 트위터 사이트는 다음과 같다.

https://twitter.com/realdonaldtrump

그림 3.26 트럼프 트위터

R 코드 3.8

```
# R 3.6.1
#rm(list = ls())
setwd("D:/빅데이터R고싶다/제3장")

install.packages("twitteR")
install.packages("tm")
install.packages("wordcloud")
install.packages("wordcloud2")

library(twitteR)
library(tm)
library(wordcloud)
library(wordcloud2)

source("OAuth.R")
tweets <- userTimeline("realDonaldTrump", n=3200)
head(tweets)
str(tweets)
```

```
tweets.df <- twListToDF(tweets)
#tweets.df <- do.call("rbind", lapply(tweets, as.data.frame))

write.table(tweets.df$text, "TrumpData.txt")
write.csv(tweets.df$text, "TrumpData.csv")

tweets$text <- strsplit(tweets.df$text, " ")

words <- unlist(tweets$text)

#Convert all text to lower case
words <- tolower(words)

#Remove retweets
words <- gsub("(RT|via)((?:\\b\\W*@\\w+)+)", "", words)

#Remove links
words <- gsub("http\\w+", "", words)

#Remove Atpeople
words <- gsub("@[a-z]*", "", words)

#Remove &amp
words <- gsub("&[a-z]*", "", words)

#Remove Punctuations
words <- gsub("[[:punct:]]", "", words)

myCorpus <- VCorpus(VectorSource(words))

# add extra stopwords
myStopwords <- c(stopwords('english'), "president","will", "just","ever","really",
"already", "may", "now", "also", "many","great","thank", "get","done")
 # remove stopwords from corpus
myCorpus <- tm_map(myCorpus, removeWords, myStopwords)
#myCorpus <- tm_map(myCorpus, removeWords, c(stopwords('english')))

myCorpus <- tm_map(myCorpus, PlainTextDocument)
tdm <- TermDocumentMatrix(myCorpus, control=list(wordLengths=c(2,Inf)))
```

```
matrix <- as.matrix(tdm)
wordcount <- as.table(sort(rowSums(matrix), decreasing=TRUE))
# word cloud
set.seed(375) # to make it reproducible
wordcloud(words=names(wordcount), freq=wordcount, scale=c(4,.4), min.freq=2,
random.order=F)

#wordcount <- sort(wordcount, decreasing=TRUE)
wordcount <- wordcount[wordcount>=2]
set.seed(375) # to make it reproducible
wordcloud2(data = wordcount, backgroundColor = "black")
```

[R 코드 3.8] 실행결과

그림 3.27 [R 코드 3.8]에 대한 워드 클라우드

그림 3.28 [R 코드 3.8]에 대한 워드 클라우드2

[R 코드 3.8] 설명

userTimeline() 함수: 특정한 트위터 계정으로부터 트윗을 가져오는 데 사용하는 함수이다. userTimeline() 함수의 사용형식은 다음과 같다.

```
userTimeline(user, n=20, includeRts=FALSE, ...)
```

- user: 트위터 계정
- n: 가져올 트윗의 수, 최대 3200개 트윗
- includeRts: FALSE이면 리트윗(retweets)이 포함되지 않는다.

다음은 트럼프 트위터 계정으로부터 3200개의 트윗을 가져오는 예이다.

예 tweets <- userTimeline("realDonaldTrump", n=3200)

• 정규표현식을 사용하여 리트윗을 삭제하고자 하는 경우
  words <- gsub("(RT|via)((?:\\b\\W*@\\w+)+)", "", words)

여기서 (RT|via)는 RT 혹은 via를 나타내고 (?:\\b\\W*@\\w+)+는 1개 이상의 (?:\\b\\W*@\\w+)와 일치하는 문자열을 나타낸다. 여기서 (?:\\b\\W*@\\w+)는 비캡처링 그룹(non-capturing group)으로 공백 다음 0번 이상의 비단어(non word) 다음 @ 기호 다음 1번 이상의 단어(word)가 있는 문자열을 나타낸다. 여기서 단어(word)는 알파벳, 숫자, _ 중의 한 문자를 나타내고, 비단어(non word)는 알파벳, 숫자, _가 아닌 문자를 나타낸다. 예를 들면 RT @jejuhado는 여기에 해당된다.

예제 3.9 다음은 실시간으로 트위터에서 키워드 "노무현"을 검색하여 워드 클라우드로 나타내고자 한다.

R 코드 3.9

```
# R 3.6.1
#rm(list = ls())
setwd("D:/빅데이터R고싶다/제8장")

install.packages("twitteR")
install.packages("KoNLP")
install.packages("wordcloud")
install.packages("wordcloud2")

library(twitteR)
library(KoNLP)
library(wordcloud)
library(wordcloud2)
```

```
useNIADic()

source("OAuth.R")

keyword <- enc2utf8("노무현")
tweets <- searchTwitter(keyword, n=1000, lang="ko")
head(tweets)
str(tweets)

tweets.df <- twListToDF(tweets)
#tweets.df <- do.call("rbind", lapply(tweets, as.data.frame))

write.table(tweets.df$text, "RohData.txt")
write.csv(tweets.df$text, "RohData.csv")

#Remove retweets
tweets.text <- gsub("(RT|via)((?:\\b\\W*@\\w+)+)", "", tweets.df$text)
#Remove links
tweets.text <- gsub("http\\w+", "", tweets.text)
#Remove Atpeople
tweets.text <- gsub("@[a-z]*", "", tweets.text)
#Remove &amp
tweets.text <- gsub("&[a-z]*", "", tweets.text)
#Remove &sharp
tweets.text <- gsub("#[a-z]*", "", tweets.text)

useNIADic()
words <- sapply(tweets.text,extractNoun, USE.NAMES=F)
words <- unlist(words)
#class(words)
words <- gsub(keyword, "", words)
words <- gsub("[[:punct:]]","", words)
words <- gsub("문프.*","문프", words)
words <- gsub(".*문재인.*","문재인", words)
words <- gsub("노대.*","노대통령", words)
words <- gsub("깨시민.*","깨시민", words)
words <- gsub("개같은","개같음", words)
words <- gsub("(재|조국).*","조국", words)
words <- gsub("하(나|시|게|려)","", words)
```

```
words <- gsub("발목잡던","발목잡는다", words)
words <- gsub("긴장하넹","유준상 긴장", words)
words <- gsub("그분이후","김대중 이후", words)
words <- gsub("일본.*","일본", words)
words <- gsub("대화입니다","대화", words)
words <- gsub("달째","몇 달째", words)
words <- gsub("(당시|불과)","", words)
words <- gsub("(이거|둘이|해서|아니였)","", words)
words <- gsub("(에대한|때문|등등)","", words)

words <- words[nchar(words) >= 2]
wordcount <- table(words)

pal <- brewer.pal(6, "Dark2")
windowsFonts(malgun=windowsFont("맑은 고딕"))

set.seed(1234)
wordcloud(words=names(wordcount), freq=wordcount, scale=c(5, 1), colors=pal,
min.freq=15, random.order=F, family="malgun")


#wordcount  <- sort(wordcount, decreasing=T)
wordcount <- wordcount[wordcount>=15]
set.seed(1234)
wordcloud2(data = wordcount, backgroundColor = "black")
```

[R 코드 3.9] 실행결과

그림 3.29 [R 코드 3.9]에 대한 워드 클라우드

그림 3.30 [R 코드 3.9]에 대한 워드 클라우드2

[R 코드 3.9] 설명

- enc2utf8() 함수: 문자열을 "UTF-8"로 인코딩 변환하기 위한 함수이다. 윈도우에서는 한글을 표현할 때 CP949(CodePage949 또는 MS949) 형식을 사용하여 한글을 표현한다. CP949는 EUC-KR(ks_c_5601-1987)에서 표현하지 못하는 한글을 추가한 형식으로 EUC-KR과 호환된다. 트위터에서 한글을 정상적으로 처리하기 위해서는 CP949를 UTF-8로 변환해야 한다. enc2utf8() 함수는 UTF-8로 변환하는 함수이다. R에는 인코딩 변환을 위한 enc2utf8() 함수 외에 iconv() 함수를 사용하는 방법이 있다.

```
iconv(x, from=, to=)
```

  - x: 문자열
  - from: 현재의 인코딩
  - to: 변환하고자 하는 인코딩

  예 iconv("노무현", "CP949", "UTF8")

- searchTwitter() 함수: 트위터에서 키워드에 대해 검색하고자 하는 경우 사용하는 함수이다.

```
searchTwitter(searchString, n=25, lang=NULL, since=NULL, until=NULL,
locale=NULL, geocode=NULL, resultType=NULL, retryOnRateLimit=120, ...)
```

  - searchString: 검색할 키워드를 설정한다. 만약 여러 개의 키워드를 가지고 검색하고자 하는 경우 + 기호를 사용한다. 예를 들면, '제주+제주도'처럼 적는다.
  - n: 검색할 트윗의 최대 수 지정한다.
  - lang: 언어를 지정한다. 한글 트위터 내용만 검색하고자 하는 경우 lang ='ko' 처럼 적는다.
  - since, until: 언제부터 언제까지 날짜를 지정한다. 만약 날짜 지정이 없으면 최대 7일간 트윗이 추출된다. 예를 들면, since="2013-01-21", until="2013-01-27"처럼 지정한다.
  - geocode: 사용자 계정에 대한 지리적 위치 지정한다. 예를 들면, geocode=

‘35.874,128.246, 400km’처럼 위도/경도와 반경을 적는다.

- resultType: 디폴트는 “mixed”이다. 여기서 “mixed”는 가장 인기있는 트윗 검색 결과 실시간 검색 결과(real time results)의 혼합 형태이다. 만약, resultType=“recent”이면 가장 최근 작성된 트윗만을 검색하고, resultType=“popular”이면 가장 인기 있는 트윗만을 검색한다.
- retryOnRateLimit : 검색하는 데 부하가 걸리면 몇 번 정도 재시도할지 지정할 수 있다.

  예 searchTwitter("galaxy+samsung", n=10000, since="2016-11-08", retryOnRateLimit=1000)

4장

감성분석

4.1 감성분석이란?

감성분석(sentiment analysis)이란 뉴스, 리뷰, 블로그 등의 다양한 텍스트로부터 어떤 주제에 대해 사람들의 의견, 평가, 태도, 성향과 같은 주관적인 데이터(subjective data)를 분석하는 자연어 처리(Natural Language Processing; NLP)의 한 분야이다. 감성분석은 텍스트에서 특정 대상의 감성이 긍정, 부정 혹은 중립인지 찾는 것을 목표로 한다. 감성분석은 "sentiment"라는 영어 단어를 한국어로 어떻게 번역하느냐에 따라 감정분석이라고 부르기도 하고, 또한 의견(opinion)을 추출한다는 의미에서 오피니언 마이닝(opinion mining, 의견 마이닝)이라고 부르기도 한다.

감성분석은 텍스트의 정보(information)를 추출하는 텍스트마이닝과는 다르게 특정 주제에 대한 주관적인 감정(sentiment)을 추출해 내는 기술이다. 텍스트의 주제가 무엇인지보다는, 텍스트를 작성한 사람이 그 주제에 대하여 어떠한 감정을 가지고 있는가, 예를 들어 그 주제에 대하여 '좋은 감정을 가지고 있는가?' 아니면 '안 좋은 감정을 가지고 있는가?'를 추출하여 분석한다.

감성분석 방법은 크게 사전 기반 방법(lexicon based approach)과 머신러닝 기반 방법(machine learning approach)이 있다. 사전 기반 방법은 감성사전에 있는 긍정적 단어와 부정적 단어를 이용하여 해당 텍스트에 긍정적 단어와 부정적 단어가 얼마나 나타나는지 빈도수를 계산하여 텍스트의 긍정, 부정 및 중립을 판별하는 방법이고, 머신러닝 기반 방법은 대량의 문서들을 대상으로 감성정보를 학습시켜 구축된 감성분석 모형을 통해 주어진 텍스트의 긍정과 부정을 판별하는 방법이다. 본 장에서는 사전 기반 방법을 사용하여 감성분석을 수행하고자 한다. 예를 들어, 다음의 4가지 텍스트에 대해 감성분석을 수행한다.

"나는 오늘 <u>행복하다</u>." - 긍정
"나는 R을 <u>매우 좋아하고</u> R의 적용력을 <u>높이 평가한다</u>." - 긍정
"나는 SAS을 <u>좋아하지 않고</u> 사용하는 것도 <u>매우 복잡하다</u>." - 부정
"오늘 시험은 평범하고 무난한 수준이다." - 중립

현재까지 감성분석은 주로 온라인 상에서 영화평, 도서평, 상품평 등에 적용되고 있고, 최근 소셜 네트워크 서비스(Social Network Service; SNS) 이용이 활발해짐에 따라 선거예측, 주가예측 등의 다양한 분야로 그 활용이 확대되고 있다. 예

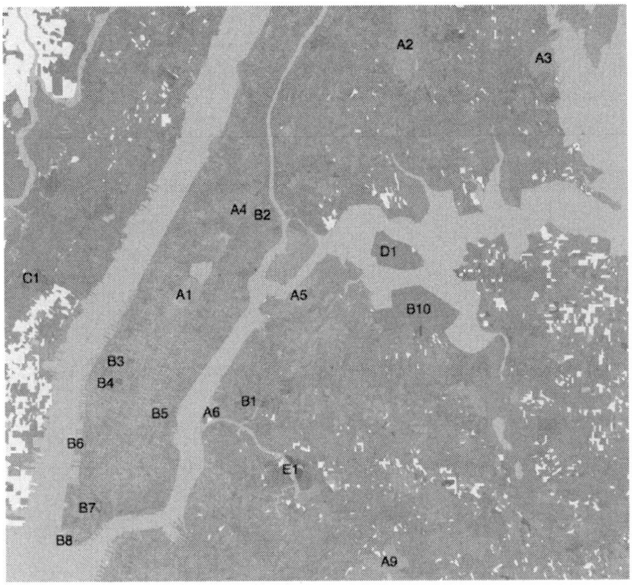

그림 4.1 뉴욕시의 감성 맵 (출처: Bertrand et al. 2013)

를 들어 사람들의 한 주간의 감성 패턴 분석을 통하여 제품에 대한 효과적인 마케팅 전략을 수립할 수 있다. 우울증 치료제를 광고하는 경우 감성 분석에 의하면 사람들은 일주일 중 금요일에 가장 긍정적 기분을 갖고 토요일을 기점으로 하락하다가 월요일에 가장 부정적 기분을 갖는 것으로 알려져 있다. 이러한 정보에 근거하여 우울증 치료제 광고를 사람들의 기분이 가장 침체되어 있는 월요일과 기분이 하락하기 시작하는 토요일에 광고를 하는 것이 효과적일 수 있다.

그림 4.1은 2012년 뉴욕시의 맨하탄과 인근 지역에 사는 사람들을 대상으로 603,954 트윗에 대하여 조사한 감성 맵(sentiment map)을 보여 주고 있다. 트윗의 감성을 결정하기 위해 트위터 키워드, 어휘, 이모티콘을 이용하였다. 그림 4.1의 감성 맵에서 강한 감성을 나타내는 지역들은 다음과 같다.

A: 공원, B: 교통 허브, C: 묘지, D: Riker 섬, E: Maspeth 만, F: 의학 센터

일반적으로 공원이 가장 긍정적 감정지역으로 나타났고, 교통허브가 가장 부정적 감정지역으로 나타났다. 묘지인 경우 지역에 따라 긍정적 감정지역과 부정적 감정지역이 다르게 나타났고 교도소가 있는 Riker 섬과 의학센터는 가장 부정적 감정지역으로 나타났으며 하수시설이 있는 Maspeth 만도 부정적 감정지역으로 나타났다.

그림 4.2는 미국 코넬 대학의 사회학자들이 2008년 2월부터 2010년 1월까지

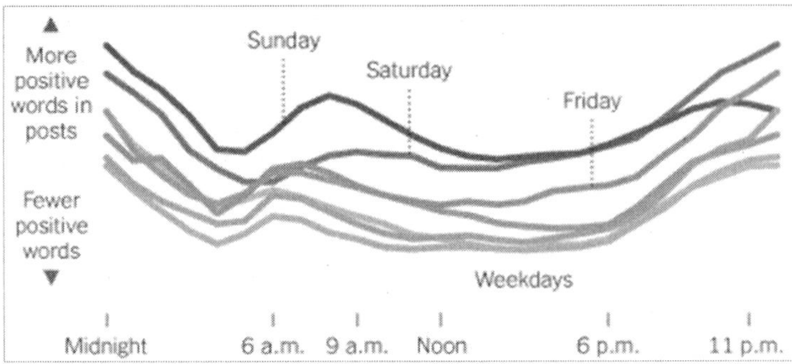

그림 4.2 요일별, 시간대별 감정변화(출처: 뉴욕타임스)

전 세계 240만 명의 트위터 이용자들이 요일별, 시간대별 감정변화를 분석한 결과이다. 그림에서 위로 올라갈수록 긍정적인 단어가 많고 아래로 내려갈수록 적음을 보여 준다. 요일별로는 주중보다 주말이 긍정적인 단어 사용이 많은 것으로 나타났고 시간대별로는 아침식사 시간대를 전후한 오전 6~9시 사이와 저녁 잠자리에 들기 전인 밤 10~11시 사이에 긍정적인 단어가 점차 많아졌고, 하루 중 활동량이 가장 많은 오후 3~4시 사이에는 긍정적인 단어가 점차 줄었다. 아울러 낮보다는 주로 밤에 쓴 트윗에 긍정적인 단어가 많은 것으로 나타났다.

4.2 감성분석 방법

사전기반 감성분석에서 어떤 단어가 긍정적 단어인지 혹은 부정적 단어인지를 판단하기 위해 감성어휘사전(sentimental lexicon)이 필요하다. 감성어휘사전은 감성분석의 정확도를 결정짓는 핵심적인 요소로 분석대상이 영어 텍스트이면 영어 감성사전이 필요하고 한글 텍스트이면 한국어 감성사전이 필요하다.

텍스트에 대해 긍정과 부정을 나타내는 감성점수(sentiment score)를 다음과 같이 계산한다.

감성점수 = 긍정적 단어의 수(number of positive words) − 부정적 단어의 수(number of negative words)

즉, 텍스트에서 감성점수는 긍정적 단어가 나타나면 +1, 부정적 단어가 나타나면 −1을 한다.

- 감성점수 > 0이면 문서는 긍정적 의견(positive opinion)을 나타내는 것으로 간주한다.
- 감성점수 < 0이면 문서는 부정적 의견(negative opinion)을 나타내는 것으로 간주한다.
- 감성점수 = 0이면 문서는 중립적 의견(neutral opinion)을 나타내는 것으로 간주한다.

텍스트에 대한 감성분석은 각각의 문장들에 대해 단어를 추출한 후 감성어휘사전과 비교를 통해 긍정적 단어의 수와 부정적 단어의 수를 계산하고 감성점수를 얻는다. 얻어진 감성점수에 의해 각 문장들에 대해 긍정, 중립, 부정으로 분류한다. 그리고 여러 문장으로 구성된 문서의 감성은 평균 감성점수 혹은 그래프를 통해 판단한다.

감성어휘사전을 이용한 감성분석 방법은 간편하다는 장점이 있는 반면에 다의어(polysemy), 예를 들면 역설(irony)과 풍자(satire)의 의미를 담고 있는 경우 감성파악이 어려운 단점을 갖고 있다.

(1) 영어 감성사전

Hu and Liu(2004)에 의해 만들어진 6789개의 단어가 들어 있는 감성어휘사전을 사용한다. 이 어휘사전은 다음의 사이트에서 다운로드할 수 있다.

http://www.cs.uic.edu/~liub/FBS/sentiment-analysis.html

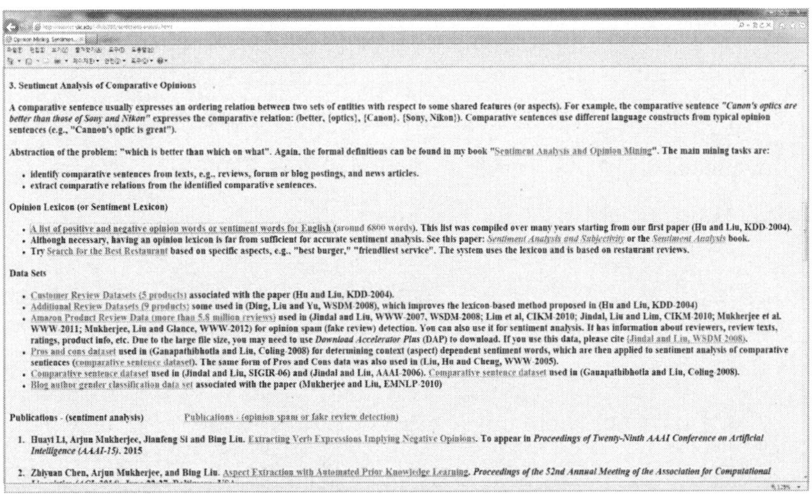

그림 4.3 영어 감성어휘사전 사이트

그림 4.3의 사이트에서 중간 부분 “A list of positive and negative opinion words or sentiment words for English”을 클릭하면 “www.cs.uic.edu” 사이트로부터 압축파일 opinion-lexicon-English.rar을 다운받을 수 있다. 이 압축파일을 풀면 다음과 같은 두 개의 텍스트 파일이 생성된다.

positive-words.txt

negative-words.txt

여기서 positive-words.txt에는 2,006개의 긍정적 단어, negative-words.txt에는 4,783개의 부정적 단어들이 들어있는 어휘사전이다. 예를 들어, positive-words.txt와 negative-words.txt에는 다음과 같은 단어들이 들어 있다.

positive-words.txt	love, best, cool, great, good, amazing, beautiful, enjoy, nice, perfect, top
negative-words.txt	hate, worst, abolish, awful, nightmare, wrong, kill, death, poor, terrible

(2) 한글 감성사전

군산대학교 Data Intelligence Lab에서 만든 KNU 감성사전(http://dilab.kunsan.ac.kr)을 이용한다. 이 사전은 총 14,843개의 1-gram(1-음절), 2-gram(2-음절), 관용구, 축약어, 이모티콘 등을 포함하고 있다. 이 어휘사전은 다음의 Github 사이트에서 다운로드 받을 수 있다.

https://github.com/park1200656/KnuSentiLex

그림 4.4의 사이트에서 [Clone or download] 버튼을 클릭하면 압축파일 [Download ZIP]이 나타난다. 이 압축파일을 풀면 다음과 같은 두 개의 텍스트 파일이 생성된다.

pos_pol_word.txt

neg_pol_word.txt

여기서 pos_pol_word.txt에는 9,827개의 긍정적 단어, neg_pol_word.txt에는 4,868개의 부정적 단어들이 들어 있는 어휘사전이다. 예를 들어, pos_pol_word.txt

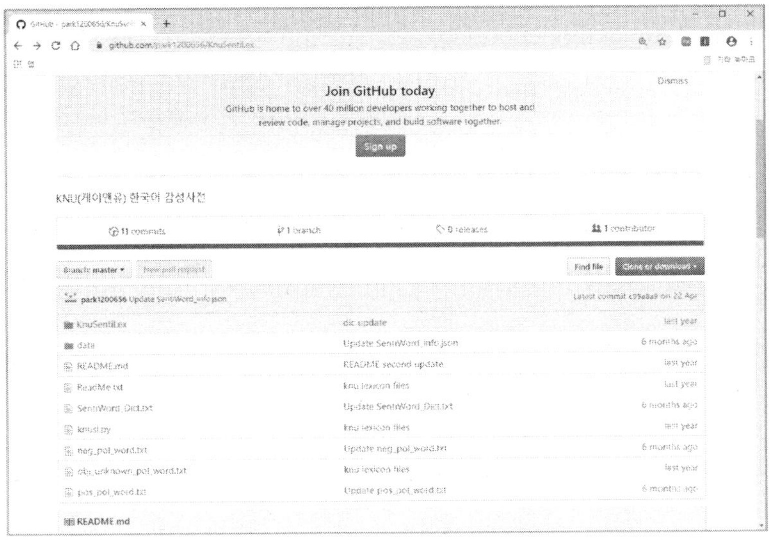

그림 4.4 KNU 한국어 감성어휘사전 사이트

와 neg_pol_word.txt에는 다음과 같은 단어들이 들어 있다.

pos_pol_word.txt	사랑, 감탄, 최선, 행복함, 훌륭함, 착함, 아름다움, 즐거움, 존경, 좋음, 만족, 격려
neg_pol_word.txt	증오, 공포, 최악, 살인, 죽음, 실망, 불안, 짜증, 피로, 미움, 슬픔, 혐오, 허무

4.3 R을 이용한 감성분석

(1) 영어 감성분석

예제 4.1 아래에 주어진 간단한 5개의 문장으로 구성된 문서를 가지고 R을 이용하여 감성분석 방법을 설명하고자 한다.

"I love this car",

"This view is nice and amazing",

"I am so excited about the concert",

"I feel tired this morning",
"I hate and hate and hate. So angry. Die!"

위에서 밑줄 친 어휘가 감성어휘를 나타낸다.

R 코드 4.1

```
#rm(list = ls())
setwd("D:/빅데이터R고싶다/제4장")
library(plyr)
library(ggplot2)

text = c("I love this car",
"This view is nice and amazing",
"I am so excited about the concert",
"I feel tired this morning",
"I hate and hate and hate. So angry. Die!")

pos.words = scan('positive-words.txt', what='character', comment.char=';')
neg.words = scan('negative-words.txt', what='character', comment.char=';')
#pos.words = c(hu.liu.pos)
#neg.words = c(hu.liu.neg)


score.sentiment = function(sentences, pos.words, neg.words)
{
   # Parameters
   # sentences: vector of text to score
   # pos.words: vector of words of postive sentiment
   # neg.words: vector of words of negative sentiment
   # create simple array of scores with laply

   scores = laply(sentences,
   function(sentence, pos.words, neg.words)
   {
      # remove punctuation
      sentence = gsub("[[:punct:]]", "", sentence)
      # remove control characters
```

```
        sentence = gsub("[[:cntrl:]]", "", sentence)
        # remove digits?
        sentence = gsub('\\d+', '', sentence)

        # convert a character vector to lower case
        # sentence = sapply(sentence, tolower, USE.NAMES=F)
        sentence = tolower(sentence)

        # split sentence into words with strsplit function
        word.list = strsplit(sentence, "\\s+")
        words = unlist(word.list)

        # compare words to the dictionaries of positive & negative terms
        pos.matches = match(words, pos.words)
        neg.matches = match(words, neg.words)

        # get the position of the matched term or NA
        # we just want a TRUE/FALSE
        pos.matches = !is.na(pos.matches)
        neg.matches = !is.na(neg.matches)

        # final score
        score = sum(pos.matches) - sum(neg.matches)
        return(score)
      }, pos.words, neg.words)

    # data frame with scores for each sentence
    scores.df = data.frame(text=sentences, score=scores)
    return(scores.df)
}


result = score.sentiment(text, pos.words, neg.words)
result
table(result$score)
mean(result$score)

#hist(result$score)
qplot(result$score, xlab='sentiment score', ylab='count')
```

[R 코드 4.1] 설명

[R 코드 4.1]을 단계별로 설명하고자 한다.

• 단계 1: 패키지를 불러온다.

```
setwd("d:/2019년2학기/빅데이터입문/제4장_2019")
library(plyr)
library(ggplot2)
```

• 단계 2: 분석할 문서를 불러온다.

```
text = c("I love this car",
"This view is nice and amazing",
"I am so excited about the concert",
"I feel tired this morning",
"I hate and hate and hate. So angry. Die!")
```

• 단계 3: 긍정적 단어와 부정적 단어가 포함된 파일을 불러온다.

```
pos.words = scan('positive-words.txt', what='character', comment.char=';')
neg.words = scan('negative-words.txt', what='character', comment.char=';')
#pos.words = c(pos.words, 'upgrade')
#neg.words = c(neg.words, 'demote')
```

- scan( ) 함수: 콘솔(키보드) 혹은 텍스트 파일로부터 데이터를 읽기 위한 함수이다. scan( ) 함수의 사용형식은 다음과 같다.

```
scan(file = "", what = double(), comment.char = "", ...)
```

▸ file: 파일이름 지정

▸ what: 데이터의 형태를 지정한다. 디폴트는 수치형을 나타낸다. 문자형의 경우 what='character'을 지정한다.

▸ comment.char: 읽은 데이터에서 주석을 처리하고자 하는 경우 사용한다. 디폴트는 ""이다. ';'를 이용하여 주석처리하고자 하는 경우 comment.char=';'을 지정한다.

예 pos.words = scan('positive-words.txt', what='character', comment.char=';')
neg.words = scan('negative-words.txt', what='character', comment.char=';')

• 단계 4: score.sentiment 함수를 정의한다.

```
score.sentiment = function(sentences, pos.words, neg.words)
{
   # Parameters
   # sentences: vector of text to score
   # pos.words: vector of words of postive sentiment
   # neg.words: vector of words of negative sentiment
   # create simple array of scores with laply

   scores = laply(sentences,
   function(sentence, pos.words, neg.words)
   {
      # remove punctuation
      sentence = gsub("[[:punct:]]", "", sentence)
      # remove control characters
      sentence = gsub("[[:cntrl:]]", "", sentence)
      # remove digits?
      sentence = gsub('\\d+', '', sentence)

      # convert a character vector to lower case
      sentence = tolower(sentence)
      # split sentence into words with strsplit function
      word.list = strsplit(sentence, "\\s+")
      words = unlist(word.list)

      # compare words to the dictionaries of positive & negative terms
      pos.matches = match(words, pos.words)
      neg.matches = match(words, neg.words)

      # get the position of the matched term or NA
      # we just want a TRUE/FALSE
      pos.matches = !is.na(pos.matches)
      neg.matches = !is.na(neg.matches)

      # final score
      score = sum(pos.matches) - sum(neg.matches)
      return(score)
   }, pos.words, neg.words)
```

```
    # data frame with scores for each sentence
    scores.df = data.frame(text=sentences, score=scores)
    return(scores.df)
}
```

- score.sentiment 함수는 데이터 프레임(data frame)을 반환한다. 여기서 데이터 프레임은 data.frame() 함수를 사용하여 다음과 같이 생성한다.

scores.df = data.frame(text=sentences, score=scores)

여기서 생성된 데이터 프레임 scores.df의 첫 번째 열 이름은 text, 두 번째 열 이름은 score이다.

```
score.sentiment = function(sentences, pos.words, neg.words)
{
            ⋮

    scores.df = data.frame(text=sentences, score=scores)
    return(scores.df)
}
```

- plyr 패키지: 데이터를 분할하고(split), 분할된 데이터에 특정함수를 적용하고(apply) 그리고 그 결과를 재조합하는 데(combine) 사용하는 패키지이다. plyr 패키지에 laply() 함수가 포함되어 있다.
- laply() 함수: 벡터 혹은 리스트 각각의 원소에 대해 함수를 적용하고 그 결과를 배열(array)로 조합하는 함수이다. 배열에는 1차원 배열과 2차원 배열이 있는데 1차원 배열은 벡터에 해당되고 2차원 배열은 행렬에 해당된다. 여기서 laply 이름에서 첫 글자 l은 입력할 데이터 형태를 나타내고, 두 번째 글자 a는 출력할 데이터 형태를 나타낸다. 이 경우 l은 list를 의미하고 a는 array를 나타낸다. 참고로, laply() 함수 대신 기존의 sapply() 함수를 사용해도 된다. 두 함수 간 차이는 함수 결과를 반환하는 형태에서 차이가 있다. 다음은 laply() 함수의 사용형식이다.

```
laply(data, fun, ...)
```

▸ data: 벡터 혹은 리스트 형태의 데이터

▸ fun: 적용할 함수

▸ ...: fun 함수에 적용할 인수이며 생략가능하다.

다음은 laply() 함수의 사용 예이다.

```
예 scores = laply(sample,
              function(sentence, pos.words, neg.words)
              {
               ..................
               score = sum(pos.matches) - sum(neg.matches)
                return(score)
              }, pos.words, neg.words)
 > scores
 [1]  2 -5  4  1  1
```

- 구두점(punctuation) 제거: ! " # $ % & ' ( ) * + , - . / : ; < = > ? @ [\ ] ^ _ ` { | }

```
sentence = gsub("[[:punct:]]", "", sentence)
```

- 제어문자(control characters) 제거: \n, \r 혹은 \x00-\x1F와 \x7F

```
sentence = gsub("[[:cntrl:]]", "", sentence)
```

- 숫자 제거

```
sentence = gsub('\\d+', '', sentence)
```

여기서 "+"는 적어도 한 번 이상을 의미한다. 다음은 '\\d+'의 사용 예이다.

```
x <- "line 100 : He is now 25 years old, and weights 60 kg"
x1 <- gsub("\\d+","",x)
```

위의 문장을 다음과 같이 바꿔 쓸 수 있다.

```
x2 <- gsub("[[:digit:]]","",x)
```

- strsplit( ) 함수: 문자열을 쪼개기 위한 함수이다. 다음은 strsplit( )의 사용형식이다.

```
strsplit( string, pattern)
```

▸ string: 문자열

▸ pattern: 쪼개는 데 기준이 되는 패턴

→ 문자열 string을 pattern을 기준으로 쪼개고 결과를 리스트 형태로 반환한다.

다음은 strsplit() 함수의 사용 예이다.

예 word.list = strsplit(sentence, "\\s+")

→ 문자열 sentence을 패턴 "\\s+"에 의해 쪼갠다. 여기서 "\\s+"는 하나 이상의 공백문자(whitespace characters)를 나타낸다. 참고로 "\\s"는 하나의 공백문자를 나타낸다.

- unlist( ) 함수: 리스트 형태를 벡터 형태로 만들기 위한 함수이다.
- match( ) 함수: 매칭을 통해 매칭 여부를 알기위한 함수이다.

```
match(x, table)
```

▸ x: 매칭 원소

▸ table: 매칭 대상이 되는 벡터

→ 인수 x는 table과 매칭을 통해 매칭 여부를 알려준다.

예 match() 함수의 사용 예이다.

```
match_position = match(c("hate", "love", "like"), c("late", "hate", "angry","die", "like",
"want"))
match_position
[1]  2 NA  5
```

→ 매칭원소 3개 중에서 첫 번째 원소 "hate"는 table에서 2번째 원소와 매칭되고 두 번째 원소 "love"은 NA로 매칭되지 않고 세 번째 원소 "like"는 5번째 원소와 매칭됨을 나타내고 있다.

- is.na( ) 함수: NA인지 아닌지 판단하는 함수이다.

다음은 is.na() 함수의 사용 예이다.

예
```
match_position = !is.na(match_position)
match_position
[1]  TRUE FALSE  TRUE
```

→ NA가 아니면 TRUE, NA이면 FALSE를 나타낸다.

- 최종 감성점수 계산

  score = sum(pos.matches) − sum(neg.matches)

• 단계 5: score.sentiment 함수를 적용하고 감성점수를 계산한다.

```
result = score.sentiment(text, pos.words, neg.words)
```

• 단계 6: 감성점수에 대한 도수분포표 및 감성평균점수를 계산한다.

```
table(result$score)
mean(result$score)
```

• 단계 7: 감성점수에 대한 막대그래프를 그린다.

```
library(ggplot2)
#hist(result$score)
qplot(result$score)
```

- qplot() 함수: quick plot을 그리기 위한 함수이다. qplot() 함수는 ggplot2 패키지에 있는 함수이다.

[R 코드 4.1] 실행결과

• 문장별 감성점수

```
> result
                                          text  score
1                              I love this car      1
2              This view is nice and amazing        2
3          I am so excited about the concert        1
4                         I feel tired this morning    -1
5 I hate and hate and hate. So angry. Die!         -5
```

• 감성점수에 대한 도수분포표

```
> table(result$score)

-5 -1  1  2
 1  1  2  1
```

• 평균 감성점수

```
> mean(result$score)
[1] -0.4
```

→ 평균 감성점수는 다음과 같다.

$$\frac{-5\times1-1\times1+1\times2+2\times1}{1+1+2+1}=-0.4$$

• 감성점수에 대한 막대그래프

```
> qplot(result$score, xlab='sentiment score', ylab='count')
```

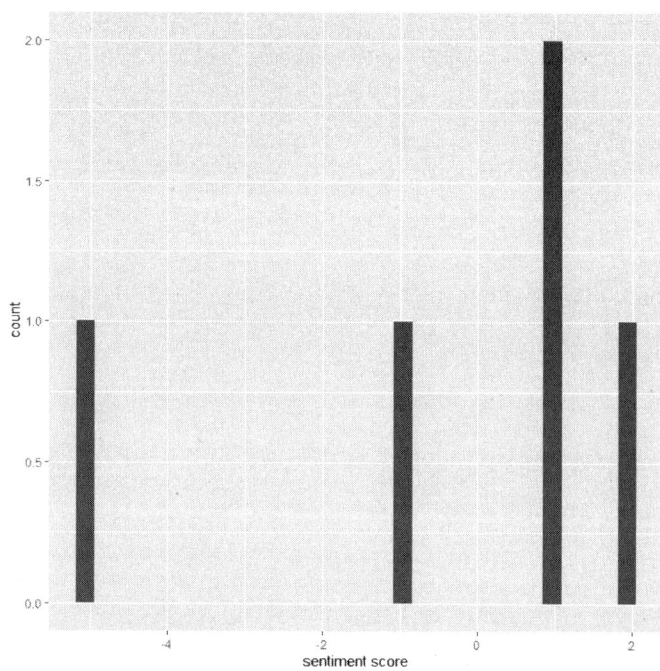

그림 4.5 [R 코드 4.1]에 대한 막대그래프

그림 4.5의 감성점수에 대한 막대그래프의 가로축은 감성점수(score)이고 세로축은 빈도수(count)를 나타내고 있다. 즉, 감성점수가 1인 문장이 2개이고 감성점수가 −5, −1, 2인 문장이 각각 1개씩 있다는 것을 나타내고 있다.

감성점수	−5	−1	1	2
빈도수	1	1	2	1

우리는 평균 감성점수와 그림 4.5의 막대그래프로부터 위의 5개 문장으로 이루

어진 문서는 약한 부정으로 분류한다.

(2) 한글 감성분석

예제 4.2 성인가요 30곡의 트로트 가사로 구성된 텍스트에 대해 감성분석을 실행하고자 한다.

R 코드 4.2

```
#rm(list = ls())
setwd("D:/빅데이터R고싶다/제4장")
library(plyr)
library(ggplot2)

pos.words <- readLines(file("KnuSentiLex/pos_pol_word.txt", encoding = "UTF-8"))
pos.words=pos.words[-(1:19)]
#length(positive)
#head(positive)

neg.words <- readLines(file("KnuSentiLex/neg_pol_word.txt", encoding = "UTF-8"))
neg.words=neg.words[-(1:19)]
#length(negative)
#head(negative)

text <- readLines("trot.txt")#감성분석을 실행할 내용을 불러옵니다.

score.sentiment = function(sentences, pos.words, neg.words)
{
   # Parameters
   # sentences: vector of text to score
   # pos.words: vector of words of postive sentiment
   # neg.words: vector of words of negative sentiment
   # create simple array of scores with laply

   scores = laply(sentences,
   function(sentence, pos.words, neg.words)
   {
      # remove punctuation
```

```
        sentence = gsub("[[:punct:]]", "", sentence)
        # remove control characters
        sentence = gsub("[[:cntrl:]]", "", sentence)
        # remove digits?
        sentence = gsub('\\d+', '', sentence)
        # split sentence into words with strsplit function
        word.list = strsplit(sentence, "\\s+")
        words = unlist(word.list)

        # compare words to the dictionaries of positive & negative terms
        pos.matches = match(words, pos.words)
        neg.matches = match(words, neg.words)

        # get the position of the matched term or NA
        # we just want a TRUE/FALSE
        pos.matches = !is.na(pos.matches)
        neg.matches = !is.na(neg.matches)

        # final score
        score = sum(pos.matches) - sum(neg.matches)
        return(score)
      }, pos.words, neg.words)

    # data frame with scores for each sentence
    scores.df = data.frame(text=sentences, score=scores)
    return(scores.df)
}

result = score.sentiment(text, pos.words, neg.words)
mean(result$score)

#hist(result$score)
qplot(result$score, xlab='sentiment score', ylab='count', binwidth=0.5)
```

[R 코드 4.2] 설명

• readLines() 함수에서 인코딩 방식 지정

pos_pol_word.txt 파일, neg_pol_word.txt 파일에서 한글 처리를 위해 인코딩 방

식을 "UTF-8"로 지정하고자 하는 경우 encoding 옵션을 사용한다.

다음은 readLines() 함수의 사용 예이다.

예 pos.words <- readLines(file("KnuSentiLex/pos_pol_word.txt", encoding = "UTF-8"))
neg.words <- readLines(file("KnuSentiLex/neg_pol_word.txt", encoding = "UTF-8"))

- qplot() 함수에서 막대의 넓이 지정

qplot() 함수에서 binwidth 옵션을 이용하여 막대의 넓이를 조정할 수 있다.

다음은 qplot() 함수의 사용 예이다.

예 qplot(result$score, xlab='sentiment score', ylab='count', binwidth=0.5)

[R 코드 4.2] 실행결과

- 감성점수에 대한 도수분포표

```
> table(result$score)

-8 -6 -5 -4 -2 -1  0  1  2  3  4  5  6  7 10 17 21
 1  1  1  2  1  1  3  2  3  6  1  2  2  1  1  1  1
```

- 평균 감성점수

```
> mean(result$score)
[1] 2.566667
```

- 감성점수에 대한 막대그래프

```
> qplot(result$score, xlab='sentiment score', ylab='count',binwidth=0.5 )
```

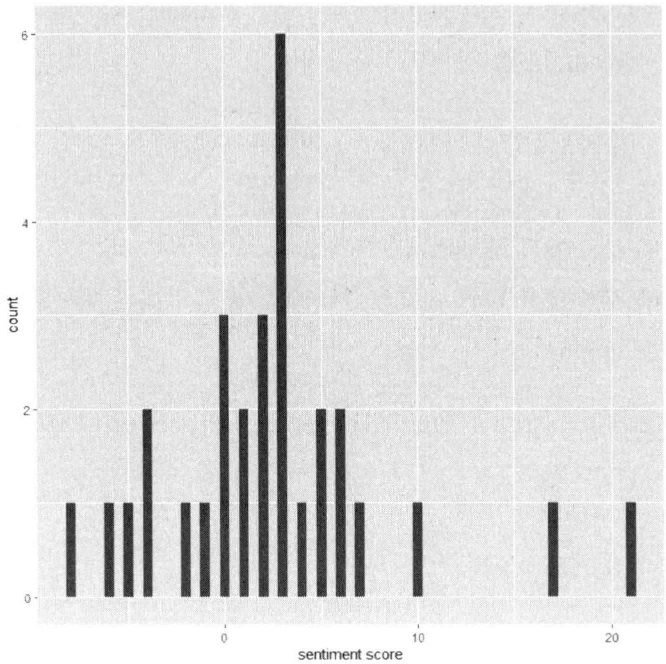

그림 4.6 [R 코드 4.2]에 대한 막대그래프

트로트 가사에 대한 평균 감성점수와 그림 4.6의 막대그래프로부터 위의 트로트 가사들은 긍정적 단어들이 많이 포함되어 있는 것으로 나타났다.

5장

트위터 감성분석

5.1 영어 트위터 감성분석

실시간 트위터 분석을 하기 위해서는 OAuth 인증서가 필요하다. 본 장에서는 3장에서 만든 인증파일, 그림 5.1의 "OAuth.R"을 사용하고자 한다.

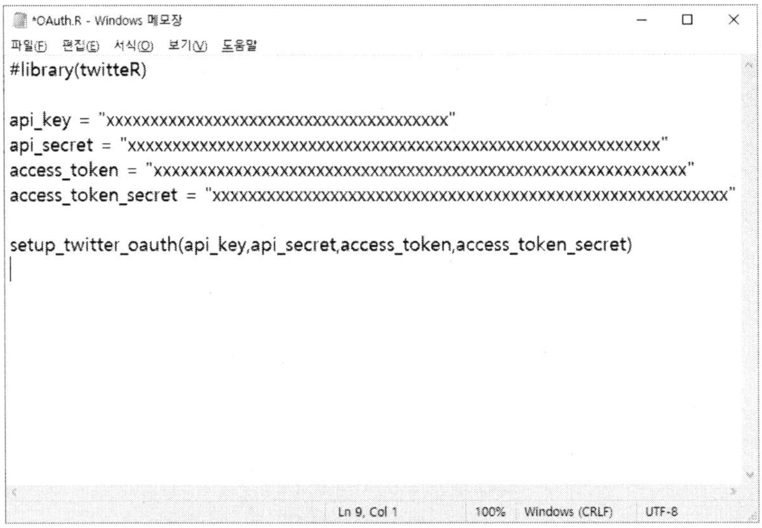

그림 5.1 OAuth 인증파일 "OAuth.R"

예제 5.1 트위터에서 커피 프랜차이즈 브랜드 스타벅스에 대한 검색어 "starbucks"를 사용하여 실시간 트위터 감성분석을 하고자 한다.

R 코드 5.1

```
setwd("D:/빅데이터R고싶다/제5장")
library(twitteR)
library(plyr)
library(ggplot2)

source("OAuth.R")

# import positive and negative words
pos.words = scan('positive-words.txt', what='character', comment.char=';')
neg.words = scan('negative-words.txt', what='character', comment.char=';')
```

```
# harvest some tweets
tweets = searchTwitter("starbucks", n=1000, lang="en")
#class(tweets)

# get the text
tweets_txt = sapply(tweets, function(x) x$getText(),USE.NAMES=F)
write.csv(tweets_txt, "starbucksTweets.txt")
write.csv(tweets_txt, "starbucksTweets.csv")

score.sentiment = function(sentences, pos.words, neg.words)
{
   # Parameters
   # sentences: vector of text to score
   # pos.words: vector of words of postive sentiment
   # neg.words: vector of words of negative sentiment
   # create simple array of scores with laply

   scores = laply(sentences,
   function(sentence, pos.words, neg.words)
   {
      # remove punctuation
      sentence = gsub("[[:punct:]]", "", sentence)
      # remove control characters
      sentence = gsub("[[:cntrl:]]", "", sentence)
      # remove digits?
      sentence = gsub('\\d+', '', sentence)

      # convert a character vector to lower case
      #sentence = sapply(sentence, tolower,USE.NAMES=F)
      sentence = tolower(sentence)

      # split sentence into words with strsplit function
      word.list = strsplit(sentence, "\\s+")
      words = unlist(word.list)

    # compare words to the dictionaries of positive & negative terms
      pos.matches = match(words, pos.words)
      neg.matches = match(words, neg.words)
```

```
        # get the position of the matched term or NA
        # we just want a TRUE/FALSE
        pos.matches = !is.na(pos.matches)
        neg.matches = !is.na(neg.matches)

        # final score
        score = sum(pos.matches) - sum(neg.matches)
        return(score)
      }, pos.words, neg.words)
  # data frame with scores for each sentence
    scores.df = data.frame(text=sentences, score=scores)
    return(scores.df)
}

result = score.sentiment(tweets_txt, pos.words, neg.words)

#result$score
table(result$score)
mean(result$score)

#hist(result$score)
qplot(result$score, xlab='sentiment score', ylab='count')
```

[R 코드 5.1] 실행결과

searchTwitter() 함수 실행 시 오류

아래의 문장 실행 시 오류가 발생하는 경우

```
starbucks_tweets = searchTwitter("starbucks", n=1500, lang="en")
  [R 한글판]
다음에 오류 twFromJSON(out) :
  Error: Malformed response from server, was not JSON.
```

위의 오류를 해결하기 위해서는 searchTwitter() 함수에서 인수 n의 값을 수정한다. 예를 들면, n의 값을 다음과 같이 작은 값으로 대체한다.

```
starbucks_tweets = searchTwitter("starbucks", n=500, lang="en")
```

- 감성점수에 대한 도수분포표

```
> table(result$score)
```

```
 -3  -2  -1   0   1   2   3   4   5
  1  40 240 320 359  36   2   1   1
```

• 평균 감성점수

```
> mean(result$score)
[1] 0.123
```

• 감성점수에 대한 막대그래프

```
> qplot(result$score, xlab='sentiment score', ylab='count')
```

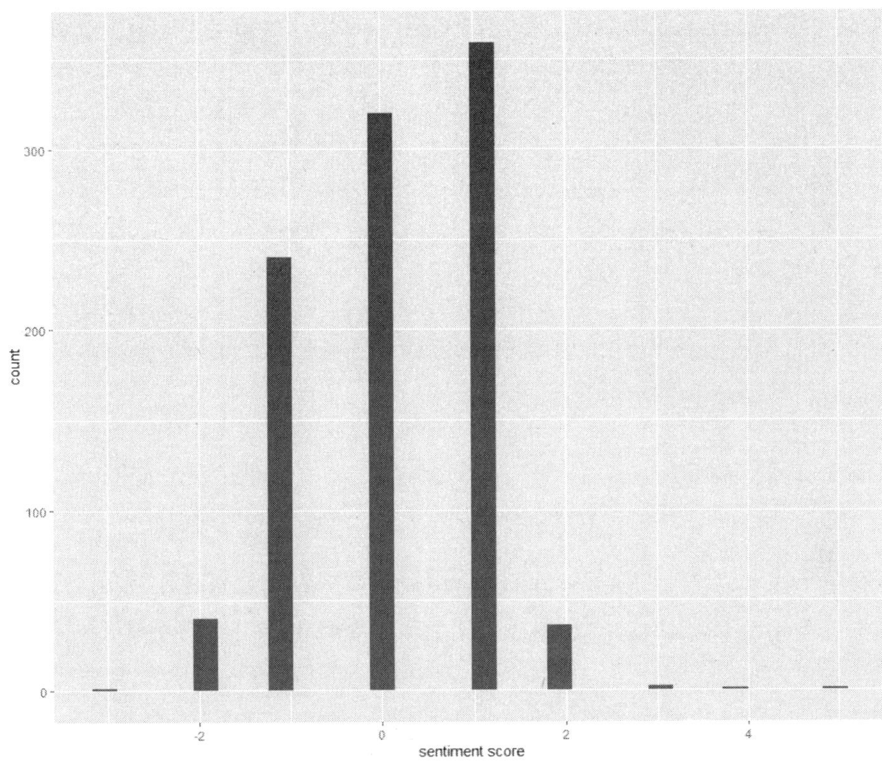

그림 5.2 [R 코드 5.1]에 대한 막대그래프

[R 코드 5.1] 설명

• searchTwitter() 함수: 검색어를 사용하여 트위터 검색을 하기 위한 함수이다. 이 함수는 twitteR 패키지에 포함되어 있다. 옵션 중에서 n은 트윗의 최대 개수를 지정하고 lang는 트윗에서 사용된 언어를 지정한다.

```
tweets = searchTwitter("starbucks", n=1000, lang="en")
```

다음은 searchTwitter() 함수를 사용하여 검색된 트윗 중 앞의 5개 트윗을 보여주고 있다.

```
> head(tweets, 5)
[[1]]
[1] "lumpen_rose: RT @SteampunkPenny: I really love our Starbucks \U0001f60a\U0001f60a https://t.co/z7BBiCBnlH"

[[2]]
[1] "Starbucks: @ferdiberts This is a fake offer and not valid at Starbucks. To confirm any Starbucks promotion, you can check your… https://t.co/vGLgkQIQQU"

[[3]]
[1] "boyinlluv: RT @Starbucks: @crystallinemean @shintsukitty @boyinlluv This is not a valid Starbucks offer. To confirm any Starbucks promotion, you can c…"

[[4]]
[1] "iAbdulaziz23: I'm at Starbucks in Stillwater, OK https://t.co/0TpBHRx9rH"

[[5]]
[1] "Lu_lu0901: @ChickfilA chicken tortilla soup and @Starbucks medicine ball to try to kick these #Texas #allergies booty! https://t.co/r6yjTH1j3A"
```

위 출력결과로부터 searchTwitter() 함수는 리스트 형태의 데이터를 반환함을 알 수 있다. 다음과 같이 class() 함수를 이용하여 반환하는 데이터 형태를 알 수 있다.

```
> class(tweets)
[1] "list"
```

• getText() 함수: 트위터 정보 중에서 트윗을 얻기 위한 함수이다.
다음은 리스트 형태의 트위터 검색 결과에서 첫번째 트위터 데이터의 트윗을 얻기 위한 문장이다.

예
```
tweet = tweets[[1]]
tweet$getText()
```

다음은 리스트 형태의 트위터 검색 결과에 sapply() 함수를 사용하여 각 트위터 데이터의 트윗을 얻기 위한 문장이다.

예
```
tweets_txt = sapply(tweets, function(x) x$getText(), USE.NAMES=F)
```

예제 5.2 미국 MLB(Major League Baseball)의 내셔널리그 동부지구(National League East) 팀에 대한 트위터 감성분석을 하고자 한다. 참고로, MLB에는 아메리칸 리그와 내셔널리그가 있고 각 리그에는 동부지구, 중부지구, 서부지구가 있고 각 지구에는 5개 팀들이 있다. 다음은 내셔널리그 동부지구에 있는 5개 팀이다.

탬파베이 레이스(Tampa Bay Rays)
보스턴 레드삭스(Boston Red Sox)
뉴욕 양키스(New York Yankees)
볼티모어 오리올스(Baltimore Orioles)
토론토 블루제이스(Toronto Blue Jays)

R 코드 5.2

```
setwd("D:/빅데이터R고싶다/제5장")
library(twitteR)
library(plyr)
library(ggplot2)

source("OAuth.R")

# import positive and negative words
pos.words = scan('positive-words.txt', what='character', comment.char=';')
neg.words = scan('negative-words.txt', what='character', comment.char=';')

# harvest some tweets
orioles.tweets <- searchTwitter('#orioles', n=500, lang="en")
yankees.tweets <- searchTwitter('#yankees', n=500, lang="en")
bluejays.tweets <- searchTwitter('#bluejays', n=500, lang="en")
rays.tweets <- searchTwitter('#rays', n=500, lang="en")
redsox.tweets <- searchTwitter('#redsox',  n=500, lang="en")

# get the text
orioles.text = sapply(orioles.tweets, function(t) t$getText(), USE.NAMES=F)
yankees.text = sapply(yankees.tweets, function(t) t$getText(), USE.NAMES=F)
bluejays.text = sapply(bluejays.tweets, function(t) t$getText(), USE.NAMES=F)
rays.text = sapply(rays.tweets, function(t) t$getText(), USE.NAMES=F)
redsox.text = sapply(redsox.tweets, function(t) t$getText(), USE.NAMES=F)
```

```
score.sentiment = function(sentences, pos.words, neg.words)
{
  # Parameters
  # sentences: vector of text to score
  # pos.words: vector of words of postive sentiment
  # neg.words: vector of words of negative sentiment
  # create simple array of scores with laply

  scores = laply(sentences,
  function(sentence, pos.words, neg.words)
  {
    # remove punctuation
    sentence = gsub("[[:punct:]]", "", sentence)
    # remove control characters
    sentence = gsub("[[:cntrl:]]", "", sentence)
    # remove digits?
    sentence = gsub('\\d+', '', sentence)

    # convert a character vector to lower case
    sentence = tolower(sentence)
    # split sentence into words with strsplit function
    word.list = strsplit(sentence, "\\s+")
    words = unlist(word.list)

   # compare words to the dictionaries of positive & negative terms
    pos.matches = match(words, pos.words)
    neg.matches = match(words, neg.words)

    # get the position of the matched term or NA
    # we just want a TRUE/FALSE
    pos.matches = !is.na(pos.matches)
    neg.matches = !is.na(neg.matches)

    # final score
    score = sum(pos.matches) - sum(neg.matches)
    return(score)
   }, pos.words, neg.words)
# data frame with scores for each sentence
```

```
    scores.df = data.frame(text=sentences, score=scores)
    return(scores.df)
}

orioles.scores <- score.sentiment(orioles.text, pos.words, neg.words)
yankees.scores <- score.sentiment(yankees.text, pos.words, neg.words)
bluejays.scores <- score.sentiment(bluejays.text, pos.words, neg.words)
rays.scores <- score.sentiment(rays.text, pos.words, neg.words)
redsox.scores <- score.sentiment(redsox.text, pos.words, neg.words)

orioles.scores$team = 'Orioles'
yankees.scores$team = 'Yankees'
bluejays.scores$team = 'Blue Jays'
rays.scores$team = 'Rays'
redsox.scores$team = 'Red Sox'


aleast.scores = rbind(orioles.scores, yankees.scores, bluejays.scores,
rays.scores, redsox.scores)

ggplot(data=aleast.scores, aes(x=score, group=team)) +
     geom_histogram(aes(fill=team),binwidth=1) +
     facet_grid(team~.) +
     theme_bw() +
     labs(title="Barplot - AL East's Sentiment Scores")
```

[R 코드 5.2] 설명

- ggplot2 패키지: 기본적인 그래픽 출력을 위한 ggplot 패키지의 업그레이드 버전으로 원하는 그래프를 그리기 위해 레이어(layer)를 하나 하나 추가하면서 점차적으로 그래프를 완성시켜 나간다. 이 패키지에는 ggplot() 함수 외에 qplot() 함수, geom_bar() 함수, geom_boxplot() 함수 등이 있다.
- ggplot() 함수: 데이터셋을 지정하고 차후에 추가할 레이어에서 공통적으로 사용할 미학요소(혹은 미적요소)(aesthetics; aes)를 지정한다. 여기서는 x축, y축 및 색 등의 미학요소를 설정한다. ggplot() 함수는 데이터를 지정하고 그래프 그릴 준비를 위한 함수이므로 ggplot() 함수만을 실행하면 그래프는 생성되지 않고 '+'

연산자를 사용하여 레이어를 추가하여야 그래프가 생성된다.

- geom_histogram() 함수: 막대 차트(bar chart) 혹은 히스토그램을 그리기 위한 함수이다. 여기서 geom는 기하 객체(geometric object)를 나타낸다.
- facet_grid() 함수: 변수의 레벨에 따라 수직방향 혹은 수평방향으로 분할된 2D 형태의 그래프를 얻고자 하는 경우 사용하는 함수이다. 이 함수의 사용형식은 다음과 같다.

```
facet_grid(row_variable ~ column_variable)
```

다음은 facet_grid() 함수의 사용 예이다.

예 facet_grid(team~.)

→ 변수 team의 5가지 레벨에 따라 수직방향으로 분할된 그래프를 그린다.

- theme_bw() 함수: 그래프의 배경색과 안내선(guideline)을 설정하는 함수이다. 디폴트로 배경색은 흰색이고 안내선은 검은색이다.
- labs() 함수: 그래프의 제목을 지정하고자 하는 경우 사용하는 함수이다.

[R 코드 5.2] 실행결과

- 감성점수에 대한 막대그래프

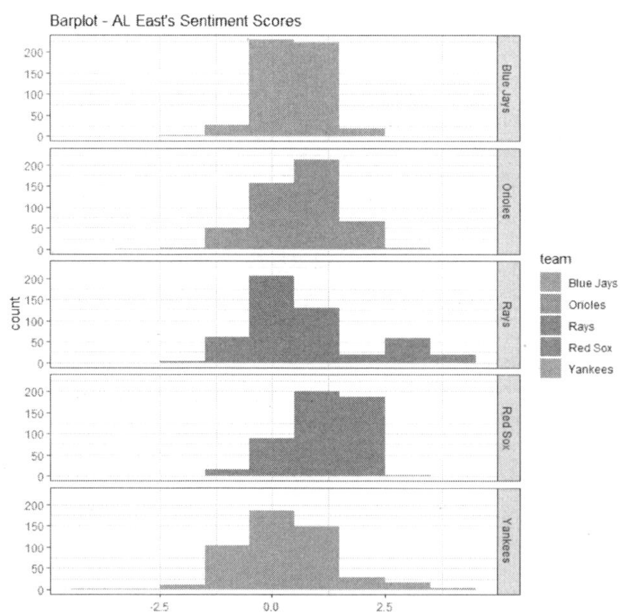

그림 5.3 [R 코드 5.2]에 대한 막대그래프

5.2 한글 트위터 감성분석

실시간 한글 트위터 감성분석을 수행하고자 한다.

예제 5.3 트위터에서 검색어 "제주도"를 사용하여 트위터 감성분석을 하고자 한다.

R 코드 5.3

```
#rm(list = ls())
setwd("D:/빅데이터R고싶다/제5장")
library(twitteR)
library(plyr)
library(ggplot2)

source("OAuth.R")

pos.words <- readLines(file("KnuSentiLex/pos_pol_word.txt", encoding = "UTF-8"))
pos.words=pos.words[-(1:19)]
#length(pos.words)
#head(pos.words)

neg.words <- readLines(file("KnuSentiLex/neg_pol_word.txt", encoding = "UTF-8"))
neg.words=neg.words[-(1:19)]
#length(neg.words)
#head(neg.words)

keyword <- enc2utf8("제주도")
tweets = searchTwitter(keyword, n=1000, lang="ko")
#class(tweets)
length(tweets)

# get the text
tweets_txt = sapply(tweets, function(x) x$getText(),USE.NAMES=F)
#Remove retweets
#tweets_txt <- gsub("(RT|via)((?:\\b\\W*@\\w+)+).*", "", tweets.txt)
#tweets_txt = tweets.txt[tweets.txt!=""]
```

```
score.sentiment = function(sentences, pos.words, neg.words)
{
  # Parameters
  # sentences: vector of text to score
  # pos.words: vector of words of postive sentiment
  # neg.words: vector of words of negative sentiment
  # create simple array of scores with laply

  scores = laply(sentences,
  function(sentence, pos.words, neg.words)
  {
    # remove punctuation
    sentence = gsub("[[:punct:]]", "", sentence)
    # remove control characters
    sentence = gsub("[[:cntrl:]]", "", sentence)
    # remove digits?
    sentence = gsub('\\d+', '', sentence)
    # split sentence into words with strsplit function
    word.list = strsplit(sentence, "\\s+")
    words = unlist(word.list)

    # compare words to the dictionaries of positive & negative terms
    pos.matches = match(words, pos.words)
    neg.matches = match(words, neg.words)

    # get the position of the matched term or NA
    # we just want a TRUE/FALSE
    pos.matches = !is.na(pos.matches)
    neg.matches = !is.na(neg.matches)

    # final score
    score = sum(pos.matches) - sum(neg.matches)
    return(score)
  }, pos.words, neg.words)

  # data frame with scores for each sentence
  scores.df = data.frame(text=sentences, score=scores)
  return(scores.df)
```

```
}

result = score.sentiment(tweets_txt, pos.words, neg.words)
    table(result$score)
mean(result$score)

#hist(result$score)
#qplot(result$score)
qplot(result$score, xlab='sentiment score', ylab='count')
```

[R 코드 5.3] 실행결과

• 감성점수에 대한 도수분포표

```
> table(result$score)
 -3  -2  -1   0   1   2
  1   2  29 535 408  25
```

• 평균 감성점수

```
> mean(result$score)
[1] 0.422
```

• 감성점수에 대한 막대그래프

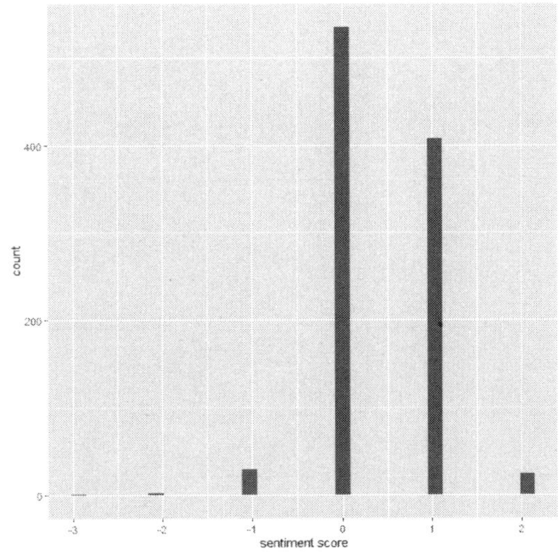

그림 5.4 [R 코드 5.3]에 대한 막대그래프

6장

소셜 네트워크 분석

6.1 소셜 네트워크 분석이란?

네트워크(network)란 다수의 점과 점들이 선으로 연결된 망이다. 여기서 점을 네트워크에서 노드(node) 또는 정점(vertex)이라고 하고 선을 엣지(edge) 또는 링크(link)라고 한다. 네트워크는 수학의 그래프 이론(graph theory)에 토대를 두고 있다. 네트워크에서 구성요소를 이루는 사람, 조직, 사물 등을 객체(object)라고 하고 하나의 점으로 나타내고 객체들 간의 관계를 선으로 나타낸다.

네트워크에는 방향성이 있는 방향 네트워크(directed network)와 방향성이 없는 무방향 네트워크(undirected network)가 있다. 예를 들면, 정보전달, 국가 간의 수출·수입 등을 표시하는 경우 방향성이 있고 이 경우는 송신자와 수신자가 확실하다. 그러나 객체 간의 송신자와 수신자가 확실하지 않는 경우, 예를 들면 외교관계, 혈연관계, 친구관계 등을 표시하는 경우 일반적으로 방향성이 없다.

소셜 네트워크(social network)란 하나의 사회를 이루는 객체들 간의 연결망을 말한다. 일명, 사회 연결망이라고 한다. 우리 사회는 혈연, 지연, 학연, 종교 등을 중심으로 소셜 네트워크를 형성하고 있다. 표 6.1은 친구 관계를 나타내는 텍스트이고 그림 6.1은 표 6.1의 친구관계를 네트워크로 나타낸 것이다.

소셜 네트워크 분석(Social Network Analysis; SNA)이란 소셜 네트워크에 대한 과학적인 분석기법을 말한다. 일명, 사회 연결망 분석이라고 한다. 즉, 객체들 간의 복잡하게 얽혀 있는 네트워크의 구조를 분석하여 특성을 찾아내는 일련의 작업이라고 할 수 있다. 예를 들어, 표 6.1의 친구관계를 알기 위해 그림 6.1의 네트워크로 나타낸 후 친구들 간의 상호관계를 계량적으로 분석하는 것을 말한다. 소셜 네트워크 분석은 사회과학뿐만 아니라 인문학, 경제학, 생물학, 의학, 공학 등 다양한 분야에서 응용되고 있다.

표 6.1 친구 관계를 나타내는 텍스트

철수와 갑돌은 친구다.
갑돌은 영희와 친구고 현수와도 친구다.
영희는 나래와 친구고 시원과도 친구다.
나래는 갑돌과 친구고 시원, 지윤과도 친구다.
시원과 영숙은 친구다.

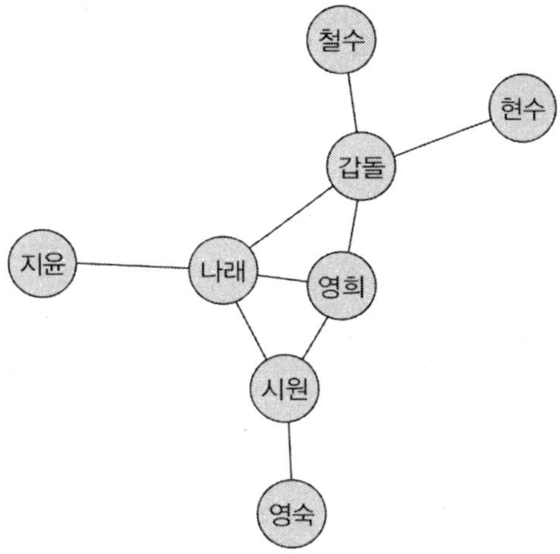

그림 6.1 표 6.1의 친구관계에 대한 네트워크

6.2 네트워크

(1) 네트워크의 정의

네트워크(network) G란 객체를 나타내는 정점(vertex) V와 객체를 연결하는 엣지(edge) E의 집합이다.

$$G = (V, E)$$

그림 6.1의 네트워크에서 정점 V와 엣지 E는 다음과 같다.

V = {철수, 갑돌, 영희, 나래, 시원, 현수, 지윤, 영숙},

E = {(철수,갑돌), (갑돌,영희), (갑돌,현수), (영희,나래), (영희,시원), (갑돌,나래), (나래,시원), (나래,지윤), (시원,영숙)}

(2) 네트워크 구조를 나타내는 지표

차수(degree)와 허브(hub)

네트워크에서 노드의 차수(degree)는 그 노드에 연결된 엣지들의 개수이다. 노드의 차수는 해당 노드가 다른 노드들과 얼마나 많이 연결되어 있는가에 대한 측정 지표이다. 네트워크에서 허브는 노드 중에서 가장 높은 차수를 가지고 있는 노드를 말한다. 그림 6.1의 네트워크에서 각 노드에 대한 차수는 다음과 같다.

노드	철수	갑돌	영희	나래	시원	현수	지윤	영숙
차수	1	4	3	4	3	1	1	1

여기서 "갑돌"과 "나래"는 허브에 해당된다.

차수의 분포(degree distribution)

차수의 분포 $P(k)$는 네트워크에서 차수 k을 갖는 노드의 비율을 말한다. 따라서 n_k을 차수 k을 갖는 노드의 수라고 할 때 $P(k)$는 다음과 같다.

$$P(k) = \frac{n_k}{n}, k = 0, 1, 2, \ldots, n$$

즉, $P(k)$는 n_k을 전체 노드수 n로 나눈 값이다. 예를 들어 그림 6.1의 네트워크에서 차수의 분포는 다음과 같다.

$$P(0) = \frac{0}{8} = 0$$
$$P(1) = \frac{4}{8} = \frac{1}{2}$$
$$P(2) = \frac{0}{8} = 0$$
$$P(3) = \frac{2}{8} = \frac{1}{4}$$
$$P(4) = \frac{2}{8} = \frac{1}{4}$$

그림 6.2는 그림 6.1의 네트워크에서 차수에 대한 막대그래프를 나타내고 있다.

소셜 네트워크의 구조를 파악하기 위해서는 먼저 노드와 링크의 관계에 따른 네트워크 유형을 살펴볼 필요가 있다. 네트워크의 유형에는 랜덤 네트워크(Random network, 무작위 네트워크)와 척도 없는 네트워크(Scale-free network)가 있다.

랜덤 네트워크는 가장 단순한 네트워크의 유형으로 모든 노드들이 서로 무작위로 연결되어 있는 네트워크를 말한다. 랜덤 네트워크에서 노드의 차수 k의 분포는 다음과 같이 포아송 분포(poison distribution)를 갖는다.

$$P(k) = \frac{e^{-\lambda}\lambda^k}{k!}, k = 0, 1, 2, \ldots$$

여기서 모수 λ는 평균 링크의 수를 나타낸다. 따라서 종모양의 랜덤 네트워크

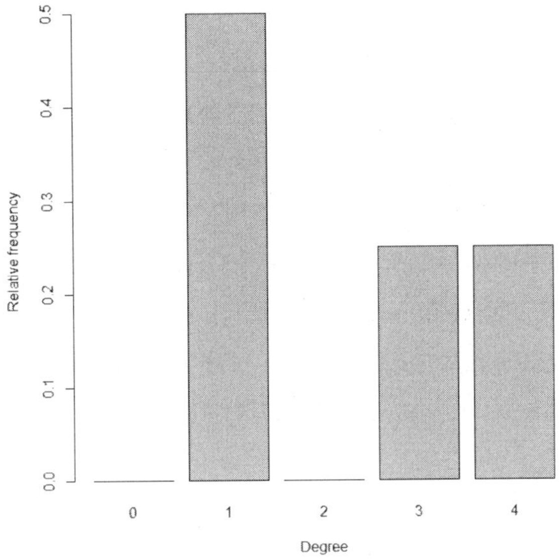

그림 6.2 그림 6.1의 차수에 대한 막대그래프

는 대부분의 노드들이 평균값 λ 또는 최빈값의 링크(수) λ를 갖는다. 결국 이 값이 해당 네트워크의 대표적인 특징을 짓는 네트워크의 스케일(scale, 척도)이다.

그러나 실세계에 있는 대부분 네트워크, 예를 들어 인터넷 망, 소셜 네트워크 등에서 노드의 차수은 위와는 다른 분포를 갖는다. 대부분의 네트워크는 $P(k) \sim k^{-\gamma}$인 멱함수 법칙(power law)을 따르는 분포를 갖는다. 여기서 차수 지수(degree exponent) γ는 $2 \leq \gamma \leq 3$이다. 이런 멱함수 법칙을 따르는 네트워크를 척도 없는 네트워크라고 부른다. 척도 없는 네트워크에서 차수는 심하게 왼쪽으로 치우쳐서 분포의 오른쪽에 꼬리가 있는(right-skewed) 형태의 분포를 갖는다. 이것은 네트워크에서 대다수의 노드들은 극소수의 링크를 갖고, 이례적으로 소수의 링크를 가진 다수의 노드가 존재하는 형태이다. 척도 없는 네트워크는 랜덤 네트워크처럼 해당 네트워크의 특징을 짓는 대표적인 고유한 스케일이 없다.

밀도(density)

네트워크에서 밀도는 최대 연결 가능한 엣지들의 개수에 대한 실제 엣지들의 개수의 비율이다. 즉, 밀도는 실제 네트워크에 존재하는 엣지의 개수를 모든 노드끼리 전부 연결되어 있다는 가정 하에서 구한 총 엣지 수로 나눈 것이다. 높은 밀도를 갖는 네트워크는 낮은 밀도를 갖는 네트워크에 비해 노드들 간에 더 많이 연결되어 있다. 네트워크 밀도는 0과 1 사이의 값을 갖는다. 네트워크에서 노드들 간에 완전 연결되어 있는 경우 밀도는 1의 값을 갖는다.

A 학교에서 특정 학급의 학생들 간의 네트워크를 "network1"이라고 하고 학교의 전체 학생들 간의 네트워크를 "network2"라고 하면 학급에서 학생들 간은 서로 알고 있으나 학교의 전체 학생들 간에는 서로 모를 수도 있다는 가정 하에서 "network1"은 "network2"보다 밀도가 높다고 할 수 있다.

밀도 계산은 조합(combination)을 이용하여 구할 수 있다. 엣지 1개에 2개의 노드가 필요하므로 n개의 노드가 있는 무방향 네트워크에서 가능한 모든 엣지의 수는 ${}_nC_2$이다. 따라서 네트워크에 L개의 연결이 존재한다면 밀도 d는 다음과 같다.

$$d = \frac{L}{nC_2} = \frac{2L}{n(n-1)}$$

그림 6.1의 네트워크에서 밀도를 계산해 보면 다음과 같다.

$$d = \frac{L}{{}_nC_2} = \frac{9}{{}_8C_2} = \frac{9}{28} = 0.3214$$

네트워크 밀도는 노드들 간에 엣지들이 얼마나 많이 존재하는지를 판단할 수 있는 척도이다. 따라서 네트워크에서 밀도는 네트워크 내 구성원들이 서로 얼마나 많은 관계를 맺고 있는가를 나타낸다.

네트워크 중심성(network centrality)

네트워크에서 개별 노드들의 중심성 지표는 그 노드가 전체 네트워크에서 얼마만큼 중심 위치에 있는지를 나타내는 지표이다. 특정한 노드가 많은 다른 노드들과 연결되어 있는 경우 그 노드는 네트워크의 가운데 쪽으로 위치하게 된다. 중심성은 네트워크 분석에서 노드가 가지는 영향력을 분석하는 데 많이 사용한다. 중심성 지표에는 차수 중심성(degree centrality), 근접 중심성(closeness centrality), 매개 중심성(betweenness centrality)이 있다.

차수 중심성(degree centrality, D_c)

네트워크의 노드 차수(node degree)는 노드의 엣지 개수로 정의된다. 차수 중심성은 네트워크에서 한 노드에 연결된 모든 엣지의 개수를 가지고 중심성을 측정하는 지표이다. 노드들 간 연결관계에 가중치가 있는 가중 네트워크(weighted network)에서 차수 중심성은 모든 가중치들에 대해 엣지들의 합을 계산한다. 따라서 네트워크에서 가장 많은 엣지를 갖고 있는 노드가 차수 중심성 척도 면에서 중심성이 가장 높다고 할 수 있다.

여러 네트워크가 존재하는 경우 네트워크 간에 차수 중심성으로 중심성을 비교하기가 어렵다. 왜냐하면, 차수 중심성 척도는 규모가 큰 네트워크일수록 큰 값을 가질 수 있기 때문이다. 따라서 이 경우 정규화(normalization)할 필요가 있다. 정규화 방법에는 크게 두 가지 있다. $D_c(i)$을 해당 네트워크에서 i번째 노드의 차수 중심성 척도라고 하면 첫 번째 정규화 방법은 다음과 같다.

$$\text{정규화 } D_c(i) = \frac{D_c(i)}{n-1}$$

여기서 n은 해당 네트워크에 있는 모든 노드의 개수를 나타낸다. 두 번째 정규화 방법은 다음과 같다.

$$\text{정규화 } D_c(i) = \frac{D_c(i)}{\max_i(D_c(i))}$$

여기서 $\max_i(D_c(i))$은 해당 네트워크에서 가장 큰 값을 갖는 $D_c(i)$이다. 예를 들어 그림 6.1에서 노드 "갑돌"의 정규화 차수 중심성은 다음과 같이 계산한다.

$$\text{정규화 } D_c(\text{갑돌}) = \frac{D_c(\text{갑돌})}{n-1} = \frac{4}{8-1} = 0.5714$$

다음은 그림 6.1의 각 노드에서 차수 중심성과 정규화 차수 중심성을 나타내고 있다.

노드	철수	갑돌	영희	나래	시원	현수	지윤	영숙
$D_c(i)$	1	4	3	4	3	1	1	1
정규화 $D_c(i)$	0.1429	0.5714	0.4286	0.5714	0.4286	0.1429	0.1429	0.1429

근접 중심성(closeness centrality, C_c)

근접 중심성은 한 노드에서 다른 노드들까지 최단경로(shortest path)를 가지고 중심성을 측정하는 지표이다. 근접 중심성 척도 면에서 중요한 노드일수록 다른 노드까지 도달하는 경로가 짧다는 가정이 기저에 깔려 있다. 지하철역에 비유하면, 특정 지하철역이 다른 모든 지하철역들과의 이동 거리를 계산하여 평균 이동거리가 짧을수록 그 역은 중심역할을 하는 역이라고 생각하는 것이다. 이를 수학적으로 계산하기 위해 $d(i,j)$를 노드 i에서 노드 j까지의 최단 거리(shortest distance)라고 하고 엣지의 개수를 가지고 정의한다면 노드 i에서 모든 노드까지 평균 최단거리는 다음과 같이 나타낼 수 있다.

$$m(i) = \frac{1}{n-1}\sum_{x \neq i}^{n} d(i,x)$$

여기서 $n-1$은 노드 i에서 자기 자신의 노드를 제외한 노드의 수이다.

네트워크에서 노드 i의 근접 중심성은 노드 i에서 자기 자신의 노드 i을 제외한 모든 노드까지 평균 최단거리 $m(i)$의 역수를 취해 다음과 같이 정의된다.

$$C_c(i) = \frac{1}{m(i)} = \frac{n-1}{\sum_{x \neq i}^{n} d(i,x)} \tag{6.1}$$

여기서 $m(i)$의 역수를 취한 것은 거리가 짧을수록 $C_c(i)$값이 큰 값을 갖기 위함이다.

R에서 근접 중심성은 다음과 같이 계산한다.

$$C_c(i) = \frac{1}{\sum_{x \neq i}^{n} d(i,x)} \tag{6.2}$$

식 (6.2)은 식 (6.1)에서 분자 $n-1$을 편의상 1로 놓고 얻어진 식이다. 예를 들어 그림 6.1에서 노드 “갑돌”의 근접 중심성은 다음과 같이 계산한다.

$$C_c(\text{갑돌}) = \frac{1}{\sum_{x \neq i}^{n} d(i,x)} = \frac{1}{1+1+1+2+1+2+3} = \frac{1}{11} = 0.0909$$

그림 6.1의 각 노드에서 근접 중심성은 다음과 같다.

	철수	갑돌	영희	나래	시원	현수	지윤	영숙
$\sum_{x \neq i}^{n} d(i, x)$	17	11	11	10	13	17	16	19
$C_c(i)$	0.0588	0.0909	0.0909	0.1000	0.0769	0.0588	0.0625	0.0526

매개 중심성(betweenness centrality, B_c)

매개 중심성은 네트워크에서 특정 노드의 매개자로서 역할 정도를 나타내는 지표이다. 매개 중심성 척도 면에서 중요한 노드일수록 다른 노드로 이동할 때 해당노드를 거친다는 가정이 기저에 깔려 있다. 지하철역에 비유하면, 특정 지하철역이 다른 지하철역들 간의 경로에 항상 포함되어 있는 경우 그 역은 중요한 역이고 반대로 특정 지하철역이 다른 지하철역들 간의 경로에 하나도 거쳐 가지 않으면 중요하지 않은 역으로 간주하는 것이다.

특정 노드의 매개 중심성은 해당 노드가 노드들 간의 최단경로(shortest path)에 포함되는 경우의 수로 측정한다. 이를 수식으로 표현하기 위해 $g_{jk}(n_i)$를 노드 j와 노드 k의 최단경로 중에서 노드 i을 포함하는 경우의 수라고 할 때 노드 i의 매개 중심성은 다음과 같다.

$$B_c(i) = \sum_{j \neq i \neq k} g_{jk}(n_i)$$

그림 6.1의 각 노드에서 매개 중심성은 다음과 같다.

	철수	갑돌	영희	나래	시원	현수	지윤	영숙
$B_c(i)$	0	11	3	9	6	0	0	0

여기서 B_c(갑돌) 즉, 노드 "갑돌"의 매개 중심성 계산을 위해 노드 "갑돌"을 포함하는 최단경로의 수는 다음과 같다.

(철수, 현수), (철수, 나래), (철수, 영희), (철수, 나래, 지윤), (철수, (나래|영희), 시원), (철수, (나래|영희), 시원, 영숙), (현수, 나래), (현수, 영희), (현수, 나래, 지윤), (현수, (나래|영희), 시원), (현수, (나래|영희), 시원, 영숙)

여기서 (철수, (나래|영희), 시원), (현수, (나래|영희), 시원), (현수, (나래|영희),

시원, 영숙)은 각각 2가지 경우가 존재하므로 "갑돌"을 거쳐 갈 확률은 1(=0.5+0.5)이다. 따라서

$$B_c(\text{갑돌})=1+1+1+1+(0.5+0.5)+(0.5+0.5)+1+1+1+(0.5+0.5)+(0.5+0.5)=11$$

이다. 그리고 $B_c(\text{영희})$, 즉 노드 "영희"의 매개 중심성 계산을 위해 노드 "영희"를 포함하는 최단경로의 수는 다음과 같다.

(갑돌, 시원), (갑돌, 영숙), (철수, 시원), (철수, 영숙), (현수, 시원), (현수, 영숙)

그런데 위 6가지 각각의 최단경로에 대해 "영희"를 거쳐 갈 확률은 0.5이다. 따라서

$$B_c(\text{영희})=0.5+0.5+0.5+0.5+0.5+0.5=3$$

이다. 그 밖의 노드 "철수", "현수", "지윤", "영숙" 대한 매개 중심성은 0이다. 그 이유는 이들 노드들은 경로의 끝에 있어서 두 노드 간의 최단경로가 존재하지 않기 때문이다.

6.3 네트워크 시각화

(1) igraph 패키지

R의 "igraph" 패키지는 네트워크 분석과 시각화를 위한 패키지이다. 데이터 형태가 데이터 프레임인 경우 graph.data.frame() 함수, 엣지 목록(edge list)으로 주어진 경우 graph.edgelist() 함수, 인접행렬(adjacency matrix)인 경우 graph.adjacency() 함수를 이용하여 네트워크를 생성한다. 그리고 차수 계산을 위한 degree() 함수, 중심성 척도를 위한 closeness() 함수, betweenness() 함수 등이 있다.

예제 6.1 "igraph" 패키지를 사용하여 그림 6.1로부터 네트워크 특징을 나타내는 여러 가지 지표들을 구하고자 한다.

R 코드 6.1

```
setwd("D:/빅데이터R고싶다/제6장")
```

```
library(igraph)
#엣지 리스트
edgelist <- read.table("친구관계.txt", header=F)
    #class(edgelist)
g <- graph.data.frame(edgelist, direct=F)
#정점
V(g)

#엣지
E(g)

set.seed(1000)
#네트워크 그리기
#plot(g)
plot(g, vertex.size=30, vertex.label.cex=1.5)

#차수
degree(g)

#허브
V(g)$name[degree(g)==max(degree(g))]

#차수의 분포
degree.distribution(g)
barplot(degree.distribution(g),names.arg=c("0","1","2","3","4"),  xlab="Degree",  ylab=
"Relative frequency")

#밀도
graph.density(g)

#차수 중심성
Dc <- degree(g)
Dc
normal.Dc <- degree(g, normalized=T)
normal.Dc  <- round(normal.Cd,4)
normal.Dc

#근접 중심성
Cc <-closeness(g)
```

```
Cc <- round(Cc,4)
Cc

#매개 중심성
Bc <- betweenness(g)
Bc
```

[R 코드 6.1] 실행결과

- 네트워크의 정점

```
> V(g)
+ 8/8 vertices, named, from e2cd75f:
[1] 철수 갑돌 영희 나래 시원 현수 지윤 영숙
```

- 네트워크의 엣지

```
> E(g)
+ 9/9 edges from e2cd75f (vertex names):
[1] 철수--갑돌 갑돌--영희 갑돌--현수 영희--나래 영희--시원 갑돌--나래
[7] 나래--시원 나래--지윤 시원--영숙
```

- 네트워크 그리기

```
> plot(g, vertex.size=30, vertex.label.cex=1.5)
```

→ 그림 6.1의 네트워크가 얻어진다.

- 네트워크의 차수

```
> degree(g)
철수 갑돌 영희 나래 시원 현수 지윤 영숙
   1    4    3    4    3    1    1    1
```

- 네트워크의 허브

```
> V(g)$name[degree(g)==max(degree(g))]
[1] "갑돌" "나래"
```

- 네트워크에서 차수의 분포

```
> degree.distribution(g)
[1] 0.00 0.50 0.00 0.25 0.25
```

- 네트워크에서 차수에 대한 막대그래프

```
> barplot(degree.distribution(g),names.arg=c("0","1","2","3","4"), xlab="Degree", ylab=
"Relative frequency")
```

→ 그림 6.2의 막대그래프가 얻어진다.

• 네트워크의 밀도

```
> graph.density(g)
[1] 0.3214286
```

• 차수 중심성

```
> normal.Dc
  철수    갑돌    영희    나래    시원    현수    지윤    영숙
0.1429 0.5714 0.4286 0.5714 0.4286 0.1429 0.1429 0.1429
```

• 근접 중심성

```
> Cc
  철수    갑돌    영희    나래    시원    현수    지윤    영숙
0.0588 0.0909 0.0909 0.1000 0.0769 0.0588 0.0625 0.0526
```

• 매개 중심성

```
> Bc
철수 갑돌 영희 나래 시원 현수 지윤 영숙
  0   11    3    9    6    0    0    0
```

[R 코드 6.1] 설명

• **graph.data.frame()** 함수: 데이터프레임으로부터 네트워크를 생성하기 위한 함수이다. **graph.data.frame()** 함수의 사용형식은 다음과 같다.

```
graph.data.frame(df, directed=TRUE)
```

- **df**: 첫 번째 열과 두 번째 열에 있는 엣지 목록(edge list)을 포함하는 데이터프레임이다. 세 번째 열부터는 엣지 특성을 나타낸다.
- **directed**: 방향 네트워크 혹은 무방향 네트워크를 결정하는 인자이다.

예

```
edgelist <- read.table("친구관계.txt", header=F)
#class(edgelist)
g <- graph.data.frame(edgelist, direct=F)
```

참고로, graph.edgelist() 함수를 이용하여 똑같은 결과를 얻을 수 있다. 여기서 graph.edgelist() 함수는 엣지 목록, 즉 행렬에서 열이 2개인 행렬 데이터로부터 네트워크를 생성한다.

예
```
edgelist <- read.table("친구관계.txt", header=F)
matrix <- as.matrix(edgelist)
g <- graph.edgelist( matrix, directed = F)
```

(2) 인접행렬로 네트워크 표현

소셜 객체들 간의 관계를 인접행렬(adjacency matrix)을 가지고 나타낼 수 있다. 인접행렬의 행과 열의 첫 번째 줄은 노드의 번호를 의미한다. 무방향 네트워크에 대한 인접행렬은 대칭행렬이고 방향 네트워크에서 행은 머리노드(head node)를 나타내고 열은 꼬리노드(tail node)를 나타낸다. 행렬 안의 숫자는 노드 간 연결되어 있으면 1, 연결되어 있지 않으면 0으로 표시된다.

다음의 행렬 A는 4개의 노드와 4개의 엣지로 연결된 소셜 네트워크를 나타내는 인접행렬이다.

$$A = \begin{bmatrix} 0 & 1 & 1 & 0 \\ 0 & 0 & 0 & 1 \\ 0 & 0 & 0 & 1 \\ 0 & 0 & 0 & 0 \end{bmatrix}$$

네트워크에서 4개의 노드를 "M1", "M2", "M3", "M4"라고 할 때 노드 간 엣지는 다음과 같이 나타낼 수 있다.

$$\text{M1}\rightarrow\text{M2},\ \text{M1}\rightarrow\text{M3},\ \text{M2}\rightarrow\text{M4},\ \text{M3}\rightarrow\text{M4}$$

- graph.adjacency() 함수는 인접행렬을 이용하여 네트워크를 그리기 위한 함수이다.

```
graph.adjacency(data, mode=c("directed", "undirected"), weighted=NULL)
```

- data는 인접행렬을 나타낸다.
- mode="directed"이면 방향 네트워크이고 mode="undirected"이면 무방향 네트

워크이다. 디폴트는 mode="directed"이다.

- weighted=T이면 가중 네트워크(weighted graph)를 나타낸다.

예제 6.2 인접행렬 A을 이용하여 간단한 네트워크를 그리고자 한다.

$$A = \begin{bmatrix} 0 & 1 & 1 & 0 \\ 0 & 0 & 0 & 1 \\ 0 & 0 & 0 & 1 \\ 0 & 0 & 0 & 0 \end{bmatrix}$$

R 코드 6.2

```
library(igraph)
adj.matrix <- matrix(c(0, 1, 1, 0, 0, 0, 0, 1, 0, 0, 0, 1, 0, 0, 0, 0), byrow=T,
nrow=4)
g <- graph.adjacency(adj.matrix,  mode="undirected")
V(g)$name = c("M1", "M2", "M3", "M4")
V(g)$label.cex=2 # vertex 라벨 크기
V(g)$label.color="green" # vertex 라벨 색상
V(g)$size = 30 # vertex 모양 크기
V(g)$color = "red" # vertex 모양 색상
E(g)$width = 4 # edge선의 두께
E(g)$color = "blue" # edge선의 색상
set.seed(1234)
plot(g)
```

[R 코드 6.2] 실행결과

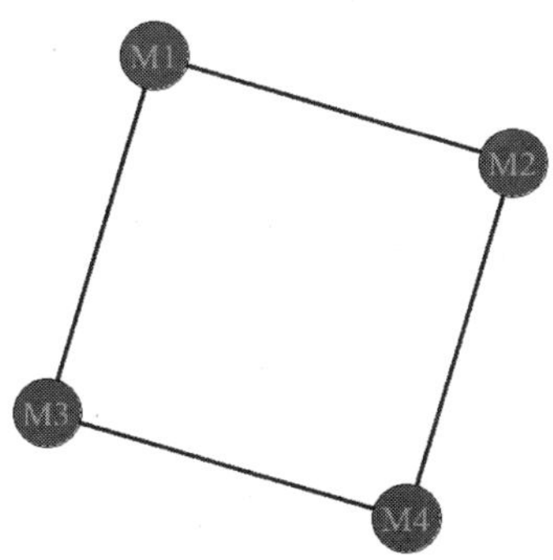

그림 6.3 [R 코드 6.2]의 네트워크

[R 코드 6.2] 설명

• V() 함수와 E() 함수

V() 함수는 네트워크에서 정점들의 목록(vertex sequence)을 알고자 하는 경우 사용하는 함수이다.

E() 함수는 네트워크에서 엣지들의 목록(edge sequence)을 알고자 하는 경우 사용하는 함수이다.

```
> V(g)
Vertex sequence:
[1] "M1" "M2" "M3" "M4"
> E(g)
Edge sequence:

[1] M1 -> M2
[2] M1 -> M3
[3] M2 -> M4
[4] M3 -> M4
```

• 네트워크의 정점에 대한 텍스트 라벨 설정

네트워크에서 정점에 대한 텍스트 라벨과 관련하여 속성(attribute)인 label.cex을 이용하여 글자 크기와 label.color을 사용하여 글자 색을 설정할 수 있다.

예
```
V(g)$label.cex = 2 # 글자 크기
V(g)$label.color = "green" # 글자 색
```

• 네트워크의 정점 모양 설정

네트워크에서 정점 모양 설정을 위해 size 속성을 이용하여 모양 크기와 color 속성을 사용하여 모양 색상을 설정할 수 있다.

예
```
V(g)$size = 20 # vertex 모양 크기
V(g)$color = "red" # vertex 모양 색상
```

• 네트워크의 엣지 설정

네트워크에서 엣지에 관한 width 속성을 이용하여 엣지의 두께와 color 속성을 사용하여 엣지의 색상을 설정할 수 있다.

예
```
E(g)$width = 4 # edge선의 두께
E(g)$color = "blue" # edge선의 색상
```

지금까지 네트워크에서 정점에 대한 V() 함수와 엣지에 대한 E() 함수의 속성을 추가하여 네트워크의 기본설정을 변경하였다. 다음과 같이 plot() 함수에 옵션을 추가하여 똑같은 네트워크를 그릴 수 있다.

```
library(igraph)
adj.matrix <- matrix(c(0, 1, 1, 0, 0, 0, 0, 1, 0, 0, 0, 1, 0, 0, 0, 0), byrow=T,
nrow=4)
g <- graph.adjacency(adj.matrix,  mode="undirected")
V(g)$name = c("M1", "M2", "M3", "M4")
set.seed(1234)
plot(g, vertex.label.cex=2, vertex.label.color="green", vertex.size=30, vertex.color
="red", edge.width=4, edge.color="blue" )
```

예제 6.3 표 6.1에 있는 친구관계를 그림 6.1의 네트워크로 나타내고자 한다. 이를 위해 먼저 표 6.1에 있는 친구관계를 인접행렬로 나타내면 다음과 같다.

$$A = \begin{pmatrix} 0 & 1 & 0 & 0 & 0 & 0 & 0 & 0 \\ 1 & 0 & 1 & 1 & 0 & 0 & 1 & 0 \\ 0 & 1 & 0 & 1 & 1 & 0 & 0 & 0 \\ 0 & 1 & 1 & 0 & 1 & 1 & 0 & 0 \\ 0 & 0 & 1 & 1 & 0 & 0 & 0 & 1 \\ 0 & 0 & 0 & 1 & 0 & 0 & 0 & 0 \\ 0 & 1 & 0 & 0 & 0 & 0 & 0 & 0 \\ 0 & 0 & 0 & 0 & 1 & 0 & 0 & 0 \end{pmatrix}$$

다음은 인접행렬 A로부터 그림 6.1의 네트워크를 얻기 위한 R 코드이다.

R 코드 6.3

```
library(igraph)

adj.matrix <- matrix(
c(0, 1, 0, 0, 0, 0, 0, 0,
  1, 0, 1, 1, 0, 0, 1, 0,
  0, 1, 0, 1, 1 ,0, 0, 0,
  0, 1, 1, 0, 1, 1, 0, 0,
  0, 0, 1, 1, 0, 0, 0, 1,
  0, 0, 0, 1, 0, 0, 0, 0,
  0, 1, 0, 0, 0, 0, 0, 0,
```

```
    0, 0, 0, 0, 1, 0, 0, 0 ), byrow=T, nrow=8)
g <- graph.adjacency(adj.matrix,      mode="undirected")
V(g)$name <- c("철수", "갑돌", "영희", "나래", "시원", "지윤", "현수", "영숙")
V(g)$label.cex=2
V(g)$size=30
V(g)$color="green"

set.seed(1234)
plot(g)
```

[R 코드 6.3] 실행결과

그림 6.1은 위의 R 코드에 대한 실행결과이다.

6.4 R을 이용한 소셜 네트워크 분석

우리는 어떤 조직에서 구성원들 간의 관계를 네트워크 시각화(network visualization)하고자 한다. 여기서는 네덜란드 레이덴대학교(Leiden University) 정치과학과 행정학(Political Science and Public Administration)에서 석사학위논문을 지도한 지도교수들 간의 관계를 네트워크 분석하고자 한다.

예제 6.4 두 명의 교수가 공동으로 석사학위논문을 지도한다. 지도교수 중 한 사람은 원래 입학 시 정한 지도교수(Supervisor)이고 다른 한 사람은 지도교수가 추천한 논문만 심사하는 교수(Examiner)이다. 아래의 자료에는 지도교수 외에 논문의 등급(Grade)과 특성(Spec(ialization))에 대한 추가 정보가 포함되어 있다. (출처: Dimiter Toshkov의 웹사이트 http://www.dimiter.eu/Visualizations.html)

supervisor.txt

Supervisor	Examiner	Grade	Spec
AA	BD	6	X
BD	CA	8	Y
AA	DE	7	Y
⋮	⋮	⋮	⋮

다음은 두 논문 지도교수들 간의 관계를 네트워크로 나타내기 위한 R 코드이고 그림 6.4는 이에 대한 실행결과이다.

R 코드 6.4

```
setwd("D:/빅데이터R고싶다/제6장")
library(igraph)
supervisor <-read.table("supervisor.txt", sep='\t', header=T)
#class(supervisor)
#supervisor
g <-graph.data.frame(supervisor,    directed=F)
#head(get.data.frame(g))
summary(g)
#V(g)
#E(g)
degree(g)
#sort(degree(g), decreasing=T)
set.seed(1101)
plot(g)
```

[R 코드 6.4] 설명

- read.table() 함수: 테이블 형식의 외부파일을 읽어서 데이터프레임을 생성하기 위한 함수이다.

```
read.table(file, header = FALSE, sep = "")
```

  - file: 외부파일 이름
  - header: 파일에 있는 데이터 변수이름 존재 유무 지정
  - sep: 데이터 구분 기호(separator character)

- 네트워크 요약

```
> summary(g)
IGRAPH UN-- 52 290 --
attr: name (v/c), grade (e/n), spec (e/c)
```

→ 52개의 정점과 290개의 엣지로 구성된 무방향 네트워크이다. 데이터의 열에 해당되는 속성(attribute)으로는 name, grade, spec이 있다.

• 네트워크 차수

```
> degree(g)
AA AB AF DD CD BA CB CC BC ED AE CA EB BF BB AC DC BD DB CF DF
BE EA CE EE
18  9 23 36 40 26 24 50 21 27 15 62  7 12 23 27  2  4  8 12 23 20  8
10  6
EF FF FD GB GC GD AD KA KF LC DA EC FA FB DE FC FE GA GE KB KC
KD KE LB LA
 8  1  8  1  1  1  9  3  3  1  7  3  1  1  2  1  2  5  1  1  1  1  1  1
1
LD LE
 1  1
```

→ 각각의 정점들의 차수를 나타내고 있다. 차수 1에서 62까지이다. 즉, 어떤 교수는 단지 1편의 논문을 지도하는가 하면 어떤 교수는 62편의 논문을 지도하는 것을 알 수 있다.

[R 코드 6.4] 실행결과

그림 6.4는 위의 R 코드에 대한 실행결과이다.

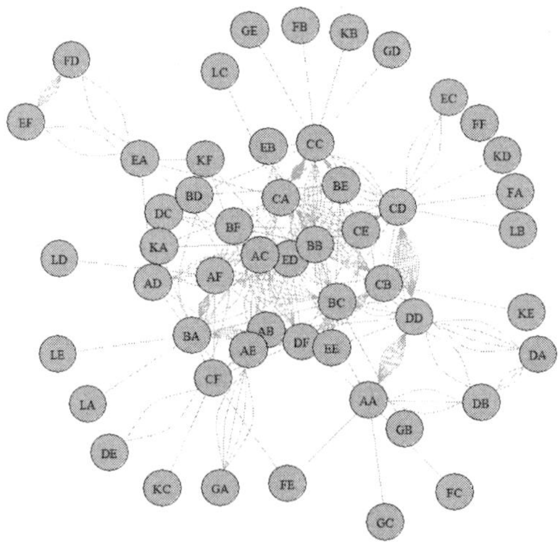

그림 6.4 논문 지도교수들의 네트워크

위의 그림 6.4는 모든 정점의 크기가 같고 그리고 적은 편수의 논문 예를 들면, 한 편, 두 편 논문을 지도한 교수들도 모두 네트워크에 포함되어 있다.

예제 6.5 다음은 네트워크에서 논문편수에 따른 지도교수에 따라 정점의 크기를 다르게 하고 적은 편수의 논문 지도교수들은 네트워크에서 제외하고자 한다. 여기서는 정점의 차수에 따라 정점의 크기를 다르게 나타내고 차수가 3 미만인 차수, 즉 2편 이하의 논문을 지도하는 교수들은 네트워크에서 제거한다.

R 코드 6.5

```
setwd("D:/빅데이터R고싶다/제6장")
library(igraph)
supervisor <-read.table("supervisor.txt", sep='\t', header=T)
g <-graph.data.frame(supervisor,    directed=F)
V(g)$size<-degree(g)/3

condition <-V(g)[degree(g)<3]
g1 <-delete.vertices(g, condition)
head(sort(closeness(g1), decreasing=T))
head(sort(betweenness(g1), decreasing=T))
#closeness(g1)[which.max(closeness(g1))]
#betweenness(g1)[which.max(betweenness(g1))]
set.seed(1001)
plot(g1)
```

[R 코드 6.5] 설명

- delete.vertices() 함수: 네트워크에서 특정한 정점을 제거하기 위한 함수이다. 다음은 delete.vertices() 함수의 사용형식이다.

```
delete.vertices(graph, vertices)
```

- graph: 네트워크
- vertices: 제거할 정점

• 근접 중심성과 매개 중심성을 갖는 정점 찾기

```
> head(sort(closeness(g1), decreasing=T))
        ED         CA         BB         CD         AC         CC
0.01960784 0.01923077 0.01886792 0.01818182 0.01818182 0.01724138
> head(sort(betweenness(g1), decreasing=T))
      CA       DD       EA       CD       ED       AC
94.74076 62.81879 61.69426 59.74929 57.00982 46.03153
```

[R 코드 6.5] 실행결과

그림 6.5는 위의 R 코드에 대한 실행결과이다.

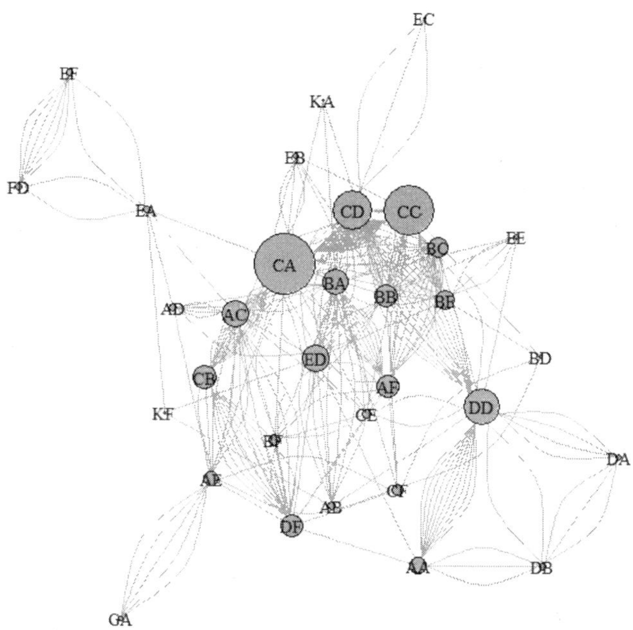

그림 6.5 차수 3 미만 제거된 논문심사위원들의 네트워크

위의 그림 6.5에서 정점의 크기로 보아 차수가 높은 정점은 CA, CC, CD, DD, ED, AC, BA, BB 등으로 이 정점들은 많은 논문지도를 하는 지도교수들을 나타낸다. 그리고 이들 중에는 여러 사람들과 폭넓은 대인관계를 형성하여 논문지도를 하는 교수가 있는가 하면 반대로 소수의 교수들로 밀도 높은 대인관계에 의해 논문지도를 하는 교수들도 있다. 예를 들면, CA, ED, BB 등은 전자에 해당되고

CC, DD 등은 후자에 해당되는 것으로 보인다.

예제 6.6 다음은 그림 6.5의 네트워크에서 논문의 등급에 따라 엣지 색상을 다르게 나타내고자 한다. 여기서는 8등급 이상이면 빨간색으로 나타내고 8등급 미만이면 회색으로 나타내고자 한다.

R 코드 6.6

```
setwd("D:/빅데이터R고싶다/제6장")
library(igraph)
supervisor <-read.table("supervisor.txt", sep='\t', header=T)
g <-graph.data.frame(supervisor,    directed=F)
V(g)$size<-degree(g)/3

condition <-V(g)[degree(g)<3]
g1 <-delete.vertices(g, condition)

E(g1)$color<-ifelse(E(g1)$grade>=8, "red", "gray")
set.seed(1001)
plot(g1)
```

[R 코드 6.6] 설명

• ifelse 문의 사용형식은 다음과 같다.

```
ifelse(조건1, 문장1, 문장2)
```

→ 조건1을 만족하면 문장1을 수행하고 만족하지 않으면 문장2를 수행한다. 다음은 홀수, 짝수 여부를 판단하기 위한 ifelse 문의 사용 예이다.

예
```
x <- c(1,2,3,4,5)
y <- ifelse(x%%2 ==0, "Even number", "Odd number")
df <- data.frame(x,y)
df
> df
  x          y
```

```
1 1  Odd number
2 2 Even number
3 3  Odd number
4 4 Even number
5 5  Odd number
```

[R 코드 6.6] 실행결과

그림 6.6은 위의 R 코드에 대한 실행결과이다.

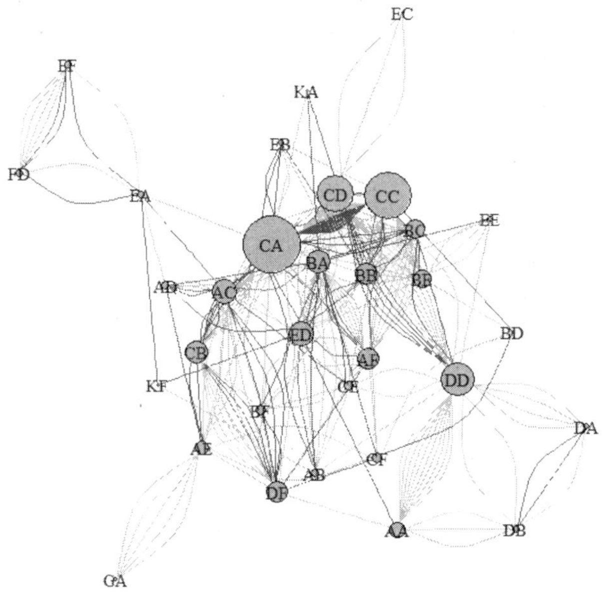

그림 6.6 논문의 등급에 따라 지도교수들의 네트워크

위의 그림 6.6에서 8 이상의 높은 등급 논문을 지도하는 교수와 그렇지 않은 교수들 간의 관계를 알 수 있다. CA와 CC는 등급 8 이상의 많은 논문을 지도하고 DD는 CD하고는 8 이상 논문을 많이 지도하나 AA하고는 그렇지 않음을 알 수 있다.

예제 6.7 다음은 등급 8 이상의 논문을 지도하는 교수들만의 관계를 네트워크로 나타내고자 한다.

R 코드 6.7

```
setwd("D:/빅데이터R고싶다/제6장")
library(igraph)
supervisor <-read.table("supervisor.txt", sep='\t', header=T)
g <-graph.data.frame(supervisor,   directed=F)
V(g)$size<-degree(g)/3

condition <-E(g)[E(g)$grade <=7]
g1 <-delete.edges(g, condition)

condition <-V(g1)[degree(g1)<3]
g1 <-delete.vertices(g1, condition)

set.seed(1001)
plot(g1)
```

[R 코드 6.7] 설명

- delete.edges() 함수: 네트워크에서 특정한 엣지를 제거하기 위한 함수이다. 다음은 delete.edges() 함수의 사용형식이다.

```
delete.edges(graph, edges)
```

- graph: 네트워크
- edges: 제거할 엣지

[R 코드 6.7] 실행결과

그림 6.7은 위의 R 코드에 대한 실행결과이다.

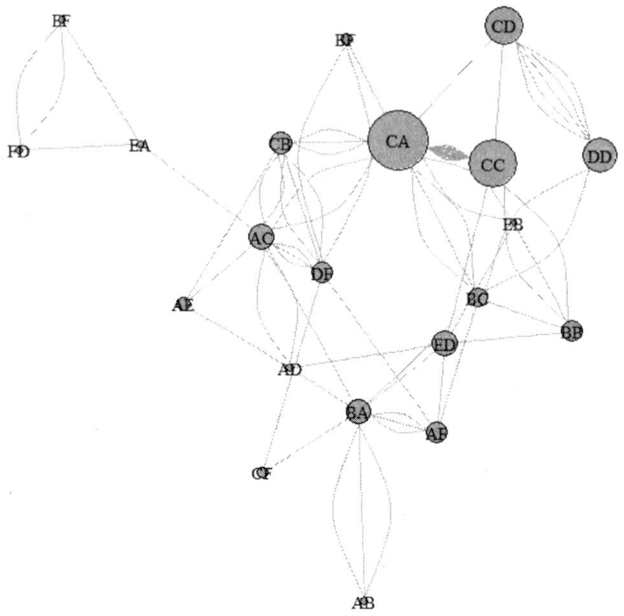

그림 6.7 8등급 이상 논문 지도교수들의 네트워크

예제 6.8 다음은 그림 6.7의 네트워크에서 논문의 특성에 따라 엣지 색상을 다르게 나타내고자 한다. 여기서는 특성이 'X'이면 빨간색, 'Y'이면 파란색으로 그 외에는 회색으로 나타내고자 한다.

R 코드 6.8

```
#rm(list = ls())
setwd("D:/빅데이터R고싶다/제6장")
library(igraph)
supervisor <-read.table("supervisor.txt", sep='\t', header=T)
g <-graph.data.frame(supervisor,   directed=F)
V(g)$size<-degree(g)/3

condition <-V(g)[degree(g)<3]
g1 <-delete.vertices(g, condition)
E(g1)$color<-ifelse(E(g1)$spec=='X', "red",
ifelse(E(g1)$spec=='Y', "blue", "grey"))
set.seed(1001)
plot(g1)
```

[R 코드 6.8] 설명

• Nested ifelse 문의 사용형식은 다음과 같다.

```
ifelse(조건1, 문장1, ifelse(조건2, 문장2, 문장3))
```

→ 조건1을 만족하면 문장1을 수행하고 조건2를 만족하면 조건2를 수행하고 만족하지 않으면 문장3을 수행한다.

다음은 양수, 0, 음수 여부를 판단하기 위한 Nested ifelse 문의 사용 예이다.

예
```
x <- c(-2, -1, 0, 1, 2)
y <- ifelse( x > 0, "Positive", ifelse( x == 0, "Zero", "Negative"))
df <- data.frame(x, y)
df
> df
   x        y
1 -2 Negative
2 -1 Negative
3  0     Zero
4  1 Positive
5  2 Positive
```

[R 코드 6.8] 실행결과

그림 6.8은 위의 R 코드에 대한 실행결과이다.

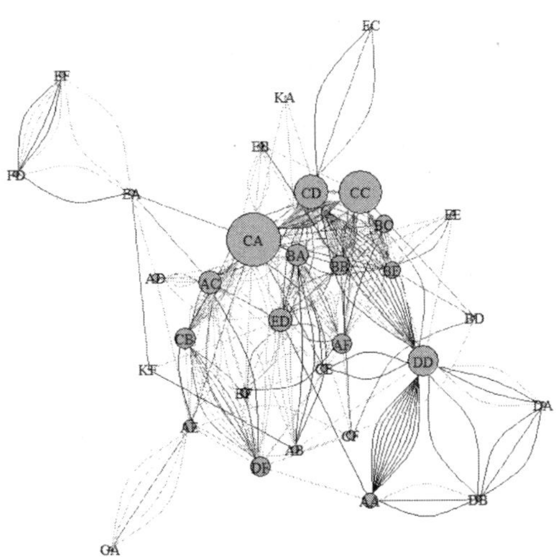

그림 6.8 논문의 특성에 따라 지도교수들의 네트워크

지금까지 논문 지도교수들의 관계를 논문편수에 따라 다중 엣지(multiple edges)를 가지고 네트워크 분석하였다. 이 경우 지도교수들 간의 관계는 논문편수에 의해 결정되는 관계이다.

예제 6.9 다음은 논문편수에 관계없이 지도교수들 간의 관계에 대해 알고자 한다. 이를 위해 네트워크에서 다중 엣지(multiple edge)가 없는 단순 네트워크를 작성하여 정점의 차수, 중심성 지표를 중심으로 네트워크를 작성하여 분석하고자 한다.

R 코드 6.9

```
#rm(list = ls())
setwd("D:/빅데이터R고싶다/제6장")
library(igraph)
supervisor <-read.table("supervisor.txt", sep='\t', dec=',', header=T)
g <-graph.data.frame(supervisor,    directed=F)
V(g)$size<-degree(g)/3
g <-simplify(g)

head(sort(degree(g), decreasing=T))
head(sort(closeness(g), decreasing=T))
head(sort(betweenness(g), decreasing=T))
set.seed(1001)
plot(g)
```

[R 코드 6.9] 설명

- simplify()는 루프(loop)와 다중 엣지(multiple edge)를 포함하지 않는 단순 네트워크를 그리기 위한 함수이다.

- 네트워크 차수

```
> head(sort(degree(g), decreasing=T))
ED CA CD CC BB BA
16 15 14 13 13 11
```

- 근접 중심성과 매개 중심성을 갖는 정점 찾기

```
> head(sort(closeness(g), decreasing=T))
         ED          BB          CD          CA          CC          AF
0.010638298 0.010204082 0.010101010 0.010000000 0.009708738 0.009433962
> head(sort(betweenness(g), decreasing=T))
      CD       ED       CC       CA       CF       BA
277.6115 221.7391 218.7544 203.8901 147.5069 141.4627
```

[R 코드 6.9] 실행결과

그림 6.9는 위의 R 코드에 대한 실행결과이다.

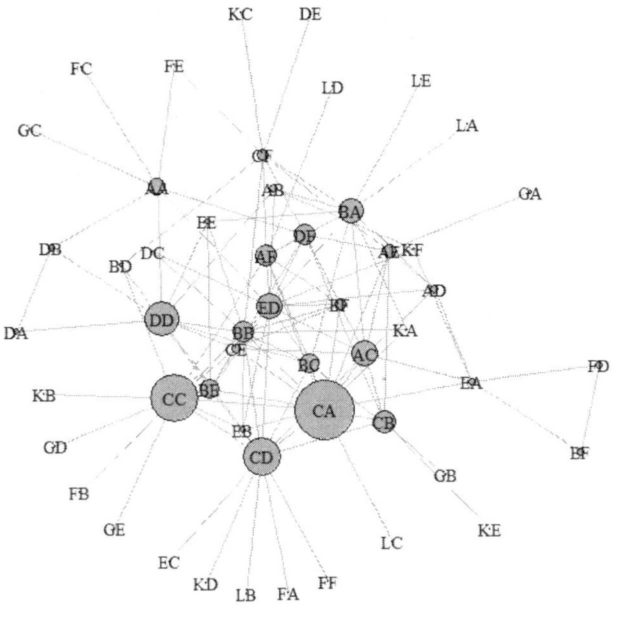

그림 6.9 논문 지도교수들의 단순 네트워크

7장

트위터 소셜 네트워크 분석

7.1 단어 네트워크

트위터 데이터를 가지고 네트워크 분석을 하고자 한다. 트위터는 단어(term)들로 구성된 트윗(tweet)으로 구성되어 있다. 여기서는 단어를 소셜 객체로 간주하여 단어들의 네트워크를 만들어서 단어들 간의 관계를 분석하고자 한다.

분석에 사용되는 트위터 데이터는 저서 "R and Data Mining"의 저자 "Yangchang Zhao"의 트위터 계정 RDataMining으로부터 얻은 데이터이다. 그림 7.1은 트위터 RDataMining의 사이트 https://twitter.com/RDataMining를 보여 주고 있다.

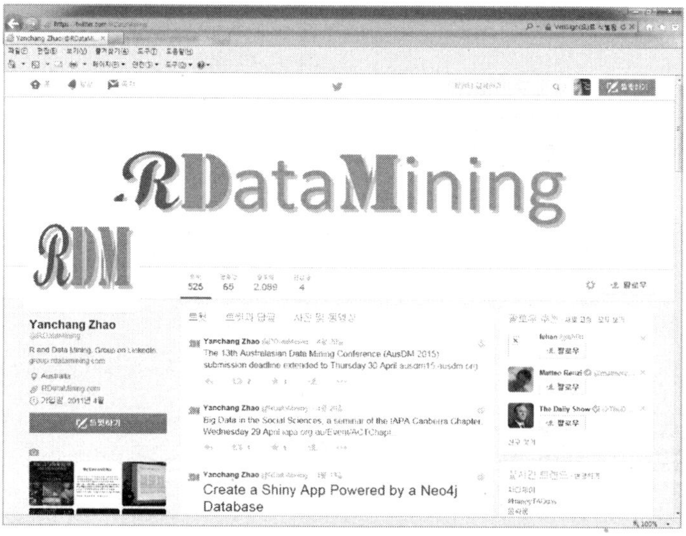

그림 7.1 트위터 RDataMining의 사이트

그림 7.2의 사이트 http://www.rdatamining.com/data에는 그림 7.1의 트위터 계정으로부터 수집된 데이터 "termDocMatrix.rdata"이 있다.

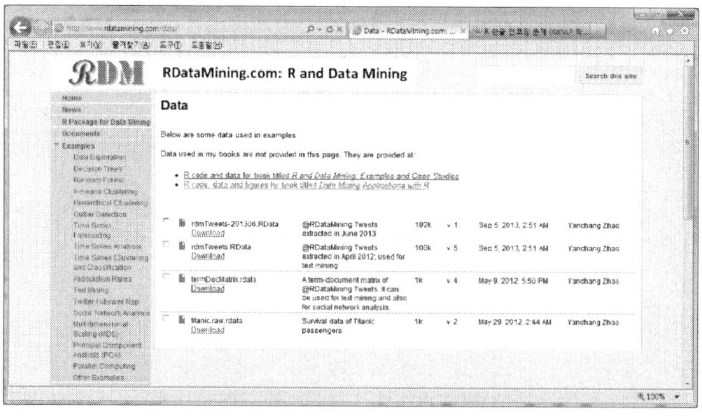

그림 7.2 트위터 데이터 파일

참고로, R에서 userTimeline() 함수를 이용하여 특정 사용자의 트윗을 가져온다. 여기서 파일 termDocMatrix.rdata은 단어-문서 행렬(term-document matrix) 파일이다.

예제 7.1 다음은 트위터 데이터로부터 단어 네트워크를 작성하고자 한다. 여기서는 termDocMatrix 행렬로부터 인접행렬을 생성하고 네트워크를 작성한다.

R 코드 7.1

```
rm(list = ls())  # Remove everything from your current workspace
setwd("D:/빅데이터R고싶다/제7장")
library(igraph)
load("termDocMatrix.rdata")
#ls()
dim(termDocMatrix)
head(termDocMatrix)
str(termDocMatrix)
termDocMatrix[termDocMatrix>=1] <- 1
adjmatrix <- termDocMatrix %*% t(termDocMatrix)
#dim(adjmatrix)
head(adjmatrix)
g <- graph.adjacency(adjmatrix, weighted=T, mode="undirected")
set.seed(1234)
plot(g)
```

[R 코드 7.1] 설명

- 데이터 로딩

  그림 7.2에서 "termDocMatrix.rdata" 데이터를 "D:/빅데이터R고싶다/제7장" 폴더에 다운로드 한 후 load() 함수를 이용하여 메모리에 로딩한다.

```
rm(list = ls())  # Remove everything from your current workspace
setwd("D:/빅데이터R고싶다/제7장")
load("termDocMatrix.rdata")
ls()
```

다음은 ls() 함수를 이용하여 현재 작업 디렉터리에 있는 변수 객체들의 리스트를 보여 준다.

```
> ls()
[1] "termDocMatrix"
```

→ "termDocMatrix"가 로딩되었음을 보여 주고 있다.

다음은 dim() 함수를 이용하여 로딩된 객체 termDocMatrix의 차원을 알 수 있다.

```
dim(termDocMatrix)
```

```
> dim(termDocMatrix)
[1]  21 154
```

→ 21개의 단어와 154개의 트윗으로 구성된 단어-문서 행렬이다.

다음은 head() 함수를 이용하여 로딩된 객체 termDocMatrix 행렬의 일부 중 앞부분을 보고자 하는 경우 다음과 같다.

```
head(termDocMatrix)
```

```
> head(termDocMatrix)
              Docs
Terms          1 2 3 4 5 6 7 8 9 10 11 12 13 14 15 16 17 18 19 20 21 22 23 24 25 26
  analysis     0 0 0 0 0 0 0 0 0  0  0  0  0  0  0  1  0  1  1  1  1  0  0  1  0  0
  applications 0 0 0 0 0 0 0 0 0  0  0  0  0  0  0  0  0  0  0  0  0  0  0  0  0  0
  code         0 0 0 0 0 0 0 0 0  0  0  0  0  0  0  0  0  0  0  0  0  0  0  0  1  0
  computing    0 0 1 1 0 1 1 1 1  1  0  1  0  0  0  0  0  0  0  0  0  0  0  0  0  0
  data         1 1 0 0 2 0 0 0 0  0  1  2  1  1  1  0  1  0  0  0  0  0  0  0  0  0
  examples     0 0 0 0 0 0 0 0 0  0  0  0  0  0  0  0  0  0  0  0  0  0  0  0  0  0
.......................................................
              Docs
Terms          148 149 150 151 152 153 154
  analysis       0   0   0   0   0   1   0
  applications   0   0   0   0   0   0   1
  code           0   0   0   0   0   0   0
  computing      0   0   0   0   0   0   0
  data           0   2   0   1   1   0   2
  examples       0   0   0   0   0   0   0
```

다음은 str() 함수를 이용하여 로딩된 termDocMatrix 객체의 구조(데이터의 개수, 항목개수, 항목명, 형식 등)을 알 수 있다.

```
str(termDocMatrix)
```

```
> str(termDocMatrix)
 num [1:21, 1:154] 0 0 0 0 1 0 0 0 0 0 ...
 - attr(*, "dimnames")=List of 2
  ..$ Terms: chr [1:21] "analysis" "applications" "code" "computing" ...
  ..$ Docs : chr [1:154] "1" "2" "3" "4" ...
```

• 단어-단어 인접행렬로 변환

로딩된 termDocMatrix 행렬은 행은 단어, 열은 트윗으로 구성된 단어-트윗 행렬이다. 우리는 termDocMatrix 행렬로부터 인접행렬 여기서는 단어-단어 인접행렬(term-term adjacency matrix)을 생성하고자 한다. 단어-단어 인접행렬은 행과 열이 모두 단어들로 이루어진 행렬이다. 단어-단어 인접행렬에서 단어 간 서로 연결(connected)되어 있으면 인접(adjacent)하다고 말한다. 예를 들면, 트위터로부터 단어-단어 인접행렬에서 단어 A, 단어 B의 원소가 5이면 단어 A와 단어 B는 서로 연결되어 있고 이 경우 트윗에 동시에 5번 사용한 것으로 나타난다.

(i) termDocMatrix 행렬을 블리언 행렬(boolean matrix)로 변환

여기서 블리언 행렬은 행렬의 원소가 1 또는 0으로 표시한 행렬을 말한다. 단어가 트윗에 사용하면 1 사용하지 않으면 0으로 표시한다.

```
termDocMatrix[termDocMatrix>=1] <- 1
```

```
> head(termDocMatrix)
              Docs
Terms          1 2 3 4 5 6 7 8 9 10 11 12 13 14 15 16 17 18 19 20 21 22 23 24 25 26
  analysis     0 0 0 0 0 0 0 0 0  0  0  0  0  0  0  1  0  1  1  1  1  0  0  1  0  0
  applications 0 0 0 0 0 0 0 0 0  0  0  0  0  0  0  0  0  0  0  0  0  0  0  0  0  0
  code         0 0 0 0 0 0 0 0 0  0  0  0  0  0  0  0  0  0  0  0  0  0  0  0  1  0
  computing    0 0 1 1 0 1 1 1 1  1  0  1  0  0  0  0  0  0  0  0  0  0  0  0  0  0
  data         1 1 0 0 1 0 0 0 0  0  1  1  1  1  1  0  1  0  0  0  0  0  0  0  0  0
  examples     0 0 0 0 0 0 0 0 0  0  0  0  0  0  0  0  0  0  0  0  0  0  0  0  0  0
.........................................................................
              Docs
Terms          148 149 150 151 152 153 154
  analysis       0   0   0   0   0   1   0
```

```
applications   0  0   0  0   0  0  1
code           0  0   0  0   0  0  0
computing      0  0   0  0   0  0  0
data           0  1   0  1   1  0  1
examples       0  0   0  0   0  0  0
```

→ 블리언 행렬로부터 어떤 단어가 어떤 트윗에 사용하고 있는지 알 수 있다.

(ii) 블리언 행렬을 인접행렬로 변환

```
adjmatrix <- termDocMatrix %*% t(termDocMatrix)
```

여기서 %*%는 행렬 곱셈을 나타내고 t() 함수는 전치행렬을 나타낸다.

```
> head(adjmatrix)
              Terms
Terms          analysis applications code computing data examples introduction mining
  analysis          23            0    1         0    4        4            2      4
  applications       0            9    0         0    7        0            0      6
  code               1    0       9    0         1    6        0            3
  computing          0    0       0   10         1    0        0            1
  data               4    7       1    1        53    5        2           34
  examples           4    0       6    0         5   17        2            5
..................................................................
              Terms
Terms           slides social time tutorial users
  analysis          3      9    4        4     5
  applications      0      0    0        0     1
  code              0      0    2        1     0
  computing         1      0    0        1     2
  data              4      0    1        4     4
  examples          1      1    2        3     3
```

→ 인접행렬의 원소는 단어가 사용된 트윗 수를 나타낸다. 예를 들면, (analysis, analysis)=23은 analysis 단어가 23개 트윗에 사용되었고 (data, analysis)=4는 data와 analysis 단어가 4개 트윗에 동시 사용되었음을 표시한다.

```
> dim(adjmatrix)
[1] 21 21
```

→ 인접행렬은 21 × 21인 행렬이다.

• 네트워크 작성하기

인접행렬이 생성되면 graph.adjacency() 함수를 사용하여 그래프를 작성한다.

[R 코드 7.1] 실행결과

그림 7.3은 [R 코드 7.1]의 실행결과이다.

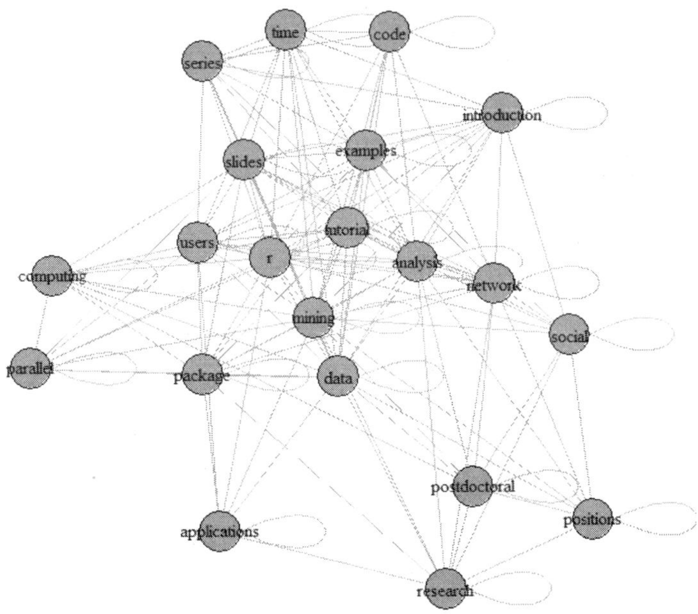

그림 7.3 루프가 포함된 네트워크

그림 7.3을 보면 네트워크의 노드에 루프(loop)가 있음을 알 수 있다. 루프가 없는 단순 네트워크(simple network)를 작성할 필요가 있다.

• 단순 네트워크 작성

R의 simplify() 함수를 사용하여 루프가 없는 단순 네트워크를 작성하고자 한다.

```
..................................
g <- graph.adjacency(adjmatrix, weighted=T, mode="undirected")
g <- simplify(g)
set.seed(1234)
plot(g)
```

그림 7.4는 위의 R 코드의 실행결과이다.

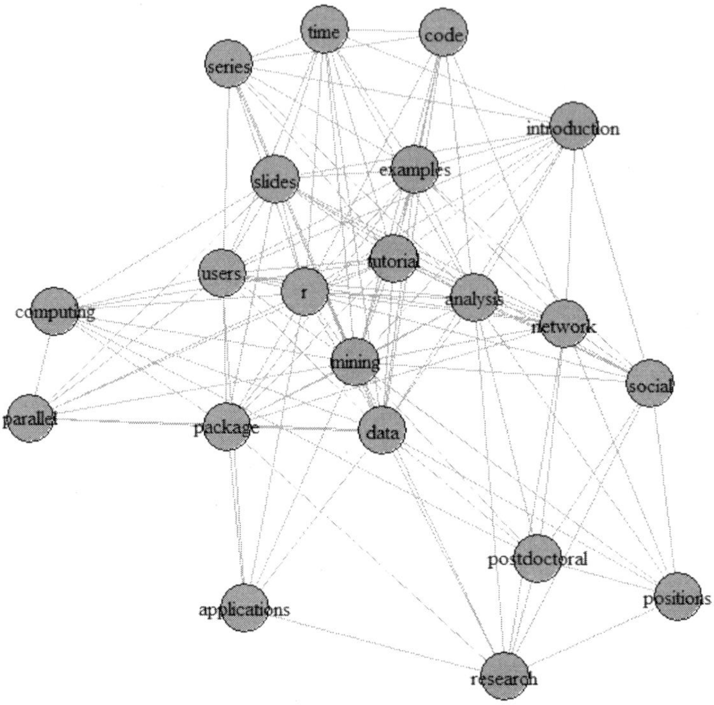

그림 7.4 단순 네트워크

그림 7.4를 보면 네트워크의 노드에 루프가 없음을 알 수 있다.

- 네트워크의 차수와 가중치 고려한 네트워크

네트워크에서 중요한 정점들은 정점의 크기와 라벨의 크기를 크게 함으로서 다른 정점들과 구별지을 수 있다. 여기서는 정점의 크기와 라벨의 크기를 정점의 차수에 따라 크기를 조절한다.

또한 네트워크에서 엣지들 간의 연결 강도는 네트워크의 가중치를 고려하여 엣지의 두께를 달리하기 때문에 중요한 엣지들을 부각시킬 수 있다.

예제 7.2 그림 7.4의 단순 네트워크에서 정점의 크기와 라벨의 크기를 정점의 차수에 비례해서 네트워크를 작성하고자 한다.

R 코드 7.2

```
setwd("D:/빅데이터R고싶다/제7장")
```

```
library(igraph)
load("termDocMatrix.rdata")
#ls()
termDocMatrix[termDocMatrix>=1] <- 1
#adjmatrix <- t(termDocMatrix) %*% termDocMatrix
adjmatrix <- termDocMatrix %*% t(termDocMatrix)
#dim(adjmatrix)
g <- graph.adjacency(adjmatrix, weighted=T, mode="undirected")
g <- simplify(g)
V(g)$degree <- degree(g)
V(g)$label.cex <-  2*(V(g)$degree / max(V(g)$degree))
V(g)$size <- 25*(V(g)$degree / max(V(g)$degree))
E(g)$width <- 10*(E(g)$weight / max(E(g)$weight))
set.seed(1234)
plot(g)
```

[R 코드 7.2] 설명

- 정점의 크기, 정점의 라벨 크기를 정점의 차수에 비례해서 조정할 수 있다. 여기서는 정점의 최대 차수 **max(V(g)$degree)**를 기준으로 한다.

```
V(g)$label.cex <-  2*(V(g)$degree / max(V(g)$degree))
V(g)$size <- 25*(V(g)$degree / max(V(g)$degree))
```

- 엣지의 두께를 엣지의 가중치에 비례해서 조정할 수 있다. 여기서는 엣지의 최대 가중치 **max(E(g)$weight)**를 기준으로 한다.

```
E(g)$width <- 10*(E(g)$weight / max(E(g)$weight))
```

[R 코드 7.2] 실행결과

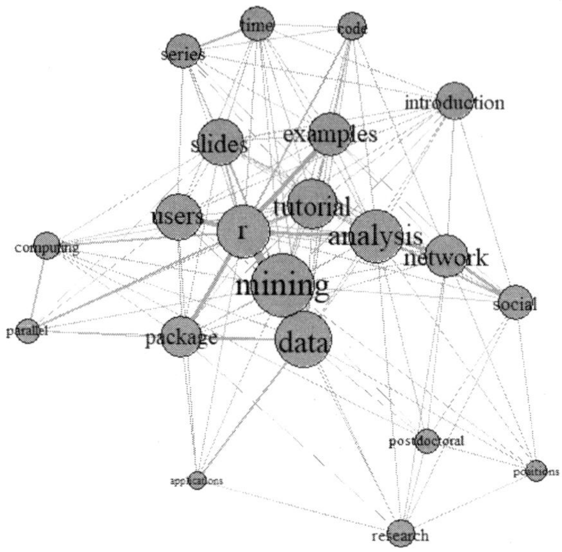

그림 7.5 차수와 가중치를 고려한 네트워크

그림 7.5를 보면 정점의 크기와 라벨의 크기는 정점마다 같지 않음을 알 수 있고 엣지들의 두께도 다름을 알 수 있다.

• 네트워크의 차수

R의 degree() 함수를 이용하여 정점의 차수를 알 수 있다.

```
..............................
g <- graph.adjacency(adjmatrix, weighted=T, mode="undirected")
g <- simplify(g)
degree(g)
#sort(degree(g), decreasing=TRUE)
```

```
> degree(g)
    analysis  applications         code    computing         data
          17             6            9            9           18
    examples  introduction       mining      network      package
          14            12           20           14           13
    parallel     positions postdoctoral            r     research
           8             7            8           17            9
      series        slides       social         time     tutorial
```

```
      11            15            11            11            16
  users
      15
```

→ 예를 들면 "mining"의 차수 20은 20개의 엣지를 갖고 있다는 뜻이다. 다시 말하면, 다른 20개 정점과 연결되어 있다는 뜻이다.

• 네트워크에서 차수의 분포

네트워크에서 차수의 분포를 막대그래프를 통해 작성할 수 있다.

```
................................
# barplot of connections
barplot(table(V(g)$degree), main="Number of Adjacent Edges")
```

그림 7.6은 위의 R 코드의 실행결과이다.

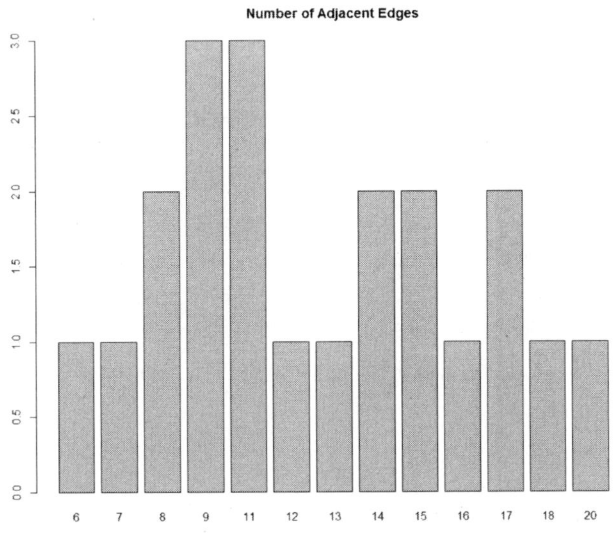

그림 7.6 네트워크 차수의 분포

그림 7.6의 차수의 분포로부터 가로는 차수이고 세로는 정점, 여기서는 단어의 수이다. 따라서 차수가 9, 11인 단어의 수는 3개이고 차수가 8, 14, 15, 17인 단어의 수는 2개이다. 그리고 차수가 6, 7, 12, 13, 16, 18, 20인 단어의 수는 1개이다. 예를 들면, 차수가 20인 단어는 "mining"이고 18인 단어는 "data"임을 degree() 함수 결과로부터 알 수 있다. 그리고 이들에 대한 평균은 mean(degree (g))을 통해 대략 12.38임을 알 수 있다.

7.2 트윗 네트워크

7.1절에서는 단어를 객체로 간주하여 단어들로 네트워크를 만들어서 단어들 간의 관계를 분석하였다. 본 절에서는 트윗을 객체로 간주하여 트윗들로 네트워크를 만들어서 트윗들 간의 관계를 분석하고자 한다.

트위터 데이터인 "termDocMatrix.rdata"로부터 트윗-트윗 인접행렬(tweet-tweet adjacency matrix)을 생성하고 네트워크를 작성하여 분석하고자 한다.

예제 7.3 다음은 트위터 데이터로부터 트윗 네트워크를 작성하고자 한다. 여기서는 termDocMatrix 행렬로부터 인접행렬을 생성하고 네트워크를 작성한다.

R 코드 7.3

```
setwd("D:/빅데이터R고싶다/제7장")
library(igraph)
load("termDocMatrix.rdata")
#ls()
adjmatrix <- t(termDocMatrix) %*% termDocMatrix
g <- graph.adjacency(adjmatrix, weighted=T, mode = "undirected")
g <- simplify(g)
set.seed(1000)
plot(g)
```

[R 코드 7.3] 실행결과

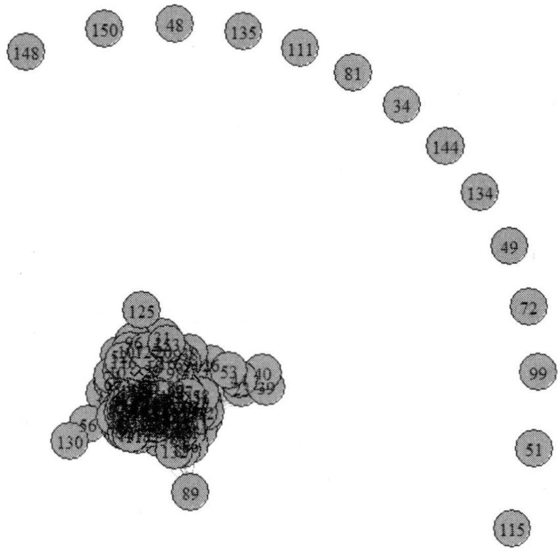

그림 7.7 트윗 네트워크

그림 7.7의 트윗 네트워크를 보면, 많은 정점들이 매우 혼잡한(crowded) 모양을 하고 있고 몇 개의 정점들은 고립된(isolated) 모양을 하고 있음을 알 수 있다. 이와 같이 정점들이 혼잡한 이유는 대다수 트윗들이 빈도수가 많은 소수 몇 개의 특정한 단어들을 포함하여 트윗 간에 서로 연결(connected)되어 있기 때문이다. 따라서 트윗 간의 내재되어 있는 관계를 알기 위해서는 이런 특정단어를 제거할 필요가 있다. 우리는 7.1절에서 발생 빈도수가 많은 단어가 "data", "mining", "r", "analysis"임을 알았다.

다음은 termDocMatrix 행렬로부터 발생 빈도수가 많은 "data", "mining", "r", "analysis"와 같은 단어를 제거하기 위한 R 코드이다.

```
Index <- which(dimnames(termDocMatrix)$Terms %in% c("r", "analysis", "data",
"mining"))
Matrix <- termDocMatrix[-Index,]
```

여기서 이항 연산자(binary operator) %in%의 사용형식은 다음과 같다.

```
X %in% Y
```

X의 원소가 Y의 원소에 포함되면 TRUE, 아니면 FALSE이다. 다음은 %in%의

사용 예이다.

```
> X <- c("a","b","c","d")
> Y <- c("b","d")
> X %in% Y
[1] FALSE  TRUE FALSE  TRUE
```

그리고 which() 함수는 논리값 TRUE, FALSE을 갖는 배열에서 TRUE인 인덱스를 반환하는 함수이다. 다음은 which() 함수의 사용 예이다.

```
> Index <- which(dimnames(termDocMatrix)$Terms %in% c("r", "analysis", "data",
"mining"))
> Index
[1]  1  5  8 14
```

여기서 dimnames() 함수는 리스트 형태로 차원이름, 즉 행렬에서 행과 열의 이름을 지정한다. 리스트의 첫 번째 벡터는 행의 이름, 두 번째 벡터는 열의 이름이다. 여기서는 첫 번째 벡터 "Terms"의 행의 이름과 두 번째 벡터 "Docs"의 열의 이름을 알 수 있다.

```
> dimnames(termDocMatrix)
$Terms
 [1] "analysis"     "applications" "code"         "computing"
 ........................
$Docs
  [1] "1"  "2"  "3"  "4"  "5"  "6"  "7"  "8"  "9"  "10" "11" "12"
 ..........................
```

참고

dimnames( ) 함수는 행 이름과 열 이름을 한 번에 지정할 수 있는 반면에, rownames( ) 함수, colnames( ) 함수는 행 이름과 열 이름을 각각 따로 지정할 수 있다.

```
> dim(Matrix)
[1]  17 154
```

→ 원래 dim(Matrix)이 21, 154인데 4개의 단어제거로 인하여 17, 154가 되었다.

예제 7.4 트윗 네트워크에서 발생 빈도수가 많은 단어를 제거한 네트워크를 작성하고자 한다. 여기서는 4개의 단어 "data", "mining", "r", "analysis"를 제거한다.

R 코드 7.4

```
setwd("D:/빅데이터R고싶다/제7장")
library(igraph)
load("termDocMatrix.rdata")
#ls()
Index <- which(dimnames(termDocMatrix)$Terms %in% c("r", "analysis", "data",
"mining"))
Matrix <- termDocMatrix[-Index,]
tweetMatrix <- t(Matrix) %*% Matrix
g <- graph.adjacency(tweetMatrix, weighted=T, mode = "undirected")
g <- simplify(g)
set.seed(1000)
plot(g)
```

[R 코드 7.4] 실행결과

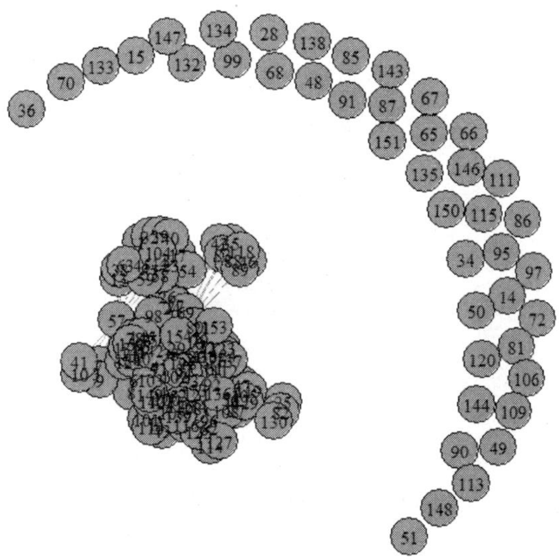

그림 7.8 트윗 네트워크

그림 7.8의 트윗 네트워크는 그림 7.7과 비교하여 혼잡한 정점(crowded vertex)들이 수가 줄어들었지만 아직도 혼잡한 정점들이 존재하고 또한 고립된 정점

(isolated vertex)들은 더 많아졌음을 알 수 있다.

• 네트워크에서 정점들의 크기 조절

그림 7.8과 같이 트윗들 간의 네트워크에서 정점들이 혼잡하여 정점들 간의 관계를 알 수 없는 경우 네트워크에서 정점들의 크기를 작게 하여 정점들의 라벨만으로 정점을 표시함으로서 네트워크 분석을 쉽게 할 수 있다.

```
..................................
g <- graph.adjacency(tweetMatrix, weighted=T, mode = "undirected")
g <- simplify(g)
V(g)$size <- 1
set.seed(1000)
plot(g)
```

그림 7.9는 정점을 라벨만으로 표시한 네트워크이다.

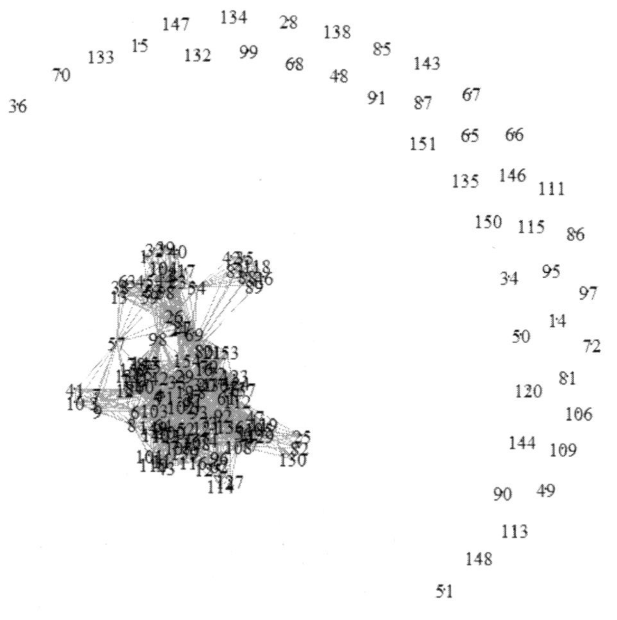

그림 7.9 정점을 라벨만으로 표시한 네트워크

• 트윗에서 차수의 분포

```
V(g)$degree <- degree(g)
table(V(g)$degree)
```

```
> table(V(g)$degree)
 0  7  8  9 10 11 15 16 17 18 19 20 21 22 23 25 26 27 28 29 30 31 32
33 34 35 37 38
42  2 10  4 10  2  9  6  6  5  5  9  1  1  3  6  2  2  3  2  1  4  4  2
2  2  1  2
41 43 44 51 55
 2  1  1  1  1
```

위 표에서 보면 차수가 0인 트윗의 수가 42개이고 차수가 8과 10인 트윗의 수가 10개, 차수가 15, 20인 트윗의 수가 9개이다.

• 트윗에서 차수에 대한 막대그래프

```
..................................
g <- graph.adjacency(tweetMatrix, weighted=T, mode = "undirected")
g <- simplify(g)
V(g)$degree <- degree(g)
set.seed(1000)
barplot(table(V(g)$degree))
```

그림 7.10은 트윗에서 차수에 대한 막대그래프이다.

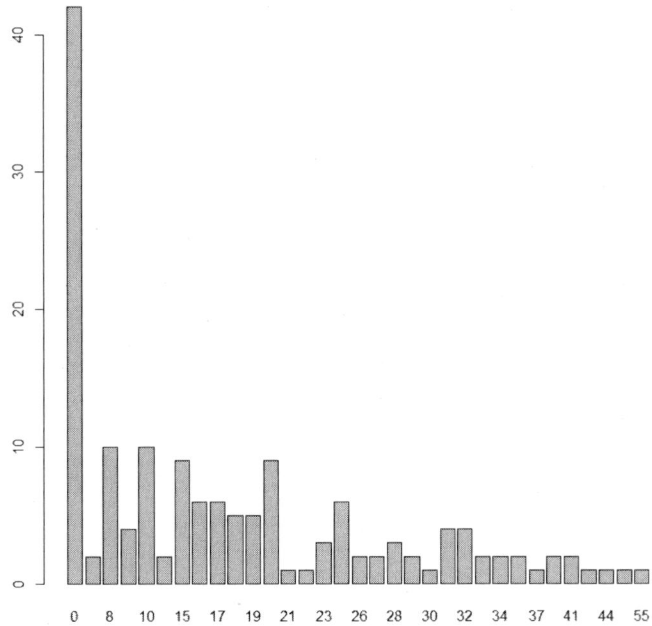

그림 7.10 트윗에서 차수에 대한 막대그래프

• 네트워크에서 특정 정점과 엣지 삭제

네트워크에서 특정한 정점을 delete.vertices() 함수를 사용하여 삭제할 수 있다. 다음은 delete.vertices() 함수의 사용형식이다.

```
delete.vertices(graph, vertices)
```

다음은 네트워크에서 차수가 0인 정점을 제거하기 위한 코드이다.

```
g1 <- delete.vertices(g, V(g)[degree(g)==0])
```

예제 7.5 다음은 그림 7.9에서 차수가 0인 정점을 제외한 네트워크를 작성하고자 한다.

R 코드 7.5

```
setwd("D:/빅데이터R고싶다/제7장")
library(igraph)
load("termDocMatrix.rdata")
#ls()
Index <- which(dimnames(termDocMatrix)$Terms %in% c("r", "analysis", "data",
"mining"))
Matrix <- termDocMatrix[-Index,]
tweetMatrix <- t(Matrix) %*% Matrix
g <- graph.adjacency(tweetMatrix, weighted=T, mode = "undirected")
g <- simplify(g)
V(g)$size <- 1
g1 <- delete.vertices(g, V(g)[degree(g)==0])
set.seed(1000)
plot(g1)
```

[R 코드 7.5] 실행결과

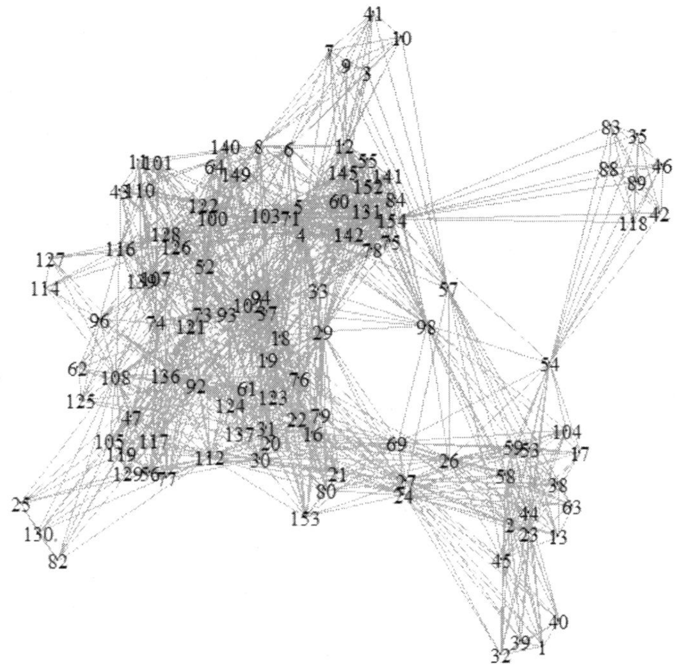

그림 7.11 차수가 0인 정점을 제외한 네트워크

네트워크에서 특정한 엣지를 delete.edges() 함수를 사용하여 삭제할 수 있다. 다음은 delete.edges() 함수의 사용형식이다.

```
delete.edges(graph, edges)
```

다음은 네트워크에서 차수가 0인 정점과 가중치가 1 이하인 엣지들을 제거하기 위한 코드이다.

```
g1 <- delete.edges(g, E(g)[E(g)$weight <= 1])
g1 <- delete.vertices(g1, V(g1)[degree(g1)==0])
```

예제 7.6 다음은 그림 7.11에서 차수 0인 정점과 가중치가 1 이하인 엣지를 제거한 네트워크를 작성하고자 한다.

R 코드 7.6

```
setwd("D:/빅데이터R고싶다/제7장")
library(igraph)
load("termDocMatrix.rdata")
#ls()
Index <- which(dimnames(termDocMatrix)$Terms %in% c("r", "analysis", "data", "mining"))
Matrix <- termDocMatrix[-Index,]
tweetMatrix <- t(Matrix) %*% Matrix
g <- graph.adjacency(tweetMatrix, weighted=T, mode = "undirected")
g <- simplify(g)
V(g)$size <- 1
g1 <- delete.vertices(g, V(g)[degree(g)==0])
g1 <- delete.edges(g1, E(g1)[E(g1)$weight <= 1])
g1 <- delete.vertices(g1, V(g1)[degree(g1)==0])
set.seed(1000)
plot(g1)
```

[R 코드 7.6] 실행결과

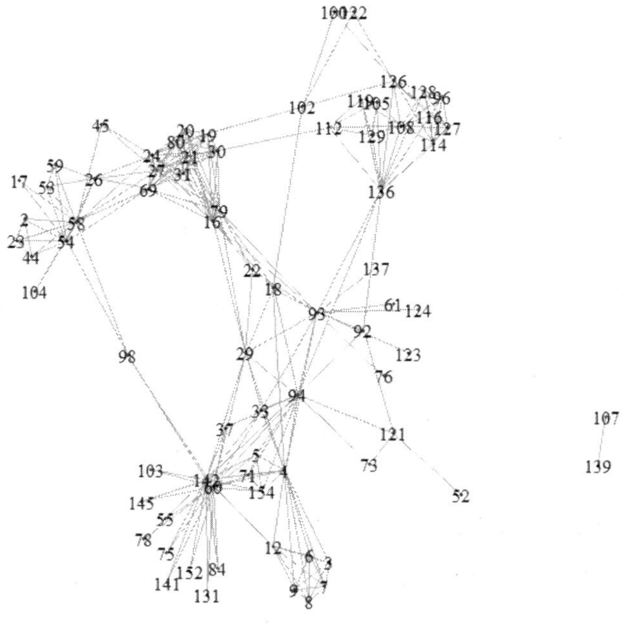

그림 7.12 차수가 0인 정점, 가중치가 1 이하인 엣지를 제거한 네트워크

그림 7.12로부터 정점 (12, 9, 6, 8, 7, 3, 4)은 하나의 그룹, 즉 클릭(clique)이다. 여기서 그래프의 클릭이란 부분 그래프이면서 그래프의 임의의 두 정점은 서로 연결된 것을 말한다.

```
library(twitteR)
load("rdmTweets.Rdata")
df <-do.call("rbind", lapply(rdmTweets, as.data.frame))
df$text[c(12, 9, 6, 8, 7, 3, 4)]
```

```
[1] "The R Reference Card for Data Mining is updated with functions & packages
    for handling big data & parallel computing. http://t.co/FHoVZCyk"
[2] "R with High Performance Computing: Parallel processing and large memory
   http://t.co/XZ3ZZBRF"
[3] "Parallel Computing with R using snow and snowfall http://t.co/nxp8EZpv"
[4] "Slides on Parallel Computing in R http://t.co/AdDVxbOY"
[5] "State of the Art in Parallel Computing with R http://t.co/zmClglqi"
[6] "Easier Parallel Computing in R with snowfall and sfCluster http://t.co/
    BPcinvzK"
[7] "Tutorial: Parallel computing using R package snowfall http://t.co/CHBCyr76"
```

위 트윗들은 R과 관련된 “Parallel Computing”과 관련되어 있다.

그림 7.12로부터 정점 (20, 80, 79, 16, 30, 19, 21, 31, 69, 27, 24)도 하나의 그룹, 즉 클릭(clique)을 형성하고 있다.

```
library(twitteR)
load("rdmTweets.Rdata")
df <-do.call("rbind", lapply(rdmTweets, as.data.frame))
df$text[c(20, 80, 79, 16, 30, 19, 21, 31, 69, 27, 24)]
```

```
[1] "A detailed introduction to Social Network Analysis with sna http://t.co/
    gVNAJXzU"
[2] "Visuwords online graphical dictionary http://t.co/da0eFeVY. Any techniques
    for text mining or social network analysis are involved?"
[3] "Information Diffusion In Social Networks - tutorial at VLDB'11 http://t.co/
    xPfCkZ99"
[4] "A statnet Tutorial for social network analysis http://t.co/dg3SJqEV"
[5] "Examples on R for Social Network Analysis: http://t.co/19dcdvzp"
```

[6] "Slides on Social network analysis with R http://t.co/QFC6Y6C3"
[7] "Social Network Analysis in R http://t.co/6UBy1730"
[8] "An online textbook on Introduction to social network: http://t.co/WRMXV19y"
[9] "Vacancy of Research Scientist – Natural Language Processing & Social Network Analysis, CSIRO, Australia http://t.co/FumQEQSy"
[10] "Postdoc Position in Social Network Analysis, Tartu, Estonia http://t.co/Gx0NnxNv"
[11] "Post-doc positions at NTU Singapore on distributed systems and social network analysis http://t.co/KFsAydKd"

위 트윗들은 "social network"와 관련되어 있다.

7.3 실시간 트위터 소셜 네트워크 분석

트위터 상에서 실시간 검색어에 대한 소셜 네트워크 분석을 하고자 한다.

예제 7.7 다음은 2015년 6월 한국의 메르스(Middle East Respiratory Syndrome; MERS, 중동호흡기증후군) 사태에 대한 소셜 네트워크 분석을 하고자 한다.

R 코드 7.7

```
setwd("D:/빅데이터R고싶다/제7장")
library(twitteR)
library(igraph)
#library(stringr)
library(tm)
#library(SnowballC)
#library(wordcloud)

source("OAuth.R")

Mers <- searchTwitter("Mers", n=1000, lang="en")
df <- do.call("rbind", lapply(Mers, as.data.frame))
```

```
write.csv(df$text, "MersData.txt")
write.csv(df$text, "MersData.csv")

myCorpus <- VCorpus(VectorSource(df$text))

removeComment <- function(x) gsub("#[[:alnum:]]*", "", x)
myCorpus <- tm_map(myCorpus, removeComment)
removeAt <- function(x) gsub("@[[:alnum:]]*", "", x)
myCorpus <- tm_map(myCorpus, removeAt)
myCorpus <- tm_map(myCorpus, tolower)
myCorpus <- tm_map(myCorpus, removePunctuation)
myCorpus <- tm_map(myCorpus, removeNumbers)
removeChar <- function(x) gsub("\u0080[[:alnum:]]*", "", x)
myCorpus <- tm_map(myCorpus, removeChar)
removeURL  <- function(x) gsub("http[[:alnum:]]*", "", x)
myCorpus <- tm_map(myCorpus, removeURL )

myStopwords <- c(stopwords('english'),"mers", "rt", "people", "now", "th", "reuters",
"five", "two", "latest")
myCorpus <- tm_map(myCorpus, removeWords, myStopwords)

#myCorpus <- tm_map(myCorpus, stemDocument)

myCorpus <- tm_map(myCorpus, PlainTextDocument)
TDM <- TermDocumentMatrix(myCorpus, control=list(wordLengths=c(2,Inf)))
#m <- as.matrix(TDM )
#wordFreq <- sort(rowSums(m), decreasing=TRUE)
#wordcloud(words=names(wordFreq), freq=wordFreq, scale=c(4,.5), min.freq=5,
random.order=F)

mydata.dtm <- removeSparseTerms(TDM, sparse=0.99)
mydata.df <- as.matrix(mydata.dtm)
mydata.df[mydata.df>=1] <- 1

mydata.df2 <- mydata.df %*% t(mydata.df)

library(igraph)
Mers.g <- graph.adjacency(mydata.df2, weighted=TRUE, mode="undirected")
```

```
g <- simplify(Mers.g)
V(g)$label <- V(g)$name
V(g)$degree <- degree(g)
V(g)$label.cex <-  2*(V(g)$degree / max(V(g)$degree))
V(g)$size <- 15*(V(g)$degree / max(V(g)$degree))
E(g)$width <- 4*(E(g)$weight / max(E(g)$weight))
condition <- V(g)[degree<10]
g1<-delete.vertices(g,condition)
#head(sort(degree(g1),decreasing=T))
set.seed(1234)
plot(g1)
```

[R 코드 7.7] 설명

R의 removeSparseTerms()는 단어-문서 행렬(term-document matrix)에서 매우 드물게 나타나는 단어, 여기서는 빈도가 0인 단어를 제거하는 데 사용하는 함수이다. 이 함수의 사용형식은 다음과 같다.

```
removeSparseTerms(x, sparse)
```

여기서 x는 단어-문서 행렬이고 sparse는 0인 원소(empty elements)의 비율을 나타낸다. sparse 비율이 높으면 예를 들면, sparse=0.99는 sparse=0.95보다 단어-문서 행렬에 많은 단어가 나타난다. 따라서 가능한 많은 단어를 네트워크에 포함시키고자 하는 경우 sparse 비율을 높이면 된다.

[R 코드 7.7] 실행결과

그림 7.13으로부터 정점의 라벨 중 "death", "south", "korea", "toll", "new", "cases"의 글자가 상대적으로 큼을 알 수 있고 "outbreak", "infections", "rise", "confirms", "reports" 단어들이 주변에 위치하고 있음을 알 수 있다. 이것으로부터 한국(south korea)이 메르스 발생(outbreak)으로부터 사망자(death toll)와 새로운 감염자(new cases)가 증가(increases)하고 있고 바이러스 감염(virus infection) 환자들이 확진(confirms)되고 있음을 보여 주고 있다.

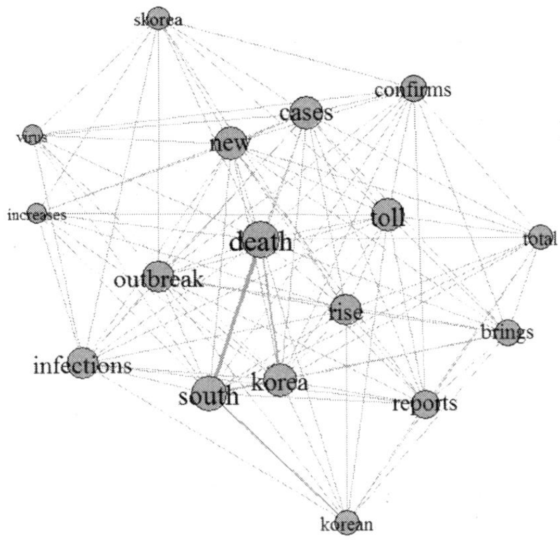

그림 7.13 [R 코드 7.7]에 대한 소셜 네트워크

예제 7.8 리트윗(retweet) 데이터에서 트윗을 올린 사람(sender)과 그 트윗을 리트윗한 사람(receiver)과의 관계에 대해 네트워크 분석을 하고자 한다.

R 코드 7.8

```
setwd("D:/빅데이터R고싶다/제7장")

library(twitteR)
library(igraph)
library(dplyr)

source("OAuth.R")

tweets = searchTwitter("deep learning", n=1000)
tweets.df <- twListToDF(tweets)
names(tweets.df)
head(tweets.df)
names(split_point[['TRUE']])
sender= substr(text, 5, regexpr(':', text) -1)
head(sender)
reTweets = mutate(split_point[['TRUE']], sender= substr(text, 5, regexpr(':', text) -1))
head(reTweets)
```

```
edge_list  =  as.data.frame(cbind(sender=tolower(reTweets$sender),  receiver=
tolower(reTweets$screenName)))
edge_list = count(edge_list, sender, receiver)
reTweets_graph <- graph_from_data_frame(d=edge_list, directed =T)
save(reTweets_graph, file = "reTweets_graph.Rdata")

set.seed(1000)
# generate graph
g <- simplify(reTweets_graph)
#plot(g)
V(g)$size <- 20
delete.vs<- V(g)[degree(g)<5]
g1 <-delete.vertices(g, delete.vs) #exclude them from the graph
plot(g1)
```

[R 코드 7.8] 실행결과

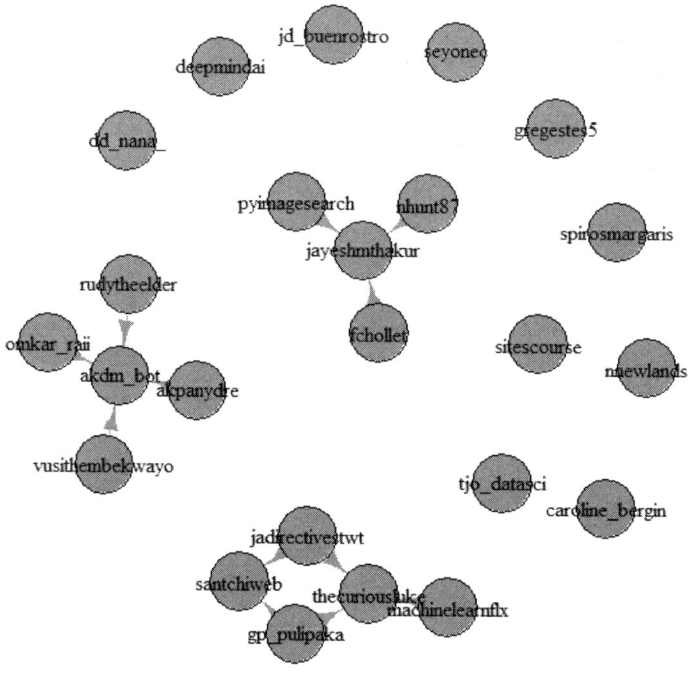

그림 7.14 [R 코드 7.8]에 대한 네트워크

→ 위 네트워크는 리트윗 데이터에서 트윗을 올린 사람(sender)과 그 트윗을 리트윗한 사람(receiver)이 각각 5 미만인 경우 해당되는 사람을 제거하였다.

[R 코드 7.8] 설명

트위터 데이터에서 리트윗 데이터만을 추출하여 네트워크 작성을 위해 단계별로 수행하고자 한다.

- STEP 1: 트위터 데이터에서 리트윗과 리트윗하지 않는 트윗 데이터로 나눈다. 이를 위해 split() 함수를 이용하여 변수 isRetweet로 나눈다.
- STEP 2: 리트윗 데이터에서 누구의 트윗을 리트윗했는지 리트윗 데이터에 트윗 전달자(sender) ID를 추가한다. 이를 위해 mutate() 함수를 이용하여 하기 위해 트윗 전달자 ID를 추출하여 원래 mutate() 함수를 이용하여 트윗 전달자 ID를 추가한다. 그리고 substr() 함수를 이용하여 트윗 전달자 ID를 추출한다.
- STEP 3: 트윗 전달자(sender)와 그 트윗을 리트윗한 사람(receiver)의 리트윗 빈도를 count() 함수를 사용하여 계산한다.
- STEP 4: STEP 3에서 얻어진 데이터로부터 graph_from_data_frame() 함수를 이용하여 네트워크를 작성한다.

다음은 위에서 사용한 함수들에 대한 설명이다.

• split() 함수: 데이터를 그룹으로 나누는 데 사용되는 함수이다. 이 함수의 반환형은 리스트이다.

```
split(x,      f  )
```

- x: 데이터(벡터 혹은 데이터프레임)
- f: 나누고자 하는 그룹(factor)

다음은 split() 함수의 사용 예이다.

예
```
split(iris, iris$Species)
$setosa
    Sepal.Length  Sepal.Width   Petal.Length  Petal.Width  Species
```

```
1            5.1          3.5          1.4          0.2    setosa
2            4.9          3.0          1.4          0.2    setosa

$versicolor
    Sepal.Length Sepal.Width Petal.Length Petal.Width    Species
51           7.0         3.2          4.7         1.4 versicolor
52           6.4         3.2          4.5         1.5 versicolor

$virginica
    Sepal.Length Sepal.Width Petal.Length Petal.Widt    Species
101          6.3         3.3          6.0        2.5  virginica
102          5.8         2.7          5.1        1.9  virginica
```

→ iris 데이터가 분류변수인 iris$Species에 의해 나누어진 것을 알 수 있다. 만약 'setosa'에 대해서만 출력하고자 한다면 다음과 같다.

```
split(iris, iris$Species)[['setosa']]
```

```
> split(iris, iris$Species)[['setosa']]
  Sepal.Length  Sepal.Width  Petal.Length  Petal.Width Species
1          5.1          3.5           1.4          0.2  setosa
2          4.9          3.0           1.4          0.2  setosa
3          4.7          3.2           1.3          0.2  setosa
4          4.6          3.1           1.5          0.2  setosa
5          5.0          3.6           1.4          0.2  setosa
```

• mutate() 함수: 새로운 변수(혹은 열)를 추가하고자 하는 경우 사용하는 함수이다. 즉, 기존에 있는 변수를 바탕으로 새로운 변수를 만들고 싶은 경우 사용한다. 이 함수는 dplyr 패키지에 들어 있다. mutate() 함수의 사용형식은 다음과 같다.

```
mutate(x, variable=expression)
```

- x: 데이터(데이터프레임)
- variable: 추가할 변수명이다.

다음은 mutate() 함수의 사용 예이다.

예
```
kor <- c( 50, 90, 70, 40, 50)
eng <- c( 80, 70, 40, 50, 60)
```

```
score <- data.frame(kor, eng)
total_score <- mutate(score, total=kor+eng)
> total_score
  kor eng total
1  50   8   130
2  90  70   160
3  70  40   110
4  40  50    90
5  50  60   110
```

- **substr() 함수**: 문자열에서 부분 선택하기 위한 함수이다.

```
substr(x, start, stop)
```

여기서는 문자형 벡터 x의 start에서부터 stop까지만 선택한다.

다음은 substr() 함수의 사용 예이다.

예

```
date <- c("20150725", "20150825", "20150925", "20151025", "20151125")
month <- substr(date, 1, 6)
month
> month
[1] "201507" "201508" "201509" "201510" "201511"
```

- **count() 함수**: 그룹을 기반으로 관측치의 수를 세는 함수이다. 이 함수는 dplyr 패키지에 들어 있다.

다음은 count() 함수의 사용 예이다.

예

```
df <- data.frame(sender = c("Tom", "Judy", "Judy", "Jon"), receiver = c("Lee",
"Kim", "Kim", "Lim"))
count(df, sender, receiver)
> count(df, sender, receiver)
# A tibble: 3 x 3
  sender receiver     n
  <fct>  <fct>    <int>
1 Jon    Lim          1
2 Judy   Kim          2
3 Tom    Lee          1
```

- graph_from_data_frame() 함수: 데이터프레임으로부터 네트워크를 생성하기 위한 함수이다.

```
graph_from_data_frame(d=links, directed=T)
```

- d: 네트워크에서 엣지를 나타낸다. 첫 번째 열과 두 번째 열은 엣지를 연결하는 노드를 표시하고 세 번째 열은 엣지 특성을 나타낸다.
- directed: 방향 네트워크와 무방향 네트워크를 나타낸다.

참고로, graph_from_edgelist() 함수는 2개 열을 가지는 엣지 목록(edge list)으로부터 네트워크를 생성하고 graph_from_adjacency_matrix() 함수는 인접행렬을 사용하여 네트워크를 생성한다.

8장

텍스트 클러스터링

8.1 텍스트 클러스터링이란?

텍스트 클러스터링(text clustering)이란 텍스트들 간의 유사도(similarity)를 계산해서 유사한 텍스트들을 몇 개의 집단으로 묶어주는 작업을 말한다. 즉, 텍스트 데이터에 전통적인 군집분석(cluster analysis)을 적용하는 것을 말한다. 일명, 문서클러스터링(document clustering)이라고 한다.

텍스트 클러스터링은 텍스트에 나오는 여러 개체들에 대해 유사한 속성을 지닌 대상을 몇 개의 집단으로 군집화한 다음 각 집단의 성격을 파악하고자 하는 경우 사용한다. 예를 들어, 트위터 상에서 사진/카메라에 관심이 있는 사용자 그룹이 있을 수 있고 혹은 자동차에 관심이 있는 사용자 그룹이 있을 수 있다. 이러한 관심사나 취미에 따른 사용자 그룹을 텍스트 클러스터링을 통해 몇 개의 군집으로 분류할 수 있다.

텍스트 클러스터링은 개체들 사이의 유사도를 정의하고 그 유사도에 따라 유사한 개체들로 이루어진 군집을 찾는 방법이다. 여기서 텍스트 클러스터링에서 개체는 문서(document), 단락(paragraph), 문장(sentence), 단어(term) 등이 될 수 있다.

텍스트 클러스터링은 유사 중복 문서검출(near duplicates detection), 검색 엔진 최적화(search engine optimization: SEO), 추천시스템(recommendation system), 문서요약(document summarization) 등에 응용되고 있다. 여기서 유사 중복 문서란 문서가 완전히 일치하지는 않으나 많은 범위 내에서 일치하는 문서를 말하는데 한글로 된 블로그 문서 중에서 전체의 20 ~ 30% 정도가 유사 중복 문서로 추정되고 있다. 검색 엔진 최적화란 웹사이트가 구글이나 네이버와 같은 검색엔진의 검색결과 상위에 노출시킬 수 있도록 하는 작업을 일컫는다. 추천시스템은 정보필터링 기술의 일종으로 특정 사용자가 관심을 가질만한 정보(영화, 음악, 책, 뉴스, 이미지, 웹 페이지 등)를 추천하는 것이다. 사용자 입장에서는 관심이 있을 가능성이 높은 콘텐츠를 추천받기 때문에 수많은 정보를 모두 검토할 필요가 없고, 콘텐츠를 제공하는 공급자 입장에서도 사용자 개개인에 대한 맞춤 콘텐츠를 제공함으로써 더욱 높은 수익을 창출할 수 있다. 그리고 문서요약은 문서 내 담겨 있는 정보를 최대한 표현하면서 문서의 크기를 줄이는 작업을 말한다. 문서요약은 전자도서관, 지식관리시스템(Knowledge Management System: KMS), 서적관련 업무 등 다양한 분야에 적용되고 있다.

전통적인 양적 데이터에서 군집분석은 마케팅 조사, 생태학, 고고학, 언어학, 심

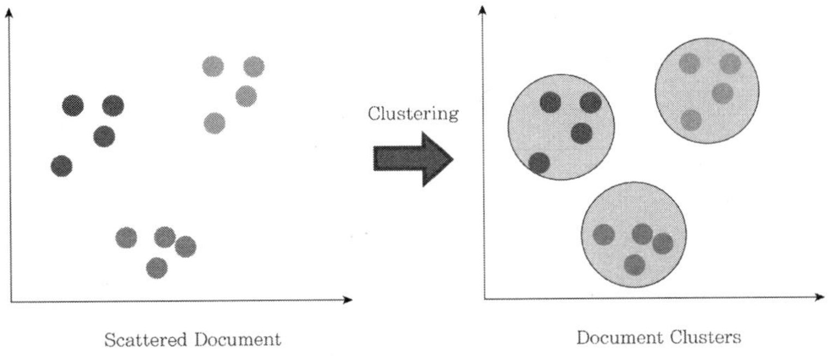

그림 8.1 텍스트 클러스터링의 예

리학, 패턴인식 등 많은 분야에 사용되어 왔다. 예를 들면, 마케팅 조사에서 고객들의 나이, 학력, 소득, 결혼 상태, 자녀수, 직업 등에 대한 정보를 이용하여 고객들을 몇 개의 집단으로 분류하여 세분화된 집단에 맞는 마케팅 전략을 수립할 수 있다. 생태학에서 여러 조사지점에서 생물자료를 수집하여 생태계에 따라 몇 개의 구역으로 나누거나, 심리학에서 성격유형에 따라 개인들을 몇 개의 그룹으로 분류하거나, 재무제표에 따라 기업을 몇 개의 그룹으로 분류하거나, 의학에서 증상에 따라 환자를 몇 개의 그룹으로 분류하여 처방을 하고자 하는 경우 이용될 수 있다.

그림 8.1은 텍스트 데이터가 3개의 군집으로 클러스터링된 것을 보여 주고 있다.

8.2 텍스트 데이터의 수치 표현

(1) TF

텍스트 문서 간 유사도를 알기 위해서는 텍스트 문서를 수치 데이터로 표현해야 한다. 문서를 수치 데이터로 나타내는 가장 간단한 방법이 TF(Term Frequency; 단어 빈도수)를 이용하는 방법이다. 문서에서 TF는 단어가 문서에 나타난 횟수를 나타낸다. 단어가 문서에 자주 나타나면 그 단어는 그 문서와 관련이 깊다고 생각할 수 있다.

예를 들어, 다음 3개의 문서(doc1, doc2, doc3)에 대해 TF를 사용하여 수치 데이터로 나타내고자 한다.

```
doc1: The fox chases the rabbit
doc2: The rabbit ate the cabbage
doc3: The fox caught the rabbit
```

표 8.1 TF에 대한 단어-문서 행렬

단어 \ 문서	doc1	doc2	doc3
the	2	2	2
fox	1	0	1
rabbit	1	1	1
chases	1	0	0
caught	0	0	1
cabbage	0	1	0
ate	0	1	0

위 3개의 문서를 표 8.1과 같이 TF에 대한 단어-문서 행렬(term-document matrix)로 표현할 수 있다. 여기서 행은 단어(term)이고 열은 문서(document)이다.

표 8.1과 같이 문서를 TF를 가지고 수치화하는 것은 간단한 반면에 다음과 같은 단점도 있다. 위 예에서 "the", "rabbit"은 모든 문서에 똑같은 빈도수를 갖고 있다. 이런 단어들은 문서의 특징을 묘사하는 데 분별력이 없어 유사 문서를 검출하는 데 도움이 되지 않는다.

(2) TF-IDF

문서를 TF를 가지고 수치화하는 경우, 문서에서 자주 나타나는 단어(예를 들어, the, is, a, are, was, who 등)는 문서의 의미를 파악하는 데 거의 기여하지 않음에도 발생 빈도수 때문에 큰 가중치를 갖는다. 표 8.1에서 단어 "the", "rabbit"이 여기에 해당된다. TF-IDF(Term Frequency-Inverse Document Frequency; 단어 빈도수-역문서 빈도수)는 이런 단점을 해결하기 위해 원래의 TF값에 단어의 중요도를 고려하여 가중치 IDF를 주는 방법이다. 여기서 IDF(Inverse Document Frequency)란 단어의 중요도를 측정하는 가중치로서 R에서 IDF = $\log_2(N/DF)$로 정의한다. 이때 N은 전체 문서의 수이고 DF는 문서 빈도수(Document Frequency)로 단어가 나타난 문서의 수를 나타낸다. DF 값이 작을수록 단어의 중요도는 커

표 8.2 표 8.1에서 IDF 값

단어 \ 문서	doc1	doc2	doc3	DF	N/DF	IDF (=$\log_2$N/DF)
the	2	2	2	3	3/3	$\log_2(3/3)$
fox	1	0	1	2	3/2	$\log_2(3/2)$
rabbit	1	1	1	3	3/3	$\log_2(3/3)$
chases	1	0	0	1	3/1	$\log_2(3/1)$
caught	0	0	1	1	3/1	$\log_2(3/1)$
cabbage	0	1	0	1	3/1	$\log_2(3/1)$
ate	0	1	0	1	3/1	$\log_2(3/1)$

진다. 따라서 IDF 값이 클수록 단어의 중요도는 커진다. 여기서 $\log_2$을 취해주는 이유는 N/DF의 값이 상당히 큰 값을 가질 수 있기 때문에 큰 값에 대해 로그를 취하여 작은 값으로 변환하기 위해서이다. 이 책에서는 밑이 2인 로그를 취하였는데 밑이 10이건 e이건 간에 여기서는 중요한 문제는 아니다.

표 8.2는 표 8.1로부터 IDF 값을 구하는 과정을 보여 주고 있다.

표 8.2에서 보면, DF 값이 큰 단어, 여기서 "the", "rabbit"의 IDF 값은 다른 단어보다 작은 값을 갖고 있다. 앞에서 설명하였듯이 이 단어들은 다른 단어에 비해 많은 문서에 나타남으로 정보검색에서 별로 중요한 단어가 아니라는 것을 의미한다.

TF-IDF는 다음과 같이 TF 값과 IDF 값의 곱으로 계산된다.

$$(TF-IDF)(t,d) = TF(t,d) \times IDF(t)$$

여기서 t는 단어, d는 문서이다.

TF-IDF 값은 전체 문서들 중 적은 수의 문서에 단어 t의 발생 횟수가 많으면 큰 값을 갖는다. TF-IDF 값이 큰 값을 갖는 단어는 문서에서 높은 식별력을 준다. 예를 들면, Glycosuria(글라이코스 유리아)라는 당뇨를 나타내는 의학용어는 의학과 관련된 문서에서는 자주 나타나는 단어지만 다양한 분야의 일반 문서에는 잘 나타나지 않는 단어이다. 이 경우 TF-IDF 값은 큰 값을 갖고 정보검색에서 중요한 단어라고 할 수 있다. 반대로, Science라는 단어는 생명, 컴퓨터 등 자연과학의 여러 분야에 자주 나타나는 단어로 TF 값은 높은 값을 갖지만 IDF 값이 상대적으로 낮아 전반적으로 TF-IDF 값은 낮은 값을 갖는다. 따라서 Science의 경우 정보 검색에서 Glycosuria만큼 중요한 역할을 하는 단어라고 할 수 없다.

(3) TF 표준화 및 정규화

문서의 길이가 긴 문서일수록 단어의 출현빈도가 높고 출현하는 단어의 개수가 많기 때문에 짧은 문서에 비해서 검색될 가능성이 높다. 따라서 길이가 긴 문서일수록 다른 문서와의 유사도가 상대적으로 높을 가능성이 있으므로 문서의 길이에 대한 영향을 없애기 위해 TF에 대한 표준화(standization)와 정규화(normalization)가 필요하다. 먼저 x를 TF라고 하면 표준화 변수 z는 다음과 같다.

$$z = \frac{x - \overline{x}}{s}$$

여기서 $\overline{x}$는 각 문서에서 평균이고 s는 표준편차이다.

표 8.1의 단어-문서 행렬에서 각 문서들에 대해 평균 $\overline{x} = 0.7142857$이고 $s = 0.7559289$이다. 여기서

$$\overline{x} = 5/7 = 0.7142857,\ \ s = \sqrt{((2-\overline{x})^2 + 3(1-\overline{x})^2 + (0-\overline{x})^2)/6} = 0.7559289.$$

따라서 표준화된 단어-문서 행렬은 표 8.3과 같다.

TF 정규화를 하는 가장 간단한 방법은 TF를 단어의 총 빈도수를 나누는 것이다. 예를 들면, 위의 예에서 문서 1(doc1)에서 단어 "fox"은 1번 나타나고 문서 1에서 단어의 총 빈도수가 5이면 "fox"에 대한 정규화 TF의 값은 1/5=0.2이다.

R에서 정규화 TF는 다음과 같이 계산된다.

$$(1 + \log_2 TF)/n_i$$

만약 TF=0이면 위 식은 0이다. 여기서 n_i는 문서 i에서 총 단어의 빈도수이다.

표 8.4는 표 8.1의 단어-문서 행렬에서 R의 정규화 방법을 이용하여 얻은 정규화 TF에 대한 단어-문서 행렬이다.

표 8.5의 정규화 TF-IDF 값은 표 8.4의 정규화 TF와 표 8.2의 IDF 값을 곱하여 얻을 수 있다.

표 8.3 표준화 TF에 대한 단어-문서 행렬

문서 단어	doc1	doc2	doc3
the	1.7008401	1.7008401	1.7008401
fox	0.3779645	–0.9449112	0.3779645
rabbit	0.3779645	0.3779645	0.3779645
chases	0.3779645	–0.9449112	–0.9449112
caught	–0.9449112	–0.9449112	0.3779645
cabbage	–0.9449112	0.3779645	–0.9449112
ate	–0.9449112	0.3779645	–0.9449112

표 8.4 정규화 TF에 대한 단어-문서 행렬

문서 단어	doc1	doc2	doc3
the	0.4 $=(1+\log_2 2)/5$	0.4 $=(1+\log_2 2)/5$	0.4 $=(1+\log_2 2)/5$
fox	0.2$=(1+\log_2 1)/5$	0	0.2$=(1+\log_2 1)/5$
rabbit	0.2$=(1+\log_2 1)/5$	0.2$=(1+\log_2 1)/5$	0.2$=(1+\log_2 1)/5$
chases	0.2$=(1+\log_2 1)/5$	0	0
caught	0	0	0.2$=(1+\log_2 1)/5$
cabbage	0	0.2$=(1+\log_2 1)/5$	0
ate	0	0.2$=(1+\log_2 1)/5$	0

표 8.5 정규화 TF-IDF 값

문서 단어	doc 1	doc 2	doc3	정규화 TF-IDF		
				doc1	doc2	doc3
the	2	2	2	0 (=0.4*$\log_2$(3/3))	0 (=0.4*$\log_2$(3/3)	0 (=0.4*$\log_2$(3/3)
fox	1	0	1	0.1169925 (=0.2*$\log_2$(3/2))	0	0.1169925 (=0.2*$\log_2$(3/2))

표 8.5 정규화 TF-IDF 값(계속)

단어 \ 문서	doc 1	doc 2	doc3	정규화 TF-IDF doc1	정규화 TF-IDF doc2	정규화 TF-IDF doc3
rabbit	1	1	1	0 (=0.2*$\log_2$(3/3))	0 (=0.2*$\log_2$(3/3))	0 (=0.2*$\log_2$(3/3))
chases	1	0	0	0.3169925 (=0.2*$\log_2$(3/1))	0	0
caught	0	0	1	0	0	0.3169925 (=0.2*$\log_2$(3/1))
cabbage	0	1	0	0	0.3169925 (=0.2*$\log_2$(3/1))	0
ate	0	1	0	0	0.3169925 (=0.2*$\log_2$(3/1))	0

예제 8.1 다음 3개의 문서(doc1, doc2, doc3)에 대해 정규화 TF-IDF 값을 계산하고자 한다.

doc1: The fox chases the rabbit
doc2: The rabbit ate the cabbage
doc3: The fox caught the rabbit

R 코드 8.1

```
library(tm)
doc1 <- "The fox chases the rabbit"
doc2 <- "The rabbit ate the cabbage"
doc3 <- "The fox caught the rabbit"

doc.list <- list(doc1, doc2, doc3)
my.corpus <- VCorpus(VectorSource(doc.list))

my.corpus <- tm_map(my.corpus, tolower)
my.corpus <- tm_map(my.corpus, PlainTextDocument)
#TDM <- TermDocumentMatrix(my.corpus, control=list( weighting=weightTf))
```

```
TDM <- TermDocumentMatrix(my.corpus, control=list( weighting=weightTfIdf))
matrix <- as.matrix(TDM)
n.docs <- length(doc.list)
colnames(matrix) <-c(paste("doc", c(1:n.docs), sep=""))
matrix
```

[R 코드 8.1] 실행결과

```
> matrix
             doc1      doc2      doc3
ate     0.0000000 0.3169925 0.0000000
cabbage 0.0000000 0.3169925 0.0000000
caught  0.0000000 0.0000000 0.3169925
chases  0.3169925 0.0000000 0.0000000
fox     0.1169925 0.0000000 0.1169925
rabbit  0.0000000 0.0000000 0.0000000
the     0.0000000 0.0000000 0.0000000
```

[R 코드 8.1] 설명

- TermDocumentMatrix() 함수

Corpus를 단어-문서 행렬로 표현하기 위한 함수이다. 여기서 행은 단어, 열은 문서이다. TermDocumentMatrix() 함수의 사용형식은 다음과 같다.

```
TermDocumentMatrix(Corpus, control = list(wordLengths=c(2, Inf), weighting=
weightTf))
```

여기서 wordLengths은 단어의 길이를 나타내는 인수로서 기본값은 두 자 이상을 나타내는 c(2, Inf)이다. weighting은 행렬의 원소를 나타내는 인수로서 기본값은 weightTf이다.

예제 8.2 다음 3개의 텍스트 문서에서 TF, 정규화 TF 그리고 정규화 TF-IDF를 계산하고자 한다.

```
doc1: The game of life is a game of everlasting learning
doc2: The unexamined life is not worth living
doc3: Never stop learning
```

① TF, 정규화 TF

3개의 텍스트 문서 doc1, doc2, doc3의 길이는 다르다. 문서의 길이가 길면 단어의 빈도수는 길이가 짧은 문서보다 높을 수 있다. 다음은 각 문서에서 단어들에 대한 TF 값과 R에서 정규화 TF 값을 나타내고 있다.

표 8.6 TF, 정규화 TF

doc1	the	game	of	life	is	a	everlasting	learning
TF	1	2	2	1	1	1	1	1
$1+\log_2 TF$	1	2	2	1	1	1	1	1
정규화TF $(1+\log_2 TF)/n_i$	0.1 (=1/10)	0.2 (=2/10)	0.2 (=2/10)	0.1 (=1/10)	0.1 (=1/10)	0.1 (=1/10)	0.1 (=1/10)	0.1 (=1/10)

doc2	the	unexamined	life	is	not	worth	living
TF	1	1	1	1	1	1	1
$1+\log_2 TF$	1	1	1	1	1	1	1
정규화TF $(1+\log_2 TF)/n_i$	0.14286 (=1/7)	0.14286 (=1/7)	0.14286 (=1/7)	0.14286 (=1/7)	0.14286 (=1/7)	0.14286 (=1/7)	0.14286 (=1/7)

doc3	never	stop	learning
TF	1	1	1
$1+\log_2 TF$	1	1	1
정규화TF $(1+\log_2 TF)/n_i$	0.3333 (=1/3)	0.3333 (=1/3)	0.3333 (=1/3)

② 정규화 TF 값

표 8.7은 표 8.6의 정규화 TF 값을 하나의 표로 정리한 것이다.

표 8.7 정규화 TF 값

단어 \ 문서	doc1	doc2	doc3	정규화 TF		
				doc1	doc2	doc3
the	1	1	0	0.1	0.14286	0
game	2	0	0	0.2	0	0
of	2	0	0	0.2	0	0
life	1	1	0	0.1	0.14286	0
is	1	1	0	0.1	0.14286	0
a	1	0	0	0.1	0	0
everlasting	1	0	0	0.1	0	0
learning	1	0	1	0.1	0	0.3333
unexamined	0	1	0	0	0.14286	0
not	0	1	0	0	0.14286	0
worth	0	1	0	0	0.14286	0
living	0	1	0	0	0.14286	
never	0	0	1	0	0	0.3333
stop	0	0	1	0	0	0.3333

③ 정규화 TF-IDF

표 8.8은 표 8.7로부터 얻어진 IDF 값을 나타내고 있다.

표 8.8 표 8.7에서 IDF 값

단어 \ 문서	doc1	doc2	doc3	DF	N/DF	IDF (=$\log_2$N/DF)
the	1	1	0	2	3/2	0.584963
game	2	0	0	1	3/1	1.584963
of	2	0	0	1	3/1	1.584963
life	1	1	0	2	3/2	0.584963
is	1	1	0	2	3/2	0.584963
a	1	0	0	1	3/1	1.584963

표 8.8 표 8.7에서 IDF 값(계속)

단어 \ 문서	doc1	doc2	doc3	DF	N/DF	IDF (=$\log_2$N/DF)
everlasting	1	0	0	1	3/1	1.584963
learning	1	0	1	2	3/2	0.584963
unexamined	0	1	0	1	3/1	1.584963
not	0	1	0	1	3/1	1.584963
worth	0	1	0	1	3/1	1.584963
living	0	1	0	1	3/1	1.584963
never	0	0	1	1	3/1	1.584963
stop	0	0	1	1	3/1	1.584963

표 8.8을 보면 "the", "life", "is", "learning"이 낮은 IDF의 값을 갖고 있음을 보여 주고 있다. 이들 단어들은 3개의 문서 중 2개의 문서에 나타나고 있어 단지 1개의 문서에 나타나는 다른 단어들보다 낮은 가중치를 갖는다.

표 8.9의 정규화 TF-IDF 값은 표 8.7의 정규화 TF와 표 8.8의 IDF 값을 곱하여 얻어진 값이다.

표 8.9 정규화 TF-IDF 값

단어 \ 문서	doc1	doc2	doc3	정규화 TF-IDF		
				doc1	doc2	doc3
the	1	1	0	0.058496 (=0.1*0.584963)	0.083568 (=0.14286*0.584963)	0
game	2	0	0	0.316993 (=0.2*1.584963	0	0
of	2	0	0	0.316993 (=0.2*1.584963)	0	0
life	1	1	0	0.04706 (=0.26726*0.17609)	0.06655 (=0.37796*0.17609)	0
is	1	1	0	0.04706 (=0.26726*0.17609)	0.06655 (=0.37796*0.17609)	0

표 8.9 정규화 TF-IDF 값(계속)

단어 \ 문서	doc1	doc2	doc3	정규화 TF-IDF		
				doc1	doc2	doc3
a	1	0	0	0.04706 (=0.26726*0.17609)	0	0
everlasting	1	0	0	0.04706 (=0.26726*0.17609)	0	0
learning	1	0	1	0.04706 (=0.26726*0.17609)	0	0.10167 (=0.57735*0.17609)
unexamined	0	1	0	0	0.18033 (=0.37796*0.47712)	0
not	0	1	0	0	0.18033 (=0.37796*0.47712)	0
worth	0	1	0	0	0.18033 (=0.37796*0.47712)	0
living	0	1	0	0	0.18033 (=0.37796*0.47712)	0
never	0	0	1	0	0	0.27547 (=0.57735*0.47712)
stop	0	0	1	0	0	0.27547 (=0.57735*0.47712)

예제 8.3 다음 3개의 문서에 대해 정규화 TF-IDF 값을 계산하고자 한다.

doc1: The game of life is a game of everlasting learning
doc2: The unexamined life is not worth living
doc3: Never stop learning

R 코드 8.3

```
library(tm)
doc1 <- "The game of life is a game of everlasting learning"
doc2 <- "The unexamined life is not worth living"
doc3 <- "Never stop learning"
```

```
doc.list <- list(doc1, doc2, doc3)
my.corpus <- VCorpus(VectorSource(doc.list))

my.corpus <- tm_map(my.corpus, tolower)
my.corpus <- tm_map(my.corpus, PlainTextDocument)
#TDM <- TermDocumentMatrix(my.corpus,control=list(wordLengths=c(1, Inf),
weighting=weightTf))
TDM <- TermDocumentMatrix(my.corpus,control=list(wordLengths=c(1,
Inf),stopwords=FALSE, weighting=weightTfIdf))
matrix <- as.matrix(TDM)
n.docs <- length(doc.list)
colnames(matrix) <-c(paste("doc", c(1:n.docs), sep=""))
matrix
```

[R 코드 8.3] 실행결과

```
> matrix
             Docs
Terms               doc1       doc2      doc3
  a           0.15849625 0.00000000 0.0000000
  everlasting 0.15849625 0.00000000 0.0000000
  game        0.31699250 0.00000000 0.0000000
  is          0.05849625 0.08356607 0.0000000
  learning    0.05849625 0.00000000 0.1949875
  life        0.05849625 0.08356607 0.0000000
  living      0.00000000 0.22642321 0.0000000
  never       0.00000000 0.00000000 0.5283208
  not         0.00000000 0.22642321 0.0000000
  of          0.31699250 0.00000000 0.0000000
  stop        0.00000000 0.00000000 0.5283208
  the         0.05849625 0.08356607 0.0000000
  unexamined  0.00000000 0.22642321 0.0000000
  worth       0.00000000 0.22642321 0.0000000
```

8.3 유사도 측정

텍스트 클러스터링에서 개체들 간의 유사도를 계산하고 그 유사성이 많은 개체끼리 군집을 형성한다. 유사도 측정하는 방법에는 유클리디안 유사도(Euclidean similarity)와 코사인 유사도(cosine similarity)가 많이 사용된다.

① 유클리디안 유사도

유클리디안 유사도는 유클리디안 거리기반의 유사도이다. 유클리디안 거리는 두 점 사이의 거리를 계산할 때 흔히 쓰는 방법으로 두 문서 벡터의 상대적인 거리차를 측정하는 방법이다. 그림 8.2에서 두 문서에서 벡터를 각각 $\boldsymbol{x}, \boldsymbol{y}$이고 $\boldsymbol{x}= \{x_1, x_2, \ldots, x_n\}$, $\boldsymbol{y}= \{y_1, y_2, \ldots, y_n\}$일 때 $\boldsymbol{x}$와 $\boldsymbol{y}$의 유클리디안 거리는 다음과 같다.

$$dist(\boldsymbol{x}, \boldsymbol{y}) = \sqrt{\sum_{i=1}^{n} (x_i - y_i)^2}$$

유클리디안 유사도는 거리 값이 작을수록 두 문서가 유사함을 나타낸다.

② 코사인 유사도

코사인 유사도는 두 벡터 간 각도의 코사인 값을 이용하여 벡터 간의 유사도를 측정하는 방법이다. 그림 8.2에서 두 문서에서 벡터를 각각 $\boldsymbol{x}, \boldsymbol{y}$로 놓고 $\boldsymbol{x}= \{x_1, x_2, \ldots, x_n\}$, $\boldsymbol{y}= \{y_1, y_2, \ldots, y_n\}$일 때 $\boldsymbol{x}$와 $\boldsymbol{y}$의 스칼라 곱은 다음과 같다.

$$\boldsymbol{x} \cdot \boldsymbol{y} = \|\boldsymbol{x}\| \, \|\boldsymbol{y}\| \cos\theta$$

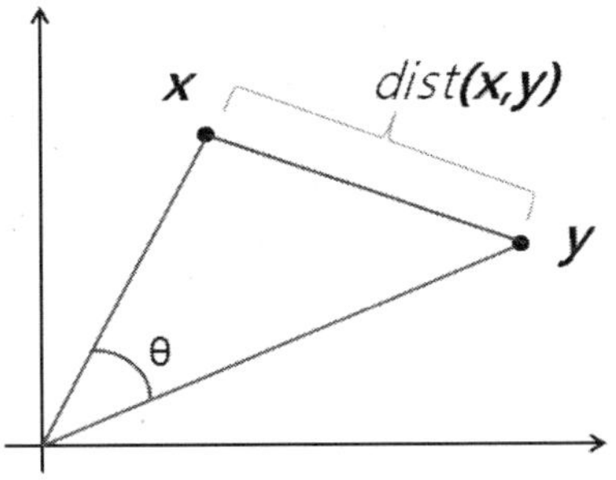

그림 8.2 유클리디안 거리의 기하학적 표현

따라서 두 개의 문장 간의 코사인 유사도 $\cos\theta$는 다음과 같이 표현할 수 있다.

$$\cos\theta = \frac{\boldsymbol{x} \cdot \boldsymbol{y}}{\|\boldsymbol{x}\|\|\boldsymbol{y}\|} = \frac{\sum_{i=1}^{n}(x_i \times y_j)}{\sqrt{\sum_{i=1}^{n} x_i^2}\sqrt{\sum_{j=1}^{n} y_j^2}}$$

$\cos\theta$는 단위가 1인 벡터 x와 y 사이의 각도(코사인) 값에 해당된다. 벡터 x와 y가 유사한 경우 각도가 작아지고, 즉 코사인 값이 1에 가까워지고 유사하지 않는 경우 각도가 커진다. 즉, 코사인 값이 0에 가까워진다.

예를 들어, 다음 2개의 댓글(doc1, doc2)이 어느 정도 유사한지 알아보기 위해 유클리디안 유사도와 코사인 유사도를 각각 계산하고자 한다.

doc1: **이 작정하고 만든 듯 좋더라. 떡고 감 되찾았네. 이번 노래 정말 좋더라 대박나라~ !!! ㅎㅎ
doc2: 떡고 감 되찾았네 이번 노래 정말 좋더라 대박나라

위 댓글에서 구두점과 한 글자로 이루어진 단어를 제거한 후 TF에 대한 문서-단어(document-term)행렬은 다음과 같다. 여기서 행은 문서, 열은 단어를 나타낸다.

표 8.10 TF에 대한 문서-단어행렬

문서 \ 단어	노래	대박나라	되찾았네	떡고	만든	이번	작정하고	정말	좋더라	ㅎㅎ
doc1	1	1	1	1	1	1	1	1	2	1
doc2	1	1	1	1	0	1	0	1	1	0

표 8.11 정규화 TF 값

단어 \ 문서	TF		정규화 TF	
	doc1	doc2	doc1 $(1+\log_2 TF)/n_i$	doc2 $(1+\log_2 TF)/n_i$
노래	1	1	0.09091 (=1/11)	0.14286 (=1/7)
대박나라	1	1	0.09091 (=1/11)	0.14286 (=1/7)

표 8.11 정규화 TF 값(계속)

단어 \ 문서	TF		정규화 TF	
	doc1	doc2	doc1 $(1+\log_2 TF)/n_i$	doc2 $(1+\log_2 TF)/n_i$
되찾았네	1	1	0.09091 (=1/11)	0.14286 (=1/7)
떡고	1	1	0.09091 (=1/11)	0.14286 (=1/7)
만든	1	0	0.09091 (=1/11)	0
이번	1	1	0.09091 (=1/11)	0.14286 (=1/7)
작정하고	1	0	0.09091 (=1/11)	0
정말	1	1	0.09091 (=1/11)	0.14286 (=1/7)
좋더라	2	1	0.18182 (=2/11)	0.14286 (=1/7)
ㅎㅎ	1	0	0.09091 (=1/11)	0

표 8.11의 TF에 대한 유클리디안 유사도는 다음과 같다.

$$d_{doc1,\,doc2} = dist(doc1, doc2) = \sqrt{\sum_{i=1}^{n}(x_i - y_i)^2} = \sqrt{4} = 2$$

또한 코사인 유사도는 다음과 같다.

$$\cos\theta = \frac{\sum_{i=1}^{n}(x_i \times y_j)}{\sqrt{\sum_{i=1}^{n}x_i^2}\sqrt{\sum_{j=1}^{n}y_j^2}} = \frac{8}{3.60555 \times 2.64575} = 0.83863$$

위 예에서는 문서의 길이가 같지 않음에도 불구하고 TF의 값을 가지고 유클리디안 유사도와 코사인 유사도를 계산하였다.

표 8.11의 정규화 TF에 대한 유클리디안 유사도는 다음과 같다.

$$d_{doc1,\,doc2} = dist(doc1, doc2) = \sqrt{\sum_{i=1}^{n}(x_i - y_i)^2} = \sqrt{0.0425} = 0.206166$$

또한 코사인 유사도는 다음과 같다.

$$\cos\theta = \frac{\sum_{i=1}^{n}(x_i \times y_j)}{\sqrt{\sum_{i=1}^{n}x_i^2}\sqrt{\sum_{j=1}^{n}y_j^2}} = \frac{0.103899}{0.32778 \times 0.37797} = 0.83863$$

예제 8.4 예제 8.2의 3개의 문서에서 두 문서 간 정규화 TF의 값을 가지고 유클리디안 유사도와 코사인 유사도를 구하고자 한다. 그리고 검색어 "life learning"과 각 문서와의 유클리디안 유사도와 코사인 유사도를 구하고자 한다.

① 정규화 TF 값을 가지고 문서 간 유클리디안 유사도와 코사인 유사도 계산

정규화 TF 값을 가지고 구한 3개의 문서 간 유클리디안 유사도는 다음과 같다.

$$d_{doc1,\,doc2} = dist(doc1, doc2) = \sqrt{\sum_{i=1}^{n}(doc1_i - doc2_i)^2} = 0.4440122$$

$$d_{doc1,\,doc3} = dist(doc1, doc3) = \sqrt{\sum_{i=1}^{n}(doc1_i - doc3_i)^2} = 0.6376572$$

$$d_{doc2,\,doc3} = dist(doc2, doc3) = \sqrt{\sum_{i=1}^{n}(doc2_i - doc3_i)^2} = 0.6900214$$

정규화 TF 값을 가지고 구한 3개의 문서 간 코사인 유사도는 다음과 같다.

$$\cos\theta_{12} = \frac{\sum_{i=1}^{n}(doc1_i \times doc2_j)}{\sqrt{\sum_{i=1}^{n}doc1_i^2}\sqrt{\sum_{j=1}^{n}doc2_j^2}} = \frac{0.042858}{0.3741657 \times 0.377972} = 0.3030458$$

$$\cos\theta_{13} = \frac{\sum_{i=1}^{n}(doc1_i \times doc3_j)}{\sqrt{\sum_{i=1}^{n}doc1_i^2}\sqrt{\sum_{j=1}^{n}doc3_j^2}} = \frac{0.03333}{0.3741657 \times 0.5772925} = 0.1543033$$

$$\cos\theta_{23} = \frac{\sum_{i=1}^{n}(doc2_i \times doc3_j)}{\sqrt{\sum_{i=1}^{n} doc2_i^2}\sqrt{\sum_{j=1}^{n} doc3_j^2}} = \frac{0}{0.3779721 \times 0.5772925} = 0$$

R 코드 8.4.1

```
doc1 = c(0.1, 0.2, 0.2, 0.1, 0.1, 0.1, 0.1, 0.1,  0,   0,  0,  0,  0,  0)
doc2  =  c(0.14286,0,0,0.14286,  0.14286,0,0,0,0.14286,0.14286,0.14286,
0.14286,0, 0)
doc3 = c(0, 0, 0, 0,  0, 0,  0, 0.3333, 0,  0,  0,  0,  0.3333,  0.3333)

# Euclidean similarity
d_12= sqrt(sum((doc1-doc2)**2))
d_13= sqrt(sum((doc1-doc3)**2))
d_23= sqrt(sum((doc2-doc3)**2))

cos_12 = sum(doc1*doc2)/((sqrt(sum(doc1**2))* sqrt(sum(doc2**2))))
cos_13 = sum(doc1*doc3)/((sqrt(sum(doc1**2))* sqrt(sum(doc3**2))))
cos_23 = sum(doc2*doc3)/((sqrt(sum(doc2**2))* sqrt(sum(doc3**2))))
```

[R 코드 8.4.1] 실행결과

```
> d_12
[1] 0.4440122
> d_13
[1] 0.6376572
> d_23
[1] 0.6900214
> cos_12
[1] 0.3030458
> cos_13
[1] 0.1543033
> cos_23
[1] 0
```

② 검색어와 각 문서 간 유클리디안 유사도와 코사인 유사도 계산

검색어 "life learning"에 대한 정규화 TF 값은 다음과 같다.

표 8.12 검색어에 대한 정규화 TF 값

	TF	정규화 TF
life	1	0.5 (=1/2)
learning	1	0.5 (=1/2)

각 문서에서 검색어 "life learning"에 대한 정규화 TF 값은 다음과 같다.

표 8.13 각 문서에서 검색어에 대한 정규화 TF 값

단어 \ 문서	doc1	doc2	doc3
life	0.1	0.14286	0
learning	0.1	0	0.3333

검색어와 각 문서 간 유클리디안 유사도와 코사인 유사도 계산은 다음과 같다.

$$d_{query,\,doc1} = dist(query, doc1) = \sqrt{\sum_{i=1}^{n}(query_i - doc1_i)^2} = 0.5656854$$

$$d_{query,\,doc2} = dist(query, doc2) = \sqrt{\sum_{i=1}^{n}(query_i - doc2_i)^2} = 0.6144501$$

$$d_{query,\,doc3} = dist(query, doc3) = \sqrt{\sum_{i=1}^{n}(query_i - doc3_i)^2} = 0.5270568$$

정규화 TF 값을 가지고 검색어와 각 문서 간 유클리디안 유사도와 코사인 유사도 계산은 다음과 같다.

$$\cos\theta_{query1} = \frac{\sum_{i=1}^{n}(query_i \times doc1_j)}{\sqrt{\sum_{i=1}^{n} query_i^2}\sqrt{\sum_{j=1}^{n} doc1_j^2}} = \frac{0.1}{0.7071068 \times 0.1414214} = 1$$

$$\cos\theta_{query2} = \frac{\sum_{i=1}^{n}(query_i \times doc2_j)}{\sqrt{\sum_{i=1}^{n} query_i^2}\sqrt{\sum_{j=1}^{n} doc2_j^2}} = \frac{0.07143}{0.7071068 \times 0.14286} = 0.7071068$$

$$\cos\theta_{query3} = \frac{\sum_{i=1}^{n}(query_i \times doc3_j)}{\sqrt{\sum_{i=1}^{n}query_i^2}\sqrt{\sum_{j=1}^{n}doc3_j^2}} = \frac{0.16665}{0.7071068 \times 0.3333} = 0.7071068$$

R 코드 8.4.2

```
query = c(0.5, 0.5)
doc1 = c(0.1, 0.1)
doc2 = c(0.14286, 0)
doc3 = c(0, 0.3333)

d_query1=sqrt(sum((query-doc1)**2))
d_query2=sqrt(sum((query-doc2)**2))
d_query3=sqrt(sum((query-doc3)**2))

cos_q1 = sum(query*doc1)/((sqrt(sum(query**2))* sqrt(sum(doc1**2))))
cos_q2 = sum(query*doc2)/((sqrt(sum(query**2))* sqrt(sum(doc2**2))))
cos_q3 = sum(query*doc3)/((sqrt(sum(query**2))* sqrt(sum(doc3**2))))
```

[R 코드 8.4.2] 실행결과

```
> d_query1
[1] 0.5656854
> d_query2
[1] 0.6144501
> d_query3
[1] 0.5270568
> cos_q1
[1] 1
> cos_q2
[1] 0.7071068
> cos_q3
[1] 0.7071068
```

8.4 클러스터링 방법

클러스터링 방법으로는 크게 계층적 클러스터링(hierarchical clustering)과 비계층적 클러스터링(non-hierarchical clustering)이 있다. 계층적 클러스터링은 개체들 간의 거리에 의하여 가장 유사한 개체들부터 결합하여 나무모양의 계층적 구조를 형성해가는 방법으로 군집의 형성되는 과정에서 군집의 수는 감소한다. 계층적 클러스터링에는 단일 링크 클러스터링(single-link clustering), 완전 링크 클러스터링(complete-link clustering), 평균 링크 클러스터링(average-link clustering), 워드 링크 방법(ward-link method) 등이 있다. 비계층적 클러스터링은 군집의 수를 미리 정한 상태에서 설정된 군집의 중심에서 가장 가까운 개체를 하나씩 포함해 가는 방법으로 대표적인 방법으로 K-평균 클러스터링(K-means clustering)이 있다.

(1) 계층적 클러스터링

모든 개체들이 각각 하나의 독립된 군집을 이루고 있다는 가정 하에서 출발하여 유사한 개체들끼리 군집을 이루고 순차적으로 군집들끼리 군집화를 수행하여 최종적으로 모든 개체들이 하나의 군집을 만드는 방법이다.

n개의 개체가 있다고 가정하면 먼저 가장 가까운 두 개의 개체를 묶어서 하나의 군집을 만들고 나머지 $(n-2)$개의 개체는 각각이 하나의 군집을 이루도록 한다. 그 다음에는 이렇게 만들어진 $(n-1)$개의 군집들 중에서 가장 가까운 두 개의 군집을 묶어 $(n-2)$개의 군집을 만든다. 이와 같은 과정을 반복하여 최종적으로 n개의 개체들을 모두 묶어 하나의 군집을 만드는 방법이다.

이러한 군집화 과정을 나타낸 그림을 덴드로그램(dendrogram) 또는 트리 다이어그램(tree diagram)이라고 부른다.

① 단일 링크 클러스터링(single-link clustering 혹은 single-linkage clustering)

2개의 군집 사이 거리를 그림 8.3과 같이 군집에 속하는 가장 가까운 개체들 사이

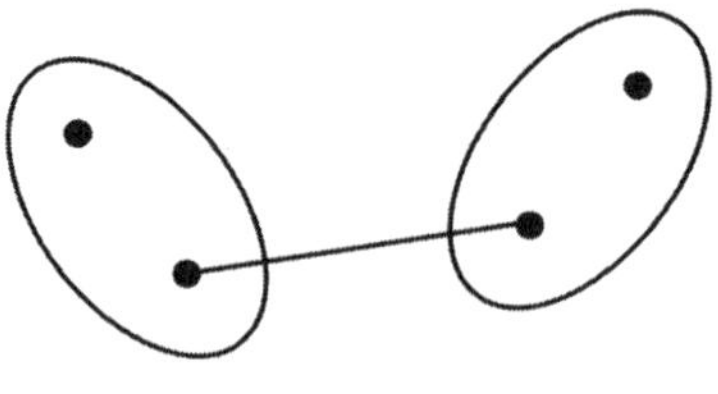

그림 8.3 단일 링크 클러스터링에서 군집 거리 정의

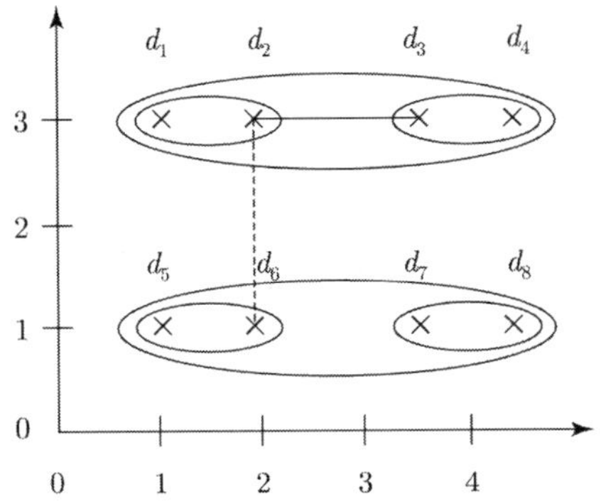

그림 8.4 단일 링크 클러스터링

의 거리(최단거리)로서 정의한다.

따라서 2개의 군집의 유사도는 각각의 군집에 속하는 개체들의 유사도 중 가장 유사한 개체들의 유사도로 정의한다.

그림 8.4는 8개의 개체들로 이루어진 4개의 군집에서 단일 링크 클러스터링과 정을 보여 주고 있다.

그림 8.4에서 군집 (d_1, d_2)는 군집 (d_3, d_4)과 군집 (d_5, d_6)과의 유사도 비교에서 군집 (d_1, d_2)는 군집 (d_3, d_4)와의 유사도(실선으로 표시)가 군집 (d_5, d_6)과의 유사도(점선으로 표시)보다 더 크다. 여기서 군집 (d_1, d_2)와 군집 (d_3, d_4)의 유사도는 d_2와 d_3의 유사도이고 군집 (d_1, d_2)와 군집 (d_5, d_6)의 유사도는 d_2와 d_6의 유사도이다.

② 완전 링크 클러스터링(complete-link clustering 혹은 complete linkage clustering)
2개의 군집 사이 거리를 그림 8.5와 같이 군집에 속하는 가장 먼 개체들 사이의 거리(최장거리)로서 정의한다.

따라서 2개의 군집의 유사도는 각각의 군집에 속하는 개체들의 유사도 중 가장 유사하지 않은 개체들의 유사도로 정의한다.

그림 8.6에서 군집 (d_1, d_2)는 군집 (d_3, d_4)과 군집 (d_5, d_6)과의 유사도 비교에서 군집 (d_1, d_2)는 군집 (d_5, d_6)과의 유사도(실선)가 (d_3, d_4)와의 유사도(점선)보

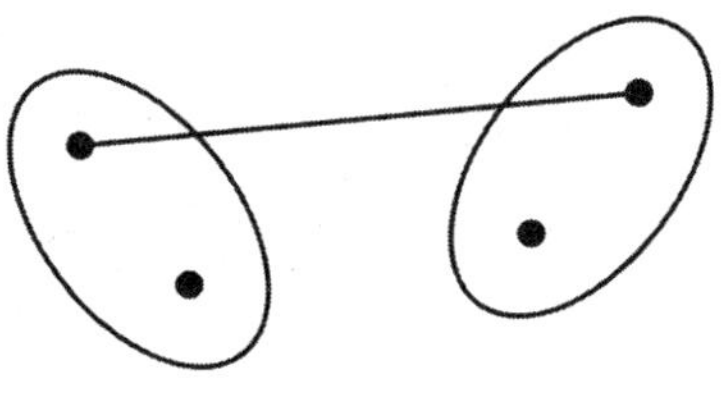

그림 8.5 완전 링크 클러스터링에서 군집 거리 정의

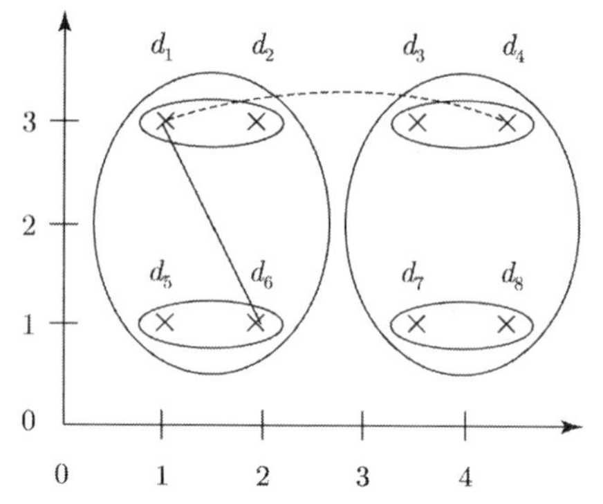

그림 8.6 완전 링크 클러스터링

다 더 크다. 여기서 군집 (d_1, d_2)와 (d_3, d_4)의 유사도는 d_1와 d_4의 유사도이고 군집 (d_1, d_2)와 (d_5, d_6)의 유사도는 d_1와 d_6의 유사도이다.

③ 평균 링크 클러스터링(average-link clustering 혹은 group-average clustering)
2개의 군집 사이 거리를 그림 8.7과 같이 군집에 속하는 모든 개체들 사이의 평균 거리로서 정의한다.

따라서 2개의 군집의 유사도는 각각의 군집에 속하는 개체들의 유사도의 평균으로 정의하고 2개의 군집 A, B 사이의 거리는 다음과 같이 수식으로 표현할 수 있다.

$$d(A,B) = \frac{1}{n_A n_B} \sum_{\boldsymbol{x} \in A} \sum_{\boldsymbol{y} \in B} d(\boldsymbol{x}, \boldsymbol{y})$$

여기서 n_A와 n_B는 각각 군집 A와 B의 개체의 수이다.

④ 워드 링크법
워드 링크법은 실용적으로 가장 많이 사용되는 방법으로 군집 간의 거리에 따라 개체를 링크하기 보다는 군집내 편차들의 제곱합, 즉 오차 제곱합(sum of square error; SSE)에 근거를 두고 군집들을 병합시키는 방법이다.

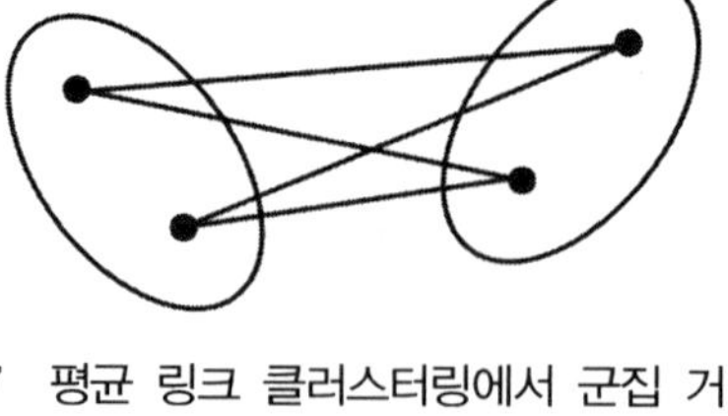

그림 8.7 평균 링크 클러스터링에서 군집 거리 정의

n_i개의 개체들로 구성된 군집 i에서 오차 제곱합 SSE_i는 다음과 같다.

$$SSE_i = \sum_{j=1}^{n_i}\sum_{k=1}^{m}(X_{ijk} - \overline{X_{ik}})^2$$

X_{ijk}= n_i개의 개체를 갖고 군집 i에서 j번째 개체에 대한 k번째 변수에 대한 측정값

$\overline{X_{ik}}$=군집 i에서 변수 k의 평균값, 즉

$$\overline{X_{ik}} = \frac{1}{n_i}\sum_{j=1}^{n_i} X_{ijk}$$

전체 군집이 g개 있을 때 SSE는 다음과 같다.

$$SSE = \sum_{i=1}^{g} SSE_i$$

예를 들어 다음의 5개의 개체들에 대해 워드 링크법을 사용하여 클러스터링하고자 한다.

$$1,\ 2,\ 7,\ 9,\ 12$$

- Step 1: 5개의 군집이 있는 경우, 이 경우는 각각의 개체들이 각각 하나의 군집을 형성하는 경우이다.

$$(1),\ (2),\ (7),\ (9),\ (12)$$

각 군집에서 $SSE_i = 0$이므로 $SSE = 0$이다.

- Step 2: 4개의 군집이 있는 경우, 이 경우는 두 개체들이 각각 하나의 군집을 형성하는 경우이다.

$$\boldsymbol{SSE}_{(1,2)} = 0.5,\ SSE_{(1,7)} = 18,\ SSE_{(1,9)} = 32,\ SSE_{(1,12)} = 60.5,$$
$$SSE_{(2,7)} = 12.5,\ SSE_{(2,9)} = 24.5,\quad SSE_{(2,12)} = 50,\qquad SSE_{(7,9)} = 2,$$
$$SSE_{(7,12)} = 12.5,\qquad SSE_{(9,12)} = 4.5$$

- Step 3: 3개의 군집이 있는 경우

$$SSE_{(1,2,7)} = 20.17,\ SSE_{(1,2,9)} = 37.5,\ SSE_{(1,2,12)} = 73.5,$$

$$\boldsymbol{SSE_{(7,9)}} = 2,\ SSE_{(7,12)} = 12.5,\ SSE_{(9,12)} = 4.5$$

- Step 4: 2개의 군집이 있는 경우

$$SSE_{(1,2,12)} = 73.5,\ \boldsymbol{SSE_{(7,9,12)}} = 10.67,\ SSE_{(1,2,7,9)} = 44.75$$

- Step 5: 1개의 군집이 있는 경우

$$SSE_{(1,2,7,9,12)} = 73.64$$

따라서 Step 2에서 군집 (1, 2)가 되고, Step 3에서 군집 (7, 9)가 되고 Step 4에서 군집 (7, 9, 12)가 되고 마지막 Step 5에서 모든 개체가 하나의 군집이 된다.

R을 이용한 계층적 클러스터링

R에서 계층적 클러스터링은 hclust() 함수를 사용한다. hclust() 함수의 사용형식은 다음과 같다.

```
hclust(x, method)
```

여기서 x는 거리행렬을 나타내는 데이터이고 dist() 함수를 사용하여 생성한다. method는 클러스터링 방법을 지정하는 인수로서 "single", "complete", "average", "ward" 등이 있고 "complete"가 디폴트이다.

dist() 함수는 군집 사이 거리를 나타내는 함수이고, 사용형식은 다음과 같다.

```
dist(x, method)
```

여기서 x는 데이터이고 method는 거리측도로서 "euclidean", "cosine" 등이 있다. 단, "cosine" 지정을 위해서는 사전에 proxy 패키지가 설치되어야 한다.

예제 8.5 표 8.14의 인공적인 자료는 5개 개체에 대한 2변량 양적 자료이다. 이 자료를 가지고 계층적 클러스터링을 수행하고자 한다.

표 8.14 인공적인 자료

개체	X_1	X_2
1	4	4
2	8	4
3	15	8
4	24	4
5	24	12

그림 8.8은 표 8.14의 인공적인 자료를 산점도로 나타낸 것이다.

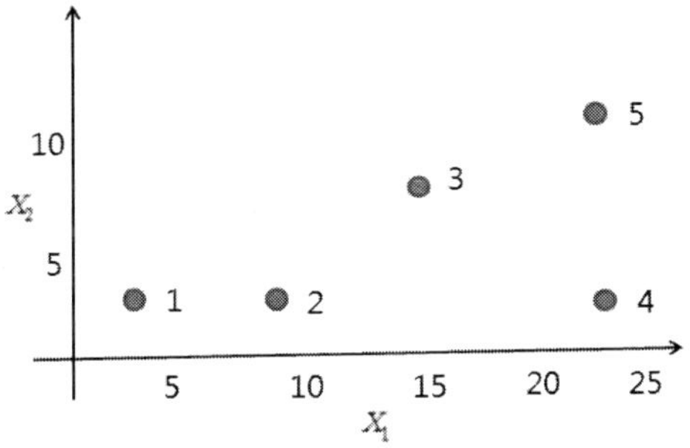

그림 8.8 표 8.14의 인공적인 자료에 대한 산점도

① 단일 링크 클러스터링

표 8.14의 인공자료로부터 5개 개체들 간의 유클리디안 거리를 계산하면 표 8.15와 같다.

표 8.15 유클리디안 거리 자료

	1	2	3	4	5
1	–	**4**	11.7	20	21.5
2	**4**	–	8.1	16	17.9
3	11.7	8.1	–	9.8	9.8
4	20	16	9.8	–	8
5	21.5	17.9	9.8	8	–

• Step 1: 표 8.15의 거리에서 최단거리는 $d_{12} = 4$이므로 개체 1과 2를 묶어 군집

(1, 2)를 만든다. 다음 군집 (1, 2)와 나머지 개체 3, 4, 5와 거리를 계산한다. 단일 링크 클러스터링에서는 군집 사이 최단거리를 다음과 같이 계산한다.

$$d\{(1,2)(3)\} = \min\{d_{13}, d_{23}\} = d_{23} = 8.1$$
$$d\{(1,2)(4)\} = \min\{d_{14}, d_{24}\} = d_{24} = 16$$
$$d\{(1,2)(5)\} = \min\{d_{15}, d_{25}\} = d_{25} = 17.9$$

따라서 군집 (1, 2), 개체 3, 4, 5의 군집 거리는 다음과 같다.

표 8.16 Step 1에서 군집 거리

	(1, 2)	3	4	5
(1, 2)	–	8.1	16	17.9
3	8.1	–	9.8	9.8
4	16	9.8	–	8
5	17.9	9.8	**8**	–

• Step 2: 표 8.16의 군집 거리에서 $d_{45} = 8$이 최소이므로 개체 4와 5를 묶어 군집 (4, 5)을 만든다. 다음 군집 (4, 5)와 나머지 개체 3, (1, 2)와의 각각의 거리를 계산한다. 단일 링크 클러스터링에서는 군집 사이 최단거리를 다음과 같이 계산한다.

$$d\{(4,5)(3)\} = \min\{d_{43}, d_{53}\} = d_{53} = 9.8$$
$$d\{(4,5)(1,2)\} = \min\{d_{41}, d_{42}, d_{51}, d_{52}\} = d_{42} = 16$$

따라서 군집 (4, 5), 개체 3, 군집 (1, 2)의 군집 거리는 다음과 같다.

표 8.17 Step 2에서 군집거리

	(1, 2)	3	(4,5)
(1, 2)	–	**8.1**	16
3	**8.1**	–	9.8
(4, 5)	16	9.8	–

• Step 3: 표 8.17의 군집 거리에서 $d_{(1,2)3} = 8.1$이 최소이므로 군집 (1, 2)와 개체 3을 묶는다. 마지막으로 군집 (1, 2, 3)과 군집 (4, 5)를 묶는다.

② 완전 링크 클러스터링

• Step 1: 단일 링크 클러스터링과 똑같이 표 8.15의 거리에서 최단거리는 $d_{12}=4$이므로 개체 1과 2를 묶어 군집 (1, 2)를 만든다. 다음 군집 (1, 2)와 나머지 개체 3, 4, 5와의 각각의 군집 거리를 계산한다. 완전 링크 클러스터링에서는 군집 사이 거리를 최장거리를 가지고 계산하고 그 결과는 다음과 같다.

$$d\{(1,2)(3)\}=\max\{d_{13}, d_{23}\}=d_{13}=11.7$$
$$d\{(1,2)(4)\}=\max\{d_{14}, d_{24}\}=d_{14}=20$$
$$d\{(1,2)(5)\}=\max\{d_{15}, d_{25}\}=d_{15}=21.5$$

따라서 군집 (1, 2), 개체 3, 4, 5의 군집 거리는 다음과 같다.

표 8.18 Step 1에서 군집거리

	(1, 2)	3	4	5
(1, 2)	–	11.7	20	21.5
3	11.7	–	9.8	9.8
4	20	9.8	–	**8**
5	21.5	9.8	**8**	–

• Step 2: 표 8.18의 군집 거리에서 $d_{45}=8$이 최소이므로 개체 4와 5을 묶어 군집 (4, 5)를 만든다. 다음 군집 (4, 5)와 나머지 개체 3, (1, 2)와의 각각의 거리를 계산한다. 완전 링크 클러스터링에서는 군집 사이 거리를 다음과 같이 최장거리를 가지고 계산한다.

$$d\{(4,5)(3)\}=\max\{d_{43}, d_{53}\}=d_{53}=9.8$$
$$d\{(4,5)(1,2)\}=\max\{d_{41}, d_{42}, d_{51}, d_{52}\}=d_{51}=21.5$$

따라서 군집 (4, 5), 개체 3, 군집 (1, 2)의 군집 거리는 다음과 같다.

표 8.19 Step 2에서 군집 거리

	(1, 2)	3	(4, 5)
(1, 2)	–	11.7	21.5
3	11.7	–	**9.8**
(4, 5)	21.5	**9.8**	–

- Step 3: 표 8.19의 군집거리에서 $d_{(4,5)3} = 9.8$이 최소이므로 군집 (4, 5)와 개체 3을 묶어 군집 (3, 4, 5)를 만든다. 마지막으로 군집 (3, 4, 5)와 군집 (1, 2)를 묶어 하나의 군집을 만든다.

③ 평균 링크 클러스터링

- Step 1: 표 8.15의 거리에서 최단거리는 $d_{12} = 4$이므로 개체 1과 2를 묶어 군집 (1, 2)를 만든다. 다음 군집 (1, 2)와 나머지 개체 3, 4, 5와 거리를 계산한다. 평균 링크 클러스터링에서는 군집 사이 거리를 평균거리를 가지고 다음과 같이 계산한다.

$$d\{(3)(1,2)\} = \frac{1}{2}\{d_{31} + d_{32}\} = \frac{11.7 + 8.1}{2} = 9.9$$

$$d\{(4)(1,2)\} = \frac{1}{2}\{d_{41} + d_{42}\} = \frac{20 + 16}{2} = 18$$

$$d\{(5)(1,2)\} = \frac{1}{2}\{d_{51} + d_{52}\} = \frac{21.5 + 17.9}{2} = 19.7$$

따라서 군집 (1, 2), 개체 3, 4, 5의 군집 거리는 다음과 같다.

표 8.20 Step 1에서 군집 거리

	(1, 2)	3	4	5
(1, 2)	–	9.9	18	19.7
3	9.9	–	9.8	9.8
4	18	9.8	–	**8**
5	19.7	9.8	**8**	–

- Step 2: 표 8.20의 군집 거리에서 $d_{45} = 8$이 최소이므로 개체 4와 5를 묶어 군집 (4, 5)를 만든다. 평균 링크 클러스터링에서는 군집 (4, 5)와 나머지 개체 (1, 2)와 3과 군집 사이 거리를 다음과 같이 평균거리를 가지고 계산한다.

$$d\{(4,5)(1,2)\} = \frac{1}{2}\{d_{4(12)} + d_{5(12)}\} = \frac{1}{2}(18 + 19.7) = 18.9$$

$$d\{(4,5)(3)\} = \frac{1}{2}\{d_{43} + d_{53}\} = \frac{9.8 + 9.8}{2} = 9.8$$

따라서 군집 (4, 5), 개체 3, 군집 (1, 2)의 군집 거리는 다음과 같다.

표 8.21 Step 2에서 군집 거리

	(1,2)	3	(4,5)
(1,2)	–	9.9	18.9
3	9.9	–	**9.8**
(4,5)	18.9	**9.8**	–

- Step 3: 표 8.21의 군집 거리에서 $d_{(4,5)3} = 9.8$이 최소이므로 군집 (4, 5)와 개체 3을 묶어 군집 (3, 4, 5)를 만든다. 결국 군집 (1, 2)와 (3, 4, 5)가 묶여 하나의 군집을 이룬다.

④ 워드 링크법

- Step 1: 5개의 군집이 있는 경우, 이 경우는 각각의 개체들이 각각 하나의 군집을 형성하는 경우이다. 각각 $SSE_i = 0$이므로 $SSE = 0$이다.

- Step 2: 4개의 군집이 있는 경우, 이 경우는 두 개체들이 각각 하나의 군집을 형성하는 경우이다.

$$\boldsymbol{SSE_{(1,2)}} = 8,\ SSE_{(1,3)} = 68.5,\ SSE_{(1,4)} = 200,\ SSE_{(1,5)} = 232,$$
$$SSE_{(2,3)} = 32.5,\ SSE_{(2,4)} = 128,\ SSE_{(2,5)} = 160,\ SSE_{(3,4)} = 48.5,$$
$$SSE_{(3,5)} = 48.5,\ SSE_{(4,5)} = 32$$

- Step 3: 3개의 군집이 있는 경우

$$SSE_{(1,2,3)} = 72.67,\ SSE_{(1,2,4)} = 224,\ SSE_{(1,2,5)} = 266.67,$$
$$SSE_{(1,2)(3,4)} = 56.5,\ SSE_{(1,2)(3,5)} = 56.5,\ \boldsymbol{SSE_{(1,2)(4,5)}} = 40$$

- Step 4: 2개의 군집이 있는 경우

$$SSE_{(1,2,3)(4,5)} = 104.67,\ \boldsymbol{SSE_{(1,2)(3,4,5)}} = 94$$

- Step 5: 1개의 군집이 있는 경우

$$SSE_{(1,2,3,4,5)} = 383.2$$

따라서 Step 2에서 군집 (1, 2)가 되고, Step 3에서 군집 (4, 5)가 되고 Step 4에서 군집 (3, 4, 5)가 되고 마지막 Step 5에서 모든 개체가 하나의 군집이 된다.

R 코드 8.5

```
#graphics.off
x1 <- c(4, 8, 15, 24, 24)
x2 <- c(4, 4, 8, 4, 12)
x <-cbind(x1,x2)
dist(x, method="euclidean")
plot(hclust(dist(x), method="single"))
x11() #새로운 device(여기서는 그래픽 창)를 연다.
plot(hclust(dist(x), method="complete"))
x11() #새로운 device(여기서는 그래픽 창)를 연다.
plot(hclust(dist(x), method="average"))
x11() #새로운 device(여기서는 그래픽 창)를 연다.
plot(hclust(dist(x), method="ward"))
```

[R 코드 8.5] 실행결과

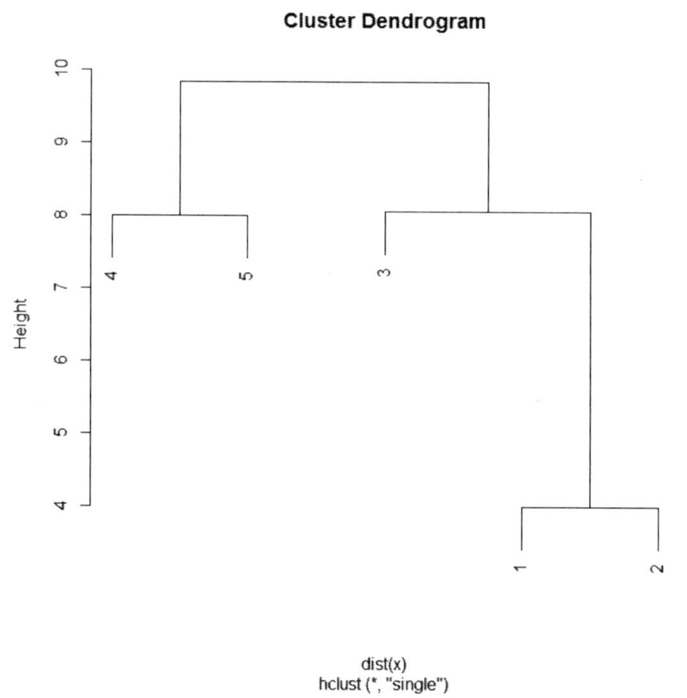

그림 8.9 단일 링크 클러스터링에 대한 덴드로그램

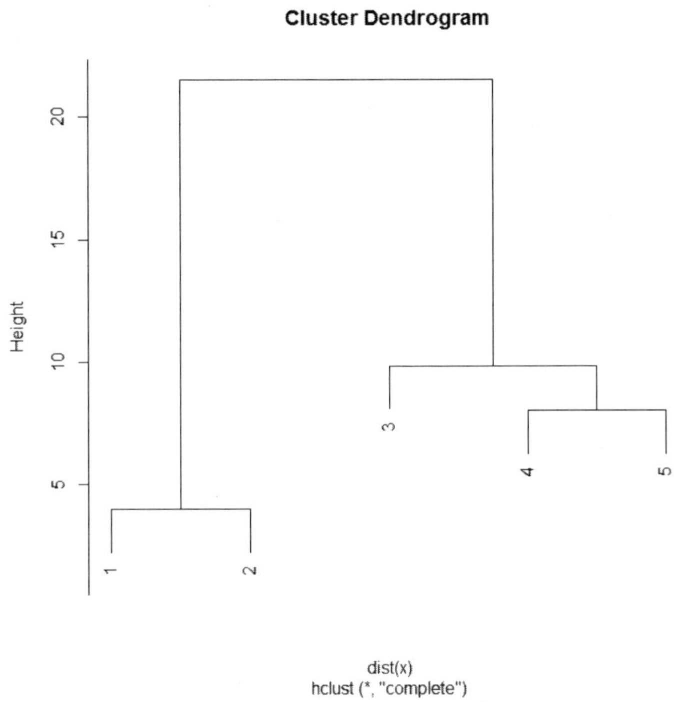

그림 8.10 완전 링크 클러스터링에 대한 덴드로그램

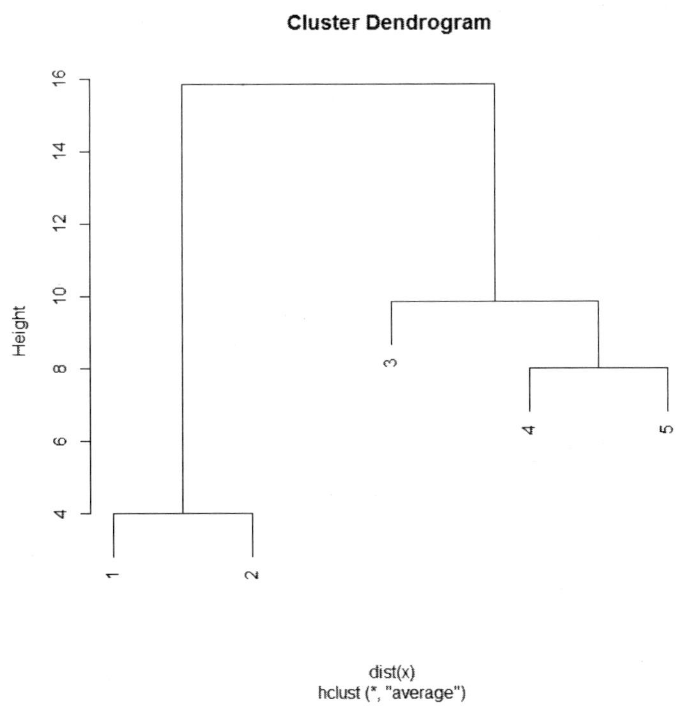

그림 8.11 평균 링크 클러스터링에 대한 덴드로그램

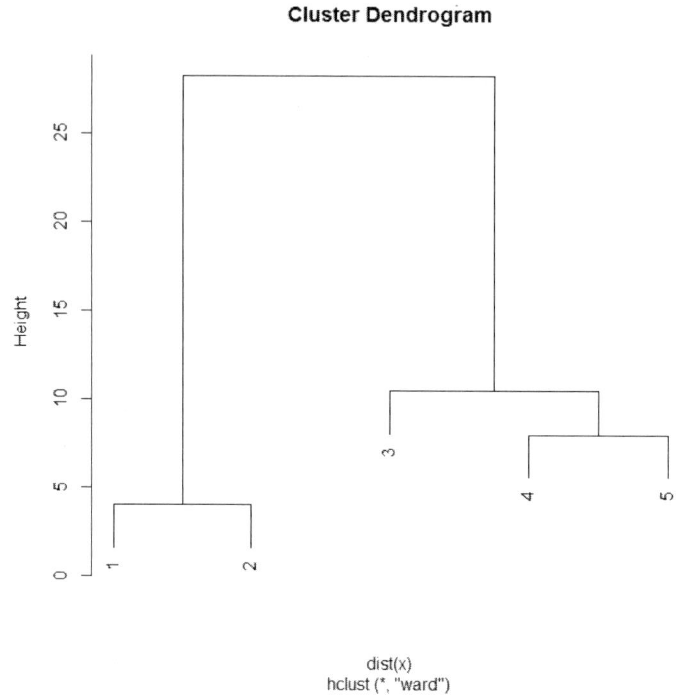

그림 8.12 워드 링크법에 대한 덴드로그램

(2) K-평균 클러스터링

K-평균 클러스터링(K-means clustering)은 비계층적 클러스터링에서 자주 사용하는 대표적인 방법이다.

계층적 클러스터링은 덴드로그램을 통해 군집이 형성되는 과정을 살펴볼 수 있으므로 분석대상이 되는 개체들의 수가 비교적 작을 때 유용하다. 그러나 개체 수가 커지면 이 방법은 유용성이 떨어질 뿐만 아니라 거리행렬의 계산에 매우 많은 시간과 컴퓨터 용량이 필요하므로 적용에 제약이 따른다.

K-평균 클러스터링 알고리즘

- Step 1: n개의 개체를 미리 정의된 K개의 클러스터로 나누고 각 클러스터의 중심을 계산한다. 여기서는 클러스터의 평균을 클러스터의 중심으로 사용한다.
- Step 2: 각 개체와 클러스터의 중심과의 거리를 계산한다. 여기서는 제곱합(sum of square)을 거리로 사용한다.
- Step 3: 각 개체를 거리가 가장 짧은 클러스터에 분류한다.

• Step 4: 더 이상의 분류가 필요 없을 때까지 위의 단계를 반복한다.

K-평균 클러스터링은 다음 2가지 문제점을 갖고 있다. 첫째는 사전에 클러스터의 수를 미리 알고 있어야 하고 둘째는 초기분류에 의해 영향을 많이 받는다는 것이다. 따라서 분석자마다 클러스터링의 결과가 다를 수 있다.

예제 8.6 표 8.14에 있는 인공적인 자료에서 K-평균 클러스터링을 수행하고자 한다. 여기서 K=2이다.

• Step 1: 임의로 개체 1, 2를 클러스터 I, 개체 3, 4, 5를 클러스터 II로 분류한다. 클러스터 I의 평균은 (6, 4)이고 클러스터 II의 평균은 (21, 8)이다.
• Step 2: 각 개체와 클러스터 평균과 제곱합을 계산하면 표 8.22와 같다.

표 8.22 개체와 클러스터 평균과 거리

개체	I	II
1	**4**	305
2	**4**	185
3	97	36
4	324	**25**
5	388	**25**

• Step 3: 각각의 개체에 대해 클러스터 I, II 중 거리가 짧은 그룹에 분류한다. 따라서 개체 1, 2는 클러스터 I, 개체 3, 4, 5는 클러스터 II에 분류한다.
• Step 4: 더 이상의 분류가 필요 없으므로 개체 1, 2를 하나의 클러스터로 개체 3, 4, 5를 다른 하나의 클러스터로 분류한다.

앞에서 K-평균 클러스터링의 문제점으로 초기분류에 의해 클러스터링 결과가 영향을 받는다고 언급하였다. 예제 8.7에서는 예제 8.6과 다른 초기 클러스터를 사용하여 클러스터링을 수행하고자 한다.

예제 8.7 표 8.14에 있는 인공적인 자료에서 개체 1, 5와 개체 2, 3, 4를 초기 클러스터로 K-평균 클러스터링을 수행하고자 한다.

- Step 1: 개체 1, 5를 클러스터 I, 개체 2, 3, 4를 클러스터 II로 분류한다. 클러스터 I의 평균은 (14, 8)이고 클러스터 II의 평균은 (15.67, 5.33)이다.
- Step 2: 각 개체와 클러스터 평균과 제곱합을 계산하면 표 8.23와 같다.

표 8.23 개체와 클러스터 평균과 거리

개체	I	II
1	116	137.89
2	52	60.56
3	1	7.56
4	116	71.22
5	116	113.89

- Step 3: 각각의 개체에 대해 클러스터 I, II 중 거리가 짧은 그룹에 분류한다. 따라서 개체 1, 2, 3은 클러스터 I, 개체 4, 5는 클러스터 II에 분류한다. 그룹 I의 평균은 (9, 5.33)이고 그룹 II의 평균은 (24, 8)이다.
- Step 4: 각 개체와 클러스터 평균과 제곱합을 계산하면 표 8.24과 같다.

표 8.24 개체와 클러스터 평균과 거리

개체	I	II
1	**26.78**	416
2	**2.78**	272
3	**43.11**	81
4	226.78	**16**
5	269.44	**16**

- Step 5: 더 이상의 분류가 필요 없으므로 개체 1, 2, 3을 하나의 클러스터로 개체 4와 5를 다른 하나의 클러스터로 분류한다.

R을 이용한 K-평균 클러스터링

R에서 K-평균 클러스터링을 위해 kmeans() 함수가 사용된다. 다음은 kmeans() 함수의 사용형식이다.

```
kmeans(x, n)
```

여기서 x는 데이터 행렬(data matrix)이고 n은 클러스터의 수이다.

표 8.14에 있는 인공적인 자료를 가지고 R을 이용하여 K-평균 클러스터링을 수행하고자 한다. 여기서 K=2이다.

R 코드 8.7

```
#graphics.off
x1 <- c(4, 8, 15, 24, 24)
x2 <- c(4, 4, 8, 4, 12)
x <-cbind(x1,x2)
k_means <-kmeans(x, 2)
k_means
plot(x, col=k_means$cluster)

> k_means
K-means clustering with 2 clusters of sizes 2, 3

Cluster means:
  x1 x2
1  6  4
2 21  8

Clustering vector:
[1] 1 1 2 2 2

Within cluster sum of squares by cluster:
[1]  8 86
 (between_SS / total_SS =  75.5 %)

Available components:

[1] "cluster"      "centers"      "totss"        "withinss"
[5] "tot.withinss" "betweenss"    "size"
```

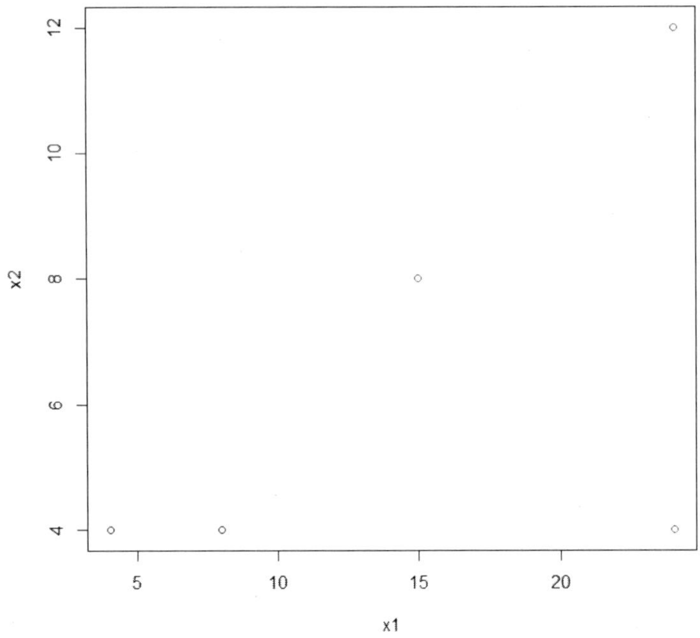

그림 8.13 표 8.14에 대한 K-평균 클러스터링 결과

[R 코드 8.7] 결과해석

그림 8.13은 표 8.14에 있는 데이터에 대한 산점도 상에서 K-평균 클러스터링에 의해 2개의 그룹으로 분류 결과를 색상을 가지고 표시한 것이다.

예제 8.8 다음 7개의 문장에 대해 텍스트 클러스터링을 수행하고자 한다. 여기서는 검색어 "Healthy cat food"와 유사문장을 검출하고자 한다.

"Stray cats are running all over the place. I see 10 a day!"
"Cats are killers. They kill billions of animals a year."
"The best food in Columbus, OH is the North Market."
"Brand A is the best tasting cat food around. Your cat will love it."
"Buy Brand C cat food for your cat. Brand C makes healthy and happy cats."
"The Arnold Classic came to town this weekend. It reminds us to be

healthy."
"I have nothing to say. In summary, I have told you nothing."

R 코드 8.8

```
library(tm)
doc1 <- "Stray cats are running all over the place. I see 10 a day!"
doc2 <- "Cats are killers. They kill billions of animals a year."
doc3 <- "The best food in Columbus, OH is   the North Market."
doc4 <- "Brand A is the best tasting cat food around. Your cat will love it."
doc5 <- "Buy Brand C cat food for your cat. Brand C makes healthy and happy
        cats."
doc6 <- "The Arnold Classic came to town this weekend. It reminds us to be
        healthy."
doc7 <- "I have nothing to say. In summary, I have told you nothing."

doc.list <- list(doc1, doc2, doc3, doc4, doc5, doc6, doc7)
#N.docs <- length(doc.list)
#names(doc.list) <- paste0("doc", c(1:N.docs))
query <- "Healthy cat food"

my.docs <- VectorSource(c(doc.list, query))
my.docs$Names <- c(names(doc.list), "query")
my.corpus <- VCorpus(my.docs)

my.corpus <- tm_map(my.corpus, removePunctuation)
my.corpus <- tm_map(my.corpus, stemDocument)
my.corpus <- tm_map(my.corpus, removeNumbers)
my.corpus <- tm_map(my.corpus, tolower)
my.corpus <- tm_map(my.corpus, stripWhitespace)
my.corpus <- tm_map(my.corpus, PlainTextDocument)
TDM <- TermDocumentMatrix(my.corpus,control=list(weight=weightTf))
matrix <- as.matrix(TDM)

n.docs <- length(doc.list)
colnames(matrix) <-c(paste("doc", c(1:n.docs), sep=""), "query")
```

```
library(proxy)
d <- dist(t(matrix), method = "cosine") # distance matrix

hc <- hclust(d, method = "ward")
plot(hc)
```

[R 코드 8.8] 실행 결과

그림 8.14는 검색어 "Healthy cat food"에 대한 클러스터링 결과를 덴드로그램으로 나타낸 것이다.

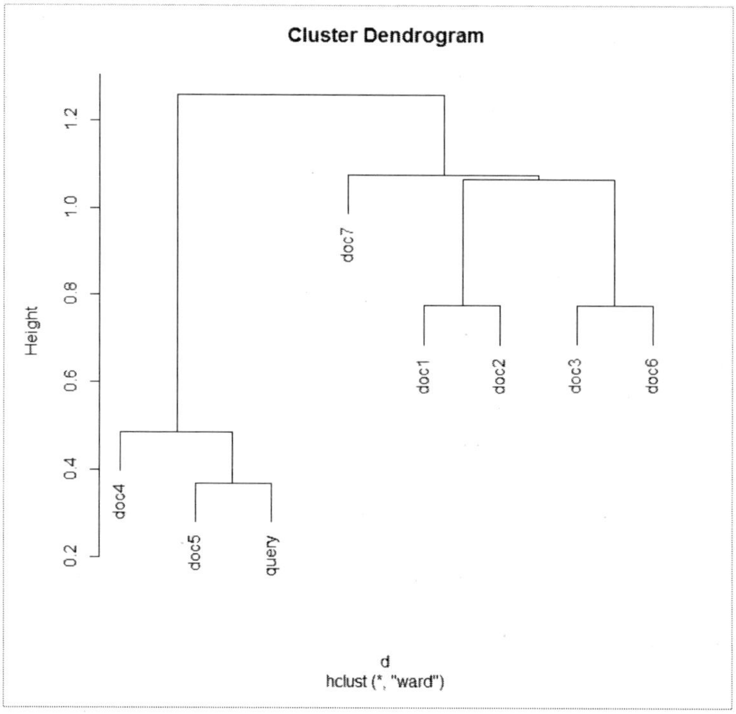

그림 8.14 예제 8.8에 대한 덴드로그램

예제 8.9 다음은 정호승 시인의 사랑과 인생에 대한 시의 일부이다. 시의 제목을 검색어로 사용하여 텍스트 클러스터링하고자 한다.

술 한 잔

인생은 나에게

술 한 잔 사주지 않았다.
겨울밤 막다른 골목 끝 포장마차에서
빈 호주머니를 털 털 털 털어 나는 몇 번이나 인생에게 술을 사주었으나
인생은 나를 위하여 단 한 번도
술 한 잔 사주지 않았다.
...

우리가 어느 별에서
우리가 어느 별에서 만났기에
이토록 서로 그리워하느냐.
우리가 어느 별에서 그리워하였기에
이토록 서로 사랑하고 있느냐.
...

내가 사랑하는 사람

나는 그늘이 없는 사람을 사랑하지 않는다.
나는 그늘을 사랑하지 않는 사람을 사랑하지 않는다.
나는 한 그루 나무의 그늘이 된 사람을 사랑한다.
햇빛도 그늘이 있어야 맑고 눈이 부시다.
...

봄 길

길이 끝나는 곳에서도 길이 있다.
길이 끝나는 곳에서도 길이 되는 사람이 있다.
스스로 봄 길이 되어 끝없이 걸어가는 사람이 있다.
...

R 코드 8.9

```
library(tm)
library(KoNLP)
```

```
doc <-
    c("인생은 나에게 술 한 잔 사주지 않았다. 겨울밤 막다른 골목 끝 포장마차에서
빈 호주머니를 털 털 털 털어 나는 몇 번이나 인생에게 술을 사주었으나 인생은 나를 위하
여 단 한 번도 술 한 잔 사주지 않았다.",
 "우리가 어느 별에서 만났기에 이토록 서로 그리워하느냐. 우리가 어느 별에서 그리워하였
기에 이토록 서로 사랑하고 있느냐.",
 "나는 그늘이 없는 사람을 사랑하지 않는다. 나는 그늘을 사랑하지 않는 사람을 사랑하지
않는다. 나는 한 그루 나무의 그늘이 된 사람을 사랑한다. 햇빛도 그늘이 있어야 맑고 눈이
부시다.",
 "길이 끝나는 곳에서도 길이 있다. 길이 끝나는 곳에서도 길이 되는 사람이 있다. 스스로
봄 길이 되어 끝없이 걸어가는 사람이 있다.")

# 검색어: 시의 제목
query <- "술 한 잔"
#query <- "우리가 어느 별에서"
#query <- "내가 사랑하는 사람"
#query <- "봄 길"

docs <- c(doc, query=query)
useSejongDic()
nouns <- sapply(docs, extractNoun, USE.NAMES=F)
myCorcus <- VCorpus(VectorSource(nouns))
myCorcus <- tm_map(myCorcus, PlainTextDocument)
TDM                    <-                    TermDocumentMatrix(myCorcus,
control=list(wordLengths=c(1,Inf),weight=weightTfIdf))
matrix <- as.matrix(TDM)

n.doc <- length(doc)
colnames(matrix) <-c(paste("doc", c(1:n.doc), sep=""), "query")

library(proxy)
d <- dist(t(matrix), method = "cosine")
hc <- hclust(d, method = "single")
plot(hc)
```

[R 코드 8.9] 실행 결과

그림 8.15는 검색어 "술 한 잔"에 대한 클러스터링 결과를 덴드로그램으로 나타낸 것이다.

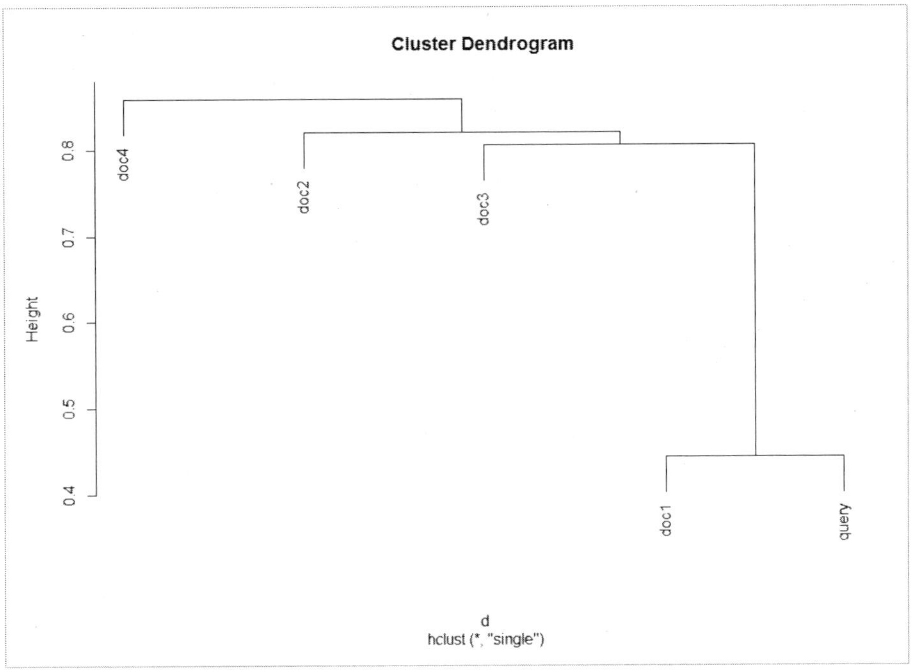

그림 8.15 예제 8.9에 대한 덴드로그램

8.5 토픽 모델링

(1) LDA

토픽 모델링(Latent Dirichlet Allocation)은 문서에서 추상적인 토픽(topic, 주제)을 찾아내는 기술이다. 예를 들어 어떤 문서가 "개"에 대한 글이라면 글 안에 "멍멍", "강아지", "반려견", "짖는다"와 같은 단어가 많이 들어 있을 것이고, 어떤 문서가 "고양이"에 대한 글이라면 "야옹", "반려묘", "캣맘"과 같은 단어가 많이 들어 있을 것이다. 토픽 모델링은 이렇게 자주 같이 등장하는 단어들을 묶어서 하나의 토픽을 이룬다고 가정한다. 여러 문서들을 대상으로 한 문서에 자주 같이 등장하는 단어들을 통계적으로 추출해내는 것이 토픽 모델링 기법이다.

다음은 아래 5개의 문장에서 토픽 모델링을 수행하고자 한다.

문장 1: 나는 푸들과 치와와를 좋아한다. 문장 2: 푸들과 시츄는 참 귀엽다. 문장 3: 사람들은 김치찌개를 좋아한다. 문장 4: 사람들은 삼겹살 먹은 후 된장찌개를 먹는다. 문장 5: 푸들은 삼겹살을 엄청 좋아한다.

문서에서 토픽을 찾아내는 대표적인 방법이 LDA(Latent Dirichlet Allocation, 잠재 디리클레 할당)이다. LDA는 단어들의 집합이 어떤 토픽으로 묶인다고 가정하고, 해당 단어들이 토픽에 포함될 확률을 계산하여 확률이 높은 단어들의 집합을 추출하는 방식이다. 위 문서에서 토픽의 개수를 2개로 가정하는 경우 LDA는 각 문장의 토픽 분포와 각 토픽 내의 단어 분포를 다음과 같이 추정한다.

• 각 문장의 토픽 분포

문장 1: 토픽 A 100%
문장 2: 토픽 A 100%
문장 3: 토픽 B 100%
문장 4: 토픽 B 100%
문장 5: 토픽 A 50%, 토픽 B 50%

• 각 토픽 내의 단어 분포

토픽 A: 푸들 20%, 치와와 30%, 시츄 30%, 귀엽다 10%, 좋아한다 10%, 김치찌개 0%, 삼겹살 0%, 된장찌개 0%, 먹는다 0%

토픽 B: 푸들 0%, 치와와 0%, 시츄 0%, 귀엽다 0%, 좋아한다 10%, 김치찌개 20%, 삼겹살 30%, 된장찌개 30%, 먹는다 10%

위 5개의 문장에서 토픽 A는 "애완견"과 관련되었다고 볼 수 있고, 토픽 B는 "음식"과 관련되었다고 볼 수 있다.

그림 8.16은 LDA에 대한 직관적인 이해를 돕기 위한 그림이다. 그림 8.16은 "Seeking Life's Bare (Genetic) Necessities"라는 제목에 대한 기사로서 중앙에는 기사내용(document)이 있고, 왼쪽에는 토픽(topic), 오른쪽에는 기사에 대한 토픽의 비율과 할당(topic proportions and assignment)이 나타나있다.

이 기사는 유기체가 생존하는 데 필요한 유전자 수를 데이터분석을 통해 결정

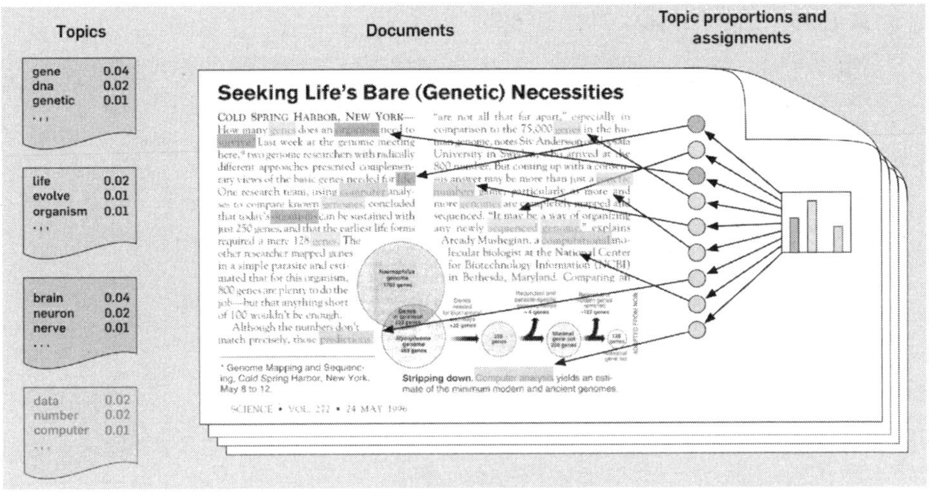

그림 8.16 LDA에 대한 직관적인 이해를 돕기 위한 기사

하는 내용이다. 토픽의 수를 3개, 4개로 설정하는 경우 한 문장 안에 자주 함께 등장하는 단어들의 집합, 예를 들어 {"gene", "dna", "genetic"}과 {"life", "evolve", "organism"}과 {"brain", "neuron", "nerve"}와 {"data", "number", "computer"}들은 각각 토픽을 생성한다고 생각할 수 있다. 여기서 {"gene", "dna", "genetic"}은 genetics(유전학)를 나타내고, {"life", "evolve", "organism"}은 evolutionary biology(진화생물학)를 나타내고, {"brain" ,"neuron", "nerve"}은 neurology(뇌신경학)를 나타내고, {"data", "number", "computer"}는 data analysis(데이터 분석)를 나타낸다고 추측할 수 있다.

그림 8.17은 LDA의 그래픽 표현이다.

그림 8.17에서 각 원은 확률변수를 나타내며, 어두운 색의 원은 관측 데이터이다.

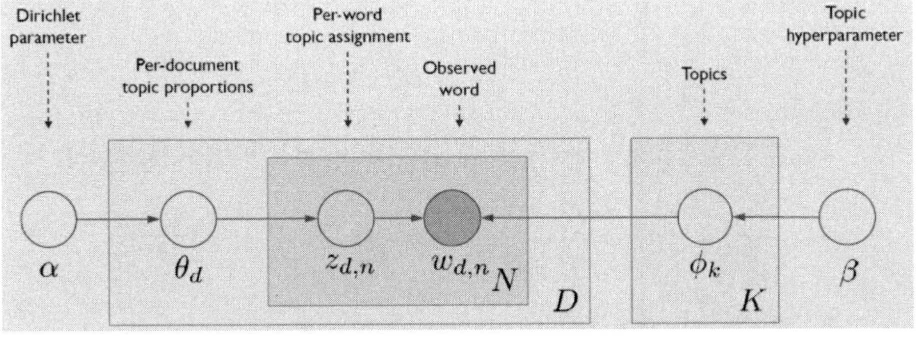

그림 8.17 LDA의 그래픽 표현

표 8.25 그림 8.17에서 기호 및 설명

기호	설명
D	전체 문서 개수
K	전체 토픽 수
N	문서 d의 총 단어 수
θ_d	문서 d에 대한 토픽 비율
ϕ_k	토픽 k에서 단어 분포
$z_{d,n}$	문서 d에서 n번째 단어의 토픽 비율
$w_{d,n}$	문서 d에서 n번째 단어

LDA는 문서 내에서 관찰되는 변수를 통해 잠재변수(hidden variable)를 추론하여 문서에 숨겨져 있는 토픽을 발견하는 것으로 그림 8.17에서 관찰되어지는 변수는 단어 $w_{d,n}$이다.

LDA에서 단어당 토픽비율인 $z_{d,n}$는 문서별 토픽 비율인 θ_d로부터 생성되고, θ_d는 Dirichlet 분포를 따르고 α값에 의해 정해진다. 마찬가지로 토픽별 단어 분포인 ϕ_k는 Dirichlet 분포를 따르고 β값에 의해 정해진다. 여기서 하이퍼 파리미터 α은 보통 0.1, β는 0.001로 지정한다. 각 단어의 토픽 비율 $z_{d,n}$와 토픽별 단어 비율 ϕ_k에 의해 단어 $w_{d,n}$가 결정된다.

LDA에서 D개 문서의 각각은 K개 잠재 토픽들의 혼합으로 구성되어 있고 각 토픽들은 N개 단어들에 대해 다항분포(multinomial distribution)를 갖고 있다고 가정한다. LDA에서 각 문서는 다음의 같이 3단계에 의해 생성된다고 가정한다.

- Step 1: 각 토픽 k에서 단어 분포 ϕ_k는 다음과 같이 결정된다.

$$\phi_k \sim Dirichlet(\beta)$$

- Step 2: 각 문서 d에서 토픽의 비율 θ_d은 다음과 같이 결정된다.

$$\theta_d \sim Dirichlet(\alpha)$$

- Step 3: 문서 d에 있는 각 단어 n에 대하여
  (a) 토픽 $z_{d,n}$을 선택한다.

$$z_{d,n} \sim Multinomial(\theta_d)$$

(b) 선택된 토픽 $z_{d,n}$이 주어졌을 때, 단어 $w_{d,n}$을 선택한다.

$$w_{d,n} \sim Multinomial(\phi_{z_{d,n}})$$

위 3단계를 쉽게 설명하면 다음과 같다.

- Step 1: 토픽마다 단어 분포는 Dirichlet 분포를 따른다.
- Step 2: 문서마다 토픽 분포는 Dirichlet 분포를 따른다.
- Step 3: 문서에 있는 첫 단어부터 마지막 단어까지 다음 과정을 거친다.
  - (a) 현재 위치의 단어는 어떤 토픽과 관계있는지 정한다.
  - (b) (a)에서 정한 현재 위치의 토픽에 따라 단어의 분포를 정하고, 그 중에서 가장 높은 확률의 단어를 선택한다.

Dirichlet 분포

k차원의 실수 벡터 중 벡터의 요소가 양수이며 모든 요소를 더한 값이 1인 경우에 확률값이 정의되는 연속확률분포이다. $x_1, x_2, ..., x_k$가 모두 양의 실수이고 $\sum_{i=1}^{n} x_i = 1$을 만족할 때 Dirichlet 분포의 확률밀도함수는 다음과 같다.

$$f(x_1, x_2, ..., x_k; \beta_1, \beta_2, ..., \beta_k) = \frac{1}{B(\beta)} \prod_{i=1}^{k} x_i^{\beta_i - 1}$$

여기서 $B(\beta) = \frac{\prod_{i=1}^{k} \Gamma(\beta_i)}{\Gamma(\sum_{i=1}^{k} \beta_i)}$. 이때 $\Gamma(t) = \int_0^\infty x^{t-1} e^{-x} dx$이다.

(2) R을 이용한 토픽 모델링

토픽 모델링을 위한 대표적인 패키지로는 topicmodels 패키지가 있다. LDA() 함수는 topicmodels 패키지에 들어 있다.

- LDA() 함수는 LDA 모형을 적합시키기 위한 함수로서 사용형식은 다음과 같다.

```
LDA(x, k, method = "VEM", control = NULL, model = NULL, ...)
```

- x: "DocumentTermMatrix" 형태의 데이터
- k: 토픽의 수 지정
- method: "VEM" 혹은 "Gibbs" 지정. 여기서 디폴트는 "VEM"이다. "VEM"은 VEM(Variational Expectation-Maximization)을 의미하고 "Gibbs"은 Gibbs sampling을 의미한다.
- control: 추정을 위해 컨트롤 파라미터를 리스트 형태로 지정, 디폴트 α는 추정에 의해 얻어진다.

  → posterior() 함수는 LDA 모형 적합 후 사후확률을 얻기 위한 함수이다

  posterior()$topics는 각 토픽에 대해 문서(document)의 사후확률을 얻는데 사용한다.

  posterior()$terms는 각 토픽에 대한 단어(terms)의 사후확률을 얻는 데 사용한다

  → LDA() 모형 적합 후 결과를 보고자 하는 경우 topics() 함수와 terms() 함수가 있다.

  topics() 함수는 각 문서가 속하는 토픽을 보고자 하는 경우 사용한다. 이 경우 숫자를 가지고 인덱스(index)화한다. terms() 함수는 각 토픽에 대해 단어들을 보고자 하는 경우 사용한다.

예제 8.10 아래의 5개의 문장에서 토픽모델링을 수행하고자 한다.

I like to eat broccoli and bananas.
I ate a banana and spinach smoothie for breakfast.
Chinchillas and kittens are cute.
My sister adopted a kitten yesterday.
Look at this cute hamster munching on a piece of broccoli.

R 코드 8.10

```
setwd("D:/빅데이터R고싶다/제8장")
library(topicmodels)
library(tm)
```

```
document <- readLines("topic.txt")
#create corpus from vector
corpus <- VCorpus(VectorSource(document))
corpus <- tm_map(corpus, tolower)
corpus <- tm_map(corpus, removePunctuation)
corpus <- tm_map(corpus, removeNumbers)
#stopword <- c(stopwords('english'))
corpus <- tm_map(corpus, removeWords, stopwords('english'))
corpus <- tm_map(corpus, stemDocument)
corpus <-tm_map(corpus, PlainTextDocument)

dtm <- DocumentTermMatrix(corpus)

lda.model <- LDA(dtm, k=2, method="Gibbs", control=list(alpha=0.1,seed = 1234))
# format of the resulting object
#attributes(lda.model)

#posterior <- posterior(lda.model)
#attributes(posterior)

theta <- posterior(lda.model)$topics # Extract the theta
theta <- round(as.data.frame(theta), digits = 3)
names(theta) <- paste("Topic", 1:2, sep = "") # Name the columns
row.names(theta) <- paste("Doc ", 1:5, sep = "") # Name the rows
theta

phi <- posterior(lda.model)$terms # Extract the phi
phi <- round(phi, 3) # Round the numbers to 3 decimals

T_phi <- as.data.frame(t(phi))
names(T_phi) <- paste("Topic", 1:2)
T_phi

Topics <- as.matrix(topics(lda.model))
row.names(Topics) <- paste("Doc ", 1:5, sep = "") # Name the rows
Topics

Terms <- terms(lda.model,6)
Terms
```

[R 코드 8.10] 실행결과

```
> theta
         Topic1   Topic2
Doc 1     0.981    0.019
Doc 2     0.976    0.024
Doc 3     0.031    0.969
Doc 4     0.031    0.969
Doc 5     0.596    0.404

> T_phi
          Topic 1  Topic 2
adopt      0.008    0.118
appl       0.233    0.011
ate        0.083    0.011
banana     0.158    0.011
breakfast  0.083    0.011
cute       0.008    0.226
eat        0.158    0.011
like       0.083    0.011
look       0.083    0.011
orang      0.083    0.011
poodl      0.008    0.333
teeth      0.008    0.118
yesterday  0.008    0.118

> Topics
      [,1]
Doc 1    1
Doc 2    1
Doc 3    2
Doc 4    2
Doc 5    1

> Terms
     Topic 1   Topic 2
[1,] "appl"    "poodl"
[2,] "banana"  "cute"
[3,] "eat"     "adopt"
```

```
[4,]       "ate"       "teeth"
[5,] "breakfast" "yesterday"
[6,]      "like"        "appl"
```

예제 8.11 UCI 머신러닝 저장소(machine learning repository)에 있는 Reuter_50_50 데이터셋을 가지고 토픽모델링을 수행하고자 한다. Reuter_50_50 데이터 셋은 아래 사이트로부터 다운로드할 수 있다.

https://archive.ics.uci.edu/ml/datasets/Reuter_50_50

여기서는 Reuter_50_50 데이터 셋에 있는 C50train 중에서 AlanCrosby 데이터만을 이용한다.

R 코드 8.11

```
setwd("D:/빅데이터R고싶다/제8장/C50train")
library(tm)
library(topicmodels)

AlanCrosby <- DirSource(directory="AlanCrosby")
#dirsourcetrain <- DirSource(directory="D:\\Temp\\C50\\C50train\\AaronPressman")
length(AlanCrosby)
corpus <- VCorpus(AlanCrosby)
#start preprocessing
corpus <- tm_map(corpus, stripWhitespace)
corpus <- tm_map(corpus, tolower)
corpus <- tm_map(corpus, removePunctuation)
corpus <- tm_map(corpus, removeNumbers)
corpus <- tm_map(corpus, removeWords, stopwords("english"))
corpus <- tm_map(corpus, stemDocument) # Stemming the words
corpus <- tm_map(corpus, PlainTextDocument)
dtm <- DocumentTermMatrix(corpus)

lda.model <- LDA(dtm, k = 10, method="Gibbs",control=list(alpha=0.1,seed = 1234))
theta <- posterior(lda.model)$topics # Extract the theta
theta <- round(as.data.frame(theta), digits = 3)
names(theta) <- paste("Topic", 1:10, sep = "") # Name the columns
row.names(theta) <- paste("Doc ", 1:50, sep = "") # Name the rows
```

```
head(theta, 10)

phi <- posterior(lda.model)$terms # Extract the phi
phi <- round(phi, 3) # Round the numbers to 3 decimals

T_phi <- as.data.frame(t(phi))
names(T_phi) <- paste("Topic", 1:10)
head(T_phi)

Topics <- as.matrix(topics(lda.model))
#row.names(Topics)
row.names(Topics) <- paste("Doc ", 1:50, sep = "") # Name the rows
head(Topics)

Terms <- terms(lda.model,6)
Terms
```

[R 코드 8.11] 실행결과

```
> head(theta, 10)
       Topic1 Topic2 Topic3 Topic4 Topic5 Topic6 Topic7 Topic8 Topic9 Topic10
Doc 1   0.053  0.942  0.003  0.000  0.000  0.000  0.000  0.000  0.000   0.000
Doc 2   0.000  0.000  0.000  0.000  0.998  0.000  0.000  0.000  0.000   0.000
Doc 3   0.005  0.983  0.000  0.000  0.009  0.000  0.000  0.000  0.000   0.000
Doc 4   0.000  0.997  0.000  0.000  0.000  0.000  0.000  0.000  0.000   0.000
Doc 5   0.000  0.000  0.000  0.000  0.996  0.000  0.002  0.000  0.000   0.000
Doc 6   0.001  0.001  0.069  0.001  0.001  0.001  0.001  0.148  0.705   0.074
Doc 7   0.002  0.004  0.046  0.112  0.714  0.000  0.000  0.000  0.014   0.108
Doc 8   0.354  0.001  0.001  0.007  0.001  0.007  0.021  0.599  0.001   0.007
Doc 9   0.316  0.011  0.001  0.001  0.001  0.001  0.001  0.669  0.001   0.001
Doc 10  0.513  0.006  0.001  0.001  0.011  0.001  0.001  0.468  0.001   0.001

> head(T_phi)
          Topic 1 Topic 2 Topic 3 Topic 4 Topic 5 Topic 6 Topic 7 Topic 8 Topic 9 Topic 10
abelardo   0.000   0.003       0       0       0       0       0       0   0.000    0.000
abil       0.000   0.000       0       0       0       0       0       0   0.001    0.000
abl        0.003   0.000       0       0       0       0       0       0   0.000    0.000
abroad     0.000   0.000       0       0       0       0       0       0   0.000    0.002
absenc     0.002   0.000       0       0       0       0       0       0   0.000    0.000
absentit   0.000   0.001       0       0       0       0       0       0   0.000    0.000
```

```
> head(Topics)
       [,1]
Doc 1     2
Doc 2     5
Doc 3     2
Doc 4     2
Doc 5     5
Doc 6     9

> Terms
     Topic 1     Topic 2     Topic 3     Topic 4    Topic 5    Topic 6   Topic 7    Topic 8
[1,] "becker"    "czech"     "senat"     "crown"    "week"     "crown"   "said"     "match"
[2,] "round"     "team"      "democrat"  "percent"  "point"    "said"    "market"   "set"
[3,] "wrist"     "spain"     "round"     "said"     "close"    "profit"  "elect"    "world"
[4,] "ivanisev"  "two"       "czech"     "billion"  "index"    "line"    "will"     "ferreira"
[5,] "return"    "pavel"     "result"    "deficit"  "market"   "billion" "coalit"   "czech"
[6,] "atp"       "first"     "parti"     "trade"    "share"    "million" "percent"  "martin"
     Topic 9     Topic 10
[1,] "bank"      "market"
[2,] "banka"     "investor"
[3,] "crown"     "interest"
[4,] "equiti"    "lack"
[5,] "one"       "capit"
[6,] "year"      "czech"
```

9장

트위터 텍스트 클러스터링

9.1 트위터 클러스터링

(1) 영어 트위터 클러스터링

텍스트 클러스터링은 텍스트로부터 코퍼스(corpus)를 생성한 후 단어-문서 행렬(term-document matrix)로부터 유사한 개체들을 묶어준다. 여기서 단어-문서 행렬에서 행은 단어, 열은 문장(혹은 문서)을 나타낸다. 그런데 단어-문서 행렬은 문장에서 해당 단어의 발생빈도를 행렬로 표시한 것으로 행렬의 원소가 0인 원소 즉, 비어있는 원소(empty element)들이 많다. sparse 퍼센트(percentage)는 단어-문서 행렬의 원소 중 비어 있는 원소의 비율, 즉 단어-문서 행렬에서 빈도가 0인 원소의 비율을 나타낸다. 텍스트 클러스터링 수행한 후 결과를 그림, 여기서는 덴드로그램(dendrogram)으로 시각화하는 경우 단순한 그림을 얻기 위해 어느 정도의 sparse 단어, 즉 빈번하게 나타나지 않는 단어를 제거할 필요가 있다.

R에서 removeSparseTerms() 함수를 사용하여 sparse 단어를 제거할 수 있다. removeSparseTerms() 함수에서 0과 1 사이의 값을 갖는 sparse 퍼센트를 지정한다. sparse 퍼센트는 단어-문서 행렬에서 sparse 원소의 비율을 나타낸다. sparse 퍼센트가 높으면 단어-문서 행렬에 sparse 원소가 많음을 나타내고 이것은 적은 수의 단어가 제거된 결과이고 이 행렬로부터 덴드로그램은 많은 수의 단어가 사용되어 나타난다. removeSparseTerms() 함수에서 sparse=0.95로 지정하면 최대 95% sparse 원소를 가지고 단어가 제거되고 sparse 퍼센트=0.90로 지정하면 최대 90% sparse 원소를 가지고 단어가 제거된다.

일반적으로 텍스트 클러스터링 결과를 덴드로그램으로 나타내는 데 적당한 단어의 수에 대한 일률적인 공식은 없으나 덴드로그램을 단순화하기 위해 10개에서 30개 정도 단어가 적당하다.

예제 9.1 사이트 http://www.rdatamining.com/data에 있는 트위터 데이터 "rdmTweets.RData"을 이용하여 평균 링크 클러스터링을 수행하고자 한다.

R 코드 9.1

```
#rm(list = ls())
setwd("D:/빅데이터R고싶다/제9장")
```

```
library(twitteR)
library(tm)

load("rdmTweets.RData")

df <- do.call("rbind", lapply(rdmTweets, as.data.frame))
myCorpus <- VCorpus(VectorSource(df$text))

 # convert to lower case
 myCorpus <- tm_map(myCorpus, tolower)
 # remove punctuation
 myCorpus <- tm_map(myCorpus, removePunctuation)
 # remove numbers
 myCorpus <- tm_map(myCorpus, removeNumbers)

 # remove stopwords from corpus
  myCorpus <- tm_map(myCorpus, removeWords, stopwords('english'))

# remove URLs
 removeURL <- function(x) gsub("http[[:alnum:]]*", "", x)
 myCorpus <- tm_map(myCorpus, removeURL)

 myCorpus <- tm_map(myCorpus, PlainTextDocument)
tdm <- TermDocumentMatrix(myCorpus, control=list(wordLengths=c(1,Inf)))

# remove sparse terms to simplify the cluster plot
# Note: tweak the sparse parameter to determine the number of words.
# About 10-30 words is good.
tdm <- removeSparseTerms(tdm, sparse=0.95)
matrix <- as.matrix(tdm)

#install.packages("proxy")
library(proxy)
d <- dist(matrix, method = "cosine") # distance matrix
hc  <- hclust(d, method="average")
plot(hc) # display dendogram?
rect.hclust(hc, k=5, border="red")
```

[R 코드 9.1] 실행결과

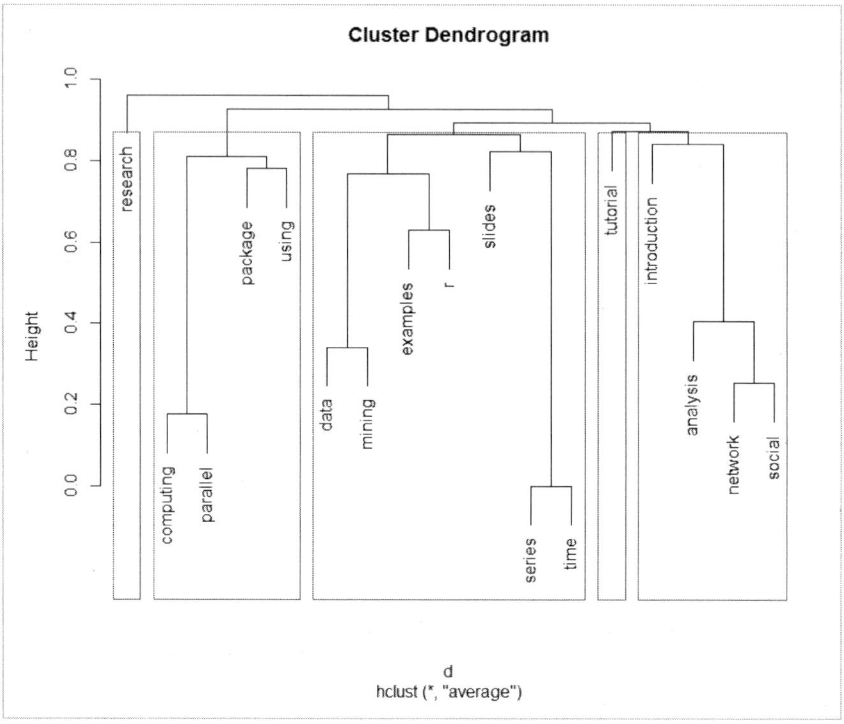

그림 9.1 rdmTweets 데이터에 대한 덴드로그램

예제 9.2 예제 9.1의 트위터 데이터 rdmTweets.RData를 이용하여 K-Means 클러스터링을 수행하고자 한다.

R 코드 9.2

```
#rm(list = ls())
setwd("D:/빅데이터R고싶다/제9장")
library(twitteR)
library(tm)

load("rdmTweets.RData")

df <- do.call("rbind", lapply(rdmTweets, as.data.frame))
myCorpus <- VCorpus(VectorSource(df$text))

 # convert to lower case
```

```
myCorpus <- tm_map(myCorpus, tolower)
# remove punctuation
myCorpus <- tm_map(myCorpus, removePunctuation)
# remove numbers
myCorpus <- tm_map(myCorpus, removeNumbers)

# remove stopwords from corpus
 myCorpus <- tm_map(myCorpus, removeWords, stopwords('english'))

# remove URLs
removeURL <- function(x) gsub("http[[:alnum:]]*", "", x)
myCorpus <- tm_map(myCorpus, removeURL)

myCorpus <- tm_map(myCorpus, PlainTextDocument)
tdm <- TermDocumentMatrix(myCorpus, control=list(wordLengths=c(1,Inf)))

# remove sparse terms to simplify the cluster plot
# Note: tweak the sparse parameter to determine the number of words.
# About 10-30 words is good.
tdm <- removeSparseTerms(tdm, sparse=0.95)
matrix <- as.matrix(tdm)

library(proxy)
d <- dist(matrix, method = "cosine") # distance matrix

# set a fixed random seed
set.seed(1234)
# k-means clustering of tweets
k <- 5
k_means <- kmeans(d , k)
k_means
```

[R 코드 9.2] 실행결과

```
> k_means
...............
Clustering vector:
    analysis    available    computing          data      examples
```

```
            4           2           5           2           3
 introduction      mining     network     package    parallel
            3           2           4           3           5
            r    research      series      slides      social
            2           3           1           2           4
         time    tutorial       using
            1           3           3
```

→ 5-Means 클러스터링 결과는 다음과 같다.

{analysis, network, social}, {available, data, mining, r, slides}, {computing, parallel}, {examples, introduction, package, research, tutorial, using}, {series, time}

(2) 한글 트위터 클러스터링

예제 9.3 삼성전자 트위터 데이터 "삼성전자twitter.RData"를 이용하여 완전 링크 클러스터링을 수행하고자 한다.

R 코드 9.3

```
#rm(list = ls())
setwd("D:/빅데이터R고싶다/제9장")

library(twitteR)
library(KoNLP)
library(tm)

load("삼성전자.RData")
#ls()
df <- twListToDF(rdmTweets)
#df <- do.call("rbind", lapply(rdmTweets, as.data.frame))
useNIADic()
#class(df$text)
index1  <- grep("증권가소식", df$text)
index2  <- grep("한국투데이", df$text)
index3  <- grep("한투블로그기자", df$text)
index4  <- grep("폰앤케이스", df$text)
```

```
index5  <- grep("서울=연합뉴스", df$text)
index6  <- grep("서울=뉴시스", df$text)

total_index = c(index1,index2,index3,index4,index5,index6)
#length(total_index)
text <- df$text[-total_index]

#write.table(text,"samsung.txt")
words <- sapply(text, extractNoun, USE.NAMES=F)

myCorpus <- VCorpus(VectorSource(words))
myCorpus <- tm_map(myCorpus, removePunctuation)
myCorpus <- tm_map(myCorpus, removeNumbers)
myCorpus <- tm_map(myCorpus, removeWords, stopwords('english'))

remove삼성전자 <- function(x) { gsub("삼성전자*", "", x)}
myCorpus <- tm_map(myCorpus, remove삼성전자)
removeURL <- function(x) { gsub("http", "", x)}
myCorpus <- tm_map(myCorpus, removeURL)
removeAt <- function(x) { gsub("[@[a-z]]*", "", x)}
myCorpus <- tm_map(myCorpus, removeAt)
remove아이폰5 <- function(x) { gsub("아이폰.*", "아이폰5", x)}
myCorpus <- tm_map(myCorpus, remove아이폰5)
removeRT <- function(x) { gsub("RT", "", x)}
myCorpus <- tm_map(myCorpus, removeRT)
remove10개국 <- function(x) { gsub("개국", "10개국", x)}
myCorpus <- tm_map(myCorpus, remove10개국)
removeLTE롱텀에볼루션 <- function(x) { gsub("LTE롱텀에볼루션", "", x)}
myCorpus <- tm_map(myCorpus, removeLTE롱텀에볼루션)
remove확실시 <- function(x) { gsub("확실시", "", x)}
myCorpus <- tm_map(myCorpus, remove확실시)
remove이유 <- function(x) { gsub("이유", "", x)}
myCorpus <- tm_map(myCorpus, remove이유)
remove가칭 <- function(x) { gsub("가칭", "", x)}
myCorpus <- tm_map(myCorpus, remove가칭)
remove중순 <- function(x) { gsub("중순", "", x)}
myCorpus <- tm_map(myCorpus, remove중순)

myCorpus <- tm_map(myCorpus, PlainTextDocument)
```

```
tdm <- TermDocumentMatrix(myCorpus, control=list(wordLengths=c(2,Inf)))
tdm  <- removeSparseTerms(tdm, sparse = 0.95)
matrix <- as.matrix(tdm)

#library(proxy)
d <- dist(matrix, method = "cosine") # distance matrix
hc  <- hclust(d, method="complete")
plot(hc) # display dendogram?
rect.hclust(hc, k=5, border="red")
```

[R 코드 9.3] 실행결과

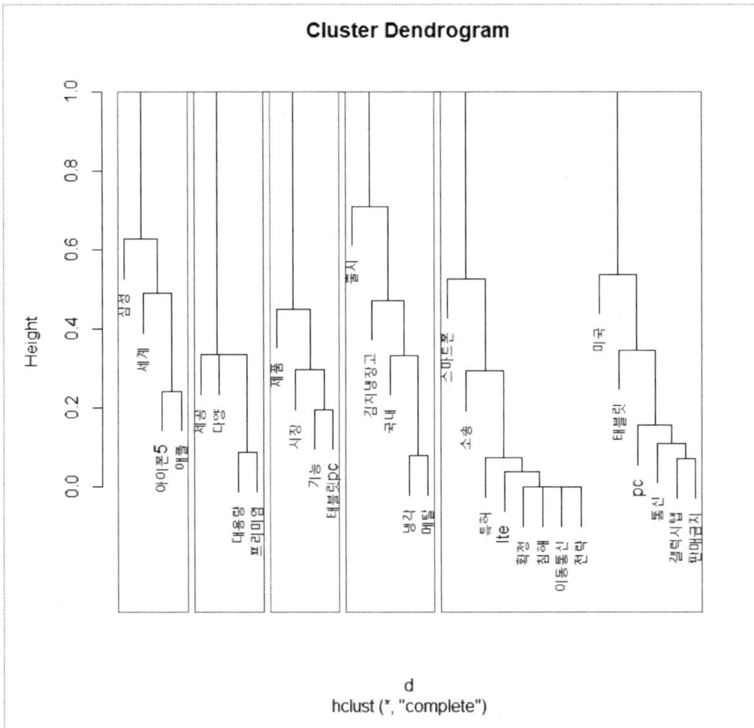

그림 9.2 삼성전자 트위터에 대한 덴드로그램

예제 9.4 예제 9.3의 삼성전자 트위터를 이용하여 K-평균 클러스터링을 수행하고자 한다.

R 코드 9.4

```
#rm(list = ls())
setwd("D:/빅데이터R고싶다/제9장")

library(twitteR)
library(KoNLP)
library(tm)

load("삼성전자.RData")
#ls()
df <- twListToDF(rdmTweets)
#df <- do.call("rbind", lapply(rdmTweets, as.data.frame))
useNIADic()
#class(df$text)
index1  <- grep("증권가소식", df$text)
index2  <- grep("한국투데이", df$text)
index3  <- grep("한투블로그기자", df$text)
index4  <- grep("폰앤케이스", df$text)
index5  <- grep("서울=연합뉴스", df$text)
index6  <- grep("서울=뉴시스", df$text)

total_index = c(index1,index2,index3,index4,index5,index6)
#length(total_index)
text <- df$text[-total_index]

#write.table(text,"samsung.txt")
words <- sapply(text, extractNoun, USE.NAMES=F)

myCorpus <- VCorpus(VectorSource(words))
myCorpus <- tm_map(myCorpus, removePunctuation)
myCorpus <- tm_map(myCorpus, removeNumbers)
myCorpus <- tm_map(myCorpus, removeWords, stopwords('english'))

remove삼성전자 <- function(x) { gsub("삼성전자*", "", x)}
myCorpus <- tm_map(myCorpus, remove삼성전자)
removeURL <- function(x) { gsub("http", "", x)}
myCorpus <- tm_map(myCorpus, removeURL)
removeAt <- function(x) { gsub("[@[a-z]]*", "", x)}
```

```
myCorpus <- tm_map(myCorpus, removeAt)
remove아이폰5 <- function(x) { gsub("아이폰.*", "아이폰5", x)}
myCorpus <- tm_map(myCorpus, remove아이폰5)
removeRT <- function(x) { gsub("RT", "", x)}
myCorpus <- tm_map(myCorpus, removeRT)
remove10개국 <- function(x) { gsub("개국", "10개국", x)}
myCorpus <- tm_map(myCorpus, remove10개국)
removeLTE롱텀에볼루션 <- function(x) { gsub("LTE롱텀에볼루션", "", x)}
myCorpus <- tm_map(myCorpus, removeLTE롱텀에볼루션)
remove확실시 <- function(x) { gsub("확실시", "", x)}
myCorpus <- tm_map(myCorpus, remove확실시)
remove이유 <- function(x) { gsub("이유", "", x)}
myCorpus <- tm_map(myCorpus, remove이유)
remove가칭 <- function(x) { gsub("가칭", "", x)}
myCorpus <- tm_map(myCorpus, remove가칭)
remove중순 <- function(x) { gsub("중순", "", x)}
myCorpus <- tm_map(myCorpus, remove중순)

myCorpus <- tm_map(myCorpus, PlainTextDocument)
tdm <- TermDocumentMatrix(myCorpus, control=list(wordLengths=c(2,Inf)))
tdm  <- removeSparseTerms(tdm, sparse = 0.95)
matrix <- as.matrix(tdm)

library(proxy)

d <- dist(matrix, method = "cosine") # distance matrix
# set a fixed random seed
set.seed(1234)
# k-means clustering of tweets
k <- 5
k_means <- kmeans(d , k)
```

[R 코드 9.4] 실행결과

```
> k_means
...............
Clustering vector:
        lte          pc     갤럭시탭          국내          기능   김치냉장고        냉각
```

```
         1          2          2          3          5     3          3
      다양     대용량       메탈       미국       삼성   세계       소송
         4          4          3          2          2     2          1
  스마트폰       시장    아이폰5       애플   이동통신   전략       제공
         1          5          1          2          1          1      4
      제품       출시       침해     태블릿   태블릿pc       통신   특허
         5          3          1          2          5          2      1
  판매금지   프리미엄       확정
         2          4          1
```

→ 5-Means 클러스터링 결과는 다음과 같다.

{ lte, 소송, 스마트폰, 아이폰5, 이동통신, 전략, 침해, 특허, 확정 }, {pc, 갤럭시탭, 미국, 삼성, 세계, 애플, 태블릿, 통신, 판매금지}, {국내, 김치냉장고, 냉각, 메탈, 출시}, {다양, 대용량, 제공, 프리미엄}, {기능, 시장, 제품, 태블릿pc}

9.2 실시간 트위터 클러스터링

실시간으로 트위터 데이터에 접근하기 위해서는 먼저 트위터에 애플리케이션(Application; 앱)을 등록한 후 OAuth(Open Authorization) 방법으로 인증을 받아야 한다. 이전에 OAuth 인증을 받고 파일로 저장한 후 source() 함수를 이용하여 인증이 필요할 때마다 다음과 같이 불러와서 사용한다.

source("OAuth.R")

예제 9.5 버락 오바마 트위터에서 1000개의 트윗을 가지고 완전 링크 클러스터링을 수행하고자 한다.

R 코드 9.5

```
#rm(list = ls())
setwd("D:/빅데이터R고싶다/제9장")

library(twitteR)
```

```
library(tm)

source("OAuth.R")
obamaTweets <- userTimeline("BarackObama", n=1000)
#head(obamaTweets)
#ls()
#str(rdmTweets)

tweets.df <- twListToDF(obamaTweets )
#tweets.df <- do.call("rbind", lapply(obamaTweets, as.data.frame))
myCorpus <- VCorpus(VectorSource(tweets.df$text))

 # convert to lower case
 myCorpus <- tm_map(myCorpus, tolower)
 # remove punctuation
 myCorpus <- tm_map(myCorpus, removePunctuation)
 # remove numbers
 myCorpus <- tm_map(myCorpus, removeNumbers)
 # remove URLs
 removeURL <- function(x) gsub("http[[:alnum:]]*", "", x)
removeURL <- function(x) gsub("\u0080[[:alnum:]]*", "", x)
 myCorpus <- tm_map(myCorpus, removeURL)
 # add two extra stop words: "available" and "via"
 myStopwords <- c(stopwords('english'), "president", "president","obama",
 "obamas", "time", "watch", "today", "now", "just", "americans", "america")
 # remove stopwords from corpus
 myCorpus <- tm_map(myCorpus, removeWords, myStopwords)

myCorpus <- tm_map(myCorpus, PlainTextDocument)
tdm  <- TermDocumentMatrix(myCorpus, control=list(wordLengths=c(2,Inf)))

tdm  <- removeSparseTerms(tdm , sparse=0.96)
#mydata.df <- as.data.frame(inspect(mydata.dtm)  )
matrix <- as.matrix(tdm )

#library(proxy)
d <- dist(matrix, method = "cosine") # distance matrix
hc  <- hclust(d, method="complete")
plot(hc) # display dendogram?
```

```
rect.hclust(hc, k=5, border="red")
```

[R 코드 9.5] 실행결과

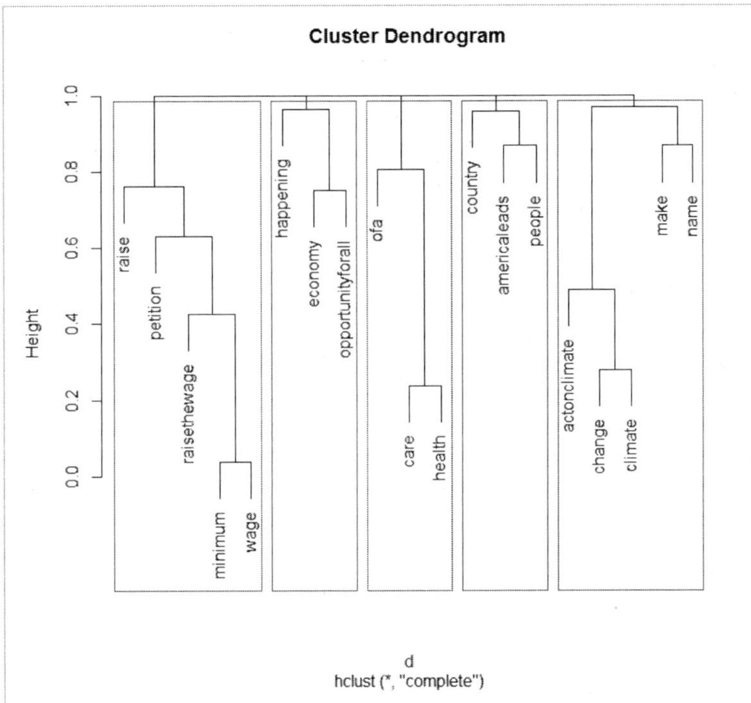

그림 9.3 오바마 트위터에 대한 덴드로그램

예제 9.6 오바마 트위터를 이용하여 K-평균 클러스터링을 수행하고자 한다.

R 코드 9.6

```
#rm(list = ls())
setwd("D:/빅데이터R고싶다/제9장")

library(twitteR)
library(tm)

source("OAuth.R")
obamaTweets <- userTimeline("BarackObama", n=1000)
#head(obamaTweets)
```

```
#ls()
#str(rdmTweets)

tweets.df <- twListToDF(obamaTweets )
#tweets.df <- do.call("rbind", lapply(obamaTweets, as.data.frame))
myCorpus <- VCorpus(VectorSource(tweets.df$text))

 # convert to lower case
 myCorpus <- tm_map(myCorpus, tolower)
 # remove punctuation
 myCorpus <- tm_map(myCorpus, removePunctuation)
 # remove numbers
 myCorpus <- tm_map(myCorpus, removeNumbers)
 # remove URLs
 removeURL <- function(x) gsub("http[[:alnum:]]*", "", x)
removeURL <- function(x) gsub("\u0080[[:alnum:]]*", "", x)
 myCorpus <- tm_map(myCorpus, removeURL)
 # add two extra stop words: "available" and "via"
 myStopwords <- c(stopwords('english'), "president", "president","obama",
 "obamas", "time", "watch", "today", "now", "just", "americans", "america")
 # remove stopwords from corpus
 myCorpus <- tm_map(myCorpus, removeWords, myStopwords)

myCorpus <- tm_map(myCorpus, PlainTextDocument)
tdm  <- TermDocumentMatrix(myCorpus, control=list(wordLengths=c(2,Inf)))

tdm  <- removeSparseTerms(tdm , sparse=0.96)
#mydata.df <- as.data.frame(inspect(mydata.dtm)  )
matrix <- as.matrix(tdm )

library(proxy)
d <- dist(matrix, method = "cosine") # distance matrix
# set a fixed random seed
set.seed(1234)
# k-means clustering of tweets
k <- 5
k_means <- kmeans(d , k)
k_means
```

[R 코드 9.6] 실행결과

```
> k_means
...............
Clustering vector:
  actonclimate   americaleads          care            change   climate
             5              4             1                 5         5
       country        economy     happening            health      make
             4              4             4                 1         2
       minimum           name           ofa  opportunityforall    people
             3              2             1                 4         4
      petition          raise raisethewage              wage
             3              3             3                 3
```

→ 5-Means 클러스터링 결과는 다음과 같다.

{care, health, ofa}, {make, name}, {minimum, petition, raise, aisethewage, wage}, {americaleads, country, economy, happening, opportunityforall}, {actonclimate, change, climate}

9.3 트위터 토픽 모델링

예제 9.7 사이트 http://www.rdatamining.com/data에 있는 트위터 데이터 "rdmTweets.RData"를 이용하여 토픽 모델링을 수행하고자 한다.

R 코드 9.7

```
#rm(list = ls())
setwd("D:/빅데이터R고싶다/제9장")
library(twitteR)
library(tm)
library(topicmodels)

load("rdmTweets.RData")

 tweets.df <- twListToDF(rdmTweets)
```

```
#tweets.df <- do.call("rbind", lapply(rdmTweets, as.data.frame))
myCorpus <- VCorpus(VectorSource(tweets.df$text))

# convert to lower case
myCorpus <- tm_map(myCorpus, tolower)
# remove punctuation
myCorpus <- tm_map(myCorpus, removePunctuation)
# remove numbers
myCorpus <- tm_map(myCorpus, removeNumbers)
# remove stopwords from corpus
 myCorpus <- tm_map(myCorpus, removeWords, stopwords('english'))
# Stemming the words
 myCorpus <- tm_map(myCorpus, stemDocument);
# remove URLs
 removeURL <- function(x) gsub("http[[:alnum:]]*", "", x)
 myCorpus <- tm_map(myCorpus, removeURL)

myCorpus <- tm_map(myCorpus, PlainTextDocument)
dtm <- DocumentTermMatrix(myCorpus)
lda.model <- LDA(dtm, k=8, method="Gibbs", control=list(alpha=0.1,seed = 1234))
# format of the resulting object
#attributes(lda.model)

#posterior <- posterior(lda.model)
#attributes(posterior)

theta <- posterior(lda.model)$topics # Extract the theta
theta <- round(as.data.frame(theta), digits = 3)
names(theta) <- paste("Topic", 1:8, sep = "") # Name the columns
row.names(theta) <- paste("Doc ", 1:154, sep = "") # Name the rows
head(theta,7)

phi <- posterior(lda.model)$terms # Extract the phi
phi <- round(phi, 3) # Round the numbers to 3 decimals

T_phi <- as.data.frame(t(phi))
names(T_phi) <- paste("Topic", 1:8)
head(T_phi,7)
```

```
Topics <- as.matrix(topics(lda.model))
row.names(Topics) <- paste("Doc ", 1:154, sep = "") # Name the rows
head(Topics,7)

Terms <- terms(lda.model,7)
Terms
```

[R 코드 9.7] 실행결과

```
> head(theta,7)
       Topic1 Topic2 Topic3 Topic4 Topic5 Topic6 Topic7 Topic8
Doc 1  0.015  0.015  0.015  0.456  0.015  0.015  0.456  0.015
Doc 2  0.013  0.141  0.013  0.526  0.013  0.269  0.013  0.013
Doc 3  0.879  0.017  0.017  0.017  0.017  0.017  0.017  0.017
Doc 4  0.897  0.015  0.015  0.015  0.015  0.015  0.015  0.015
Doc 5  0.011  0.920  0.011  0.011  0.011  0.011  0.011  0.011
Doc 6  0.879  0.017  0.017  0.017  0.017  0.017  0.017  0.017
Doc 7  0.854  0.021  0.021  0.021  0.021  0.021  0.021  0.021

> head(T_phi,7)
                            Topic 1  Topic 2 Topic 3  Topic 4 Topic 5 Topic 6
\034big                       0.001    0.000   0.001    0.001   0.001   0.001
access                        0.001    0.000   0.006    0.001   0.001   0.014
acm                           0.001    0.000   0.001    0.001   0.001   0.001
addictedtorfreefrgraphiqu     0.001    0.004   0.001    0.001   0.001   0.001
addit                         0.001    0.004   0.001    0.001   0.001   0.001
administr                     0.001    0.000   0.001    0.001   0.001   0.001
advanc                        0.001    0.000   0.006    0.006   0.001   0.007
                            Topic 7  Topic 8
\034big                       0.005    0.001
access                        0.000    0.001
acm                           0.000    0.007
addictedtorfreefrgraphiqu     0.000    0.001
addit                         0.000    0.001
administr                     0.005    0.001
advanc                        0.000    0.001
```

```
> head(Topics,7)
      [,1]
Doc 1    4
Doc 2    4
Doc 3    1
Doc 4    1
Doc 5    2
Doc 6    1
Doc 7    1

> Terms
     Topic 1     Topic 2     Topic 3     Topic 4      Topic 5     Topic 6
[1,] "comput"    "data"      "slide"     "research"   "network"   "get"
[2,] "parallel"  "mine"      "analysi"   "data"       "analysi"   "tri"
[3,] "cluster"   "packag"    "group"     "posit"      "social"    "can"
[4,] "detect"    "use"       "seri"      "postdoctor" "tutori"    "comment"
[5,] "packag"    "card"      "time"      "australia"  "packag"    "open"
[6,] "use"       "function"  "talk"      "univers"    "postdoc"   "access"
[7,] "outlier"   "refer"     "avail"     "analyst"    "free"      "canada"
     Topic 7     Topic 8
[1,] "mine"      "learn"
[2,] "data"      "group"
[3,] "exampl"    "program"
[4,]             "introduct"  "applic"
[5,] "text"      "experi"
[6,] "tutori"    "fast"
[7,] "pdf"       "rdatamin"
```

예제 9.8 실시간으로 트위터에서 검색어 "South Korea"에 대해 토픽 모델링을 수행하고자 한다.

R 코드 9.8

```
#rm(list = ls())
setwd("D:/빅데이터R고싶다/제9장")
library(twitteR)
library(tm)
#library(SnowballC)
```

```
source("OAuth.R")

tweets <- searchTwitter("South Korea", n=3000, lang="en")
tweets.df <- twListToDF(tweets)
#df <- do.call("rbind", lapply(Mers, as.data.frame))

write.csv(tweets.df$text, "tweets.txt")
write.csv(tweets.df$text, "tweets.csv")

tweets <- iconv(tweets.df$text, to = "ASCII", sub = " ")  # Convert to basic ASCII
text to avoid silly characters
tweets <- tolower(tweets)  # Make everything consistently lower case
tweets <- gsub("rt", " ", tweets)  # Remove the "RT" (retweet) so duplicates are
          duplicates
tweets <- gsub("@\\w+", " ", tweets)  # Remove user names (all proper names if
          you're wise!)
tweets <- gsub("http.+ |http.+$", " ", tweets)  # Remove links
tweets <- gsub("[[:punct:]]", " ", tweets)  # Remove punctuation
tweets <- gsub("[ |\t]{2,}", " ", tweets)  # Remove tabs
tweets <- gsub("amp", " ", tweets)  # "&" is "&amp" in HTML, so after punctuation
          removed ...
tweets <- gsub("^ ", "", tweets)  # Leading blanks
tweets <- gsub(" $", "", tweets)  # Lagging blanks
tweets <- gsub(" +", " ", tweets) # General spaces (should just do all whitespaces
no?)
tweets <- unique(tweets)  # Now get rid of duplicates!

corpus <- VCorpus(VectorSource(tweets))  # Create corpus object

# Remove English stop words. This could be greatly expanded!
 mystopwords <- c(stopwords('english'),"south","korea", "will","can","get","even","don",
                "know","now","just","see",
"like","back","one")
corpus <- tm_map(corpus, removeWords, mystopwords)

# Remove numbers.
corpus <- tm_map(corpus, removeNumbers)
```

```
# Stem the words.
corpus <- tm_map(corpus, stemDocument)

# Now for Topic Modeling
# Get the lengths and make sure we only create a DTM for tweets with
# some actual content
doc.lengths <- rowSums(as.matrix(DocumentTermMatrix(corpus)))
dtm <- DocumentTermMatrix(corpus[doc.lengths > 0])
# lda.model <- LDA(dtm, 3)  # Go ahead and test a simple model if you want

lda.model <- LDA(dtm, k=3, method="Gibbs", control=list(alpha=0.1,seed = 1234))
# format of the resulting object
#attributes(lda.model)

#posterior <- posterior(lda.model)
#attributes(posterior)

theta <- posterior(lda.model)$topics # Extract the theta
theta <- round(as.data.frame(theta), digits = 3)
names(theta) <- paste("Topic", 1:3, sep = "") # Name the columns
row.names(theta) <- paste("Doc ", 1:dim(dtm)[1], sep = "") # Name the rows
head(theta,7)

phi <- posterior(lda.model)$terms # Extract the phi
phi <- round(phi, 3) # Round the numbers to 3 decimals

T_phi <- as.data.frame(t(phi))
names(T_phi) <- paste("Topic", 1:3)
head(T_phi,7)

Topics <- as.matrix(topics(lda.model))
row.names(Topics) <- paste("Doc ", 1:1:dim(dtm)[1], sep = "") # Name the rows
head(Topics,7)

Terms <- terms(lda.model,10)
Terms
```

[R 코드 9.8] 실행결과

```
> head(theta,7)
         Topic1    Topic2    Topic3
Doc 1    0.012     0.012     0.976
Doc 2    0.973     0.014     0.014
Doc 3    0.011     0.011     0.978
Doc 4    0.011     0.011     0.978
Doc 5    0.016     0.016     0.968
Doc 6    0.118     0.763     0.118
Doc 7    0.985     0.008     0.008

> head(T_phi,7)
         Topic 1   Topic 2   Topic 3
abl      0.000     0.004     0.000
abrog    0.001     0.000     0.000
absolut  0.000     0.000     0.001
abt      0.001     0.000     0.000
accept   0.000     0.003     0.000.
acct     0.000     0.001     0.000
>
> head(Topics,7)
       [,1]
Doc 1    3
Doc 2    1
Doc 3    3
Doc 4    3
Doc 5    3
Doc 6    2
Doc 7    1

> Terms
        Topic 1    Topic 2    Topic 3
 [1,]     "war"      "bts"    "japan"
 [2,]    "move"     "time"    "china"
 [3,]   "world"     "last"     "iran"
 [4,]  "korean"    "album"  "countri"
 [5,] "militari"   "group"      "top"
 [6,]   "think"      "map"   "russia"
```

```
[7,]     "get"     "music"   "america"
[8,]     "kim"     "popular" "attack"
[9,]     "new"     "seoul"   "korean"
[10,]    "alli"    "come"    "air"
```

부록

R 프로그램 사용법

1. R 프로그램 설치

① R 프로젝트 사이트 접속

R 프로그램을 다운로드하기 위해 그림 1.1의 R 프로젝트 사이트 http://www.r-project.org에 접속한다.

그림 1.1 R 프로그램 사이트 www.r-project.org

그림 1.1의 사이트의 중간 부분에 있는 "download R"을 선택하든지 혹은 왼쪽 상단에 있는 "CRAN"을 선택한다. 그러면 R 프로그램을 다운로드받을 수 있는 각 나라에서 운영하는 CRAN 미러(mirror) 사이트들이 나타난다.

② 한국에서 운영하는 R 미러 사이트 선택

전 세계 미러 사이트 중에서 한국(Korea)에서 운영하는 사이트는 그림 1.2와 같다.

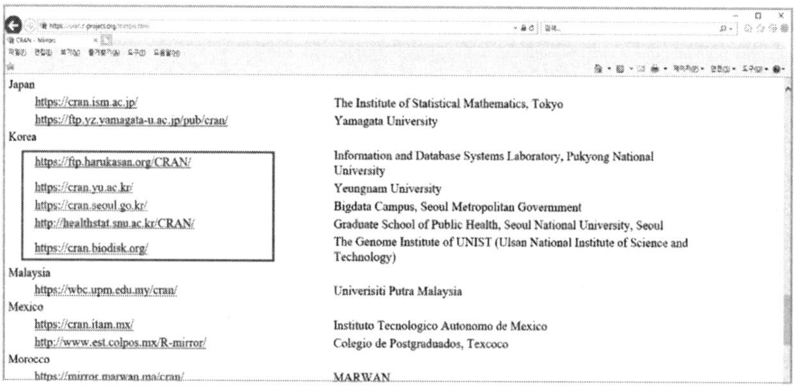

그림 1.2 한국에서 운영하는 미러 사이트

그림 1.2에서 보듯이 현재 한국은 5개의 R 미러 사이트들을 운영하고 있다. 이

중에서 임의로 하나의 사이트를 선택한다. 여기서는 서울특별시청에서 운영하는 "https://cran.seoul.go.kr/"를 선택한다.

③ 사용자 운영체제 선택

선택한 R 미러 사이트 "https://cran.seoul.go.kr/"에서 사용자의 컴퓨터 환경에 맞는 R 프로그램을 선택한다. 그림 1.3에서 사용자의 운영체제 Linux, MacOS X, Windows 중 하나를 선택한다.

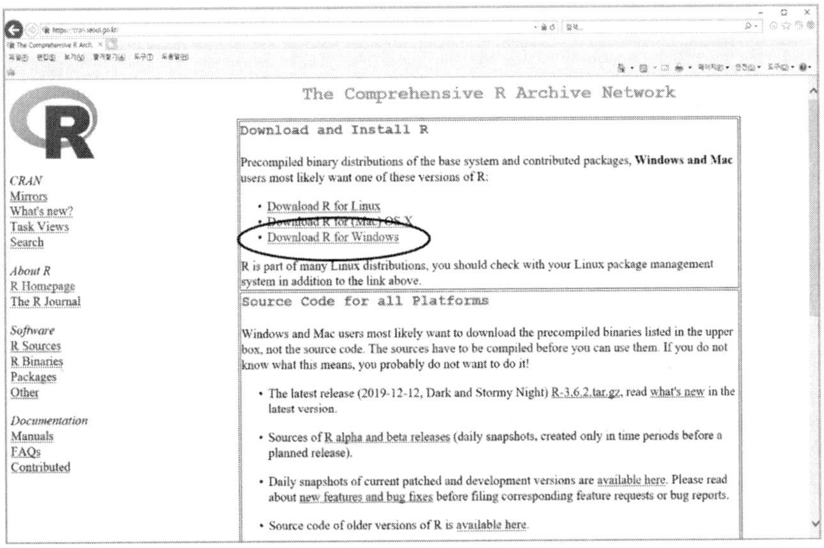

그림 1.3 사용자의 운영체제 선택

대부분의 사용자들은 윈도우 환경 하에서 R을 사용하고 있기 때문에 여기서는 "Download R for Windows"를 선택한다.

④ base 선택

R 프로그램을 설치하는 데 있어서 기본(base)만 설치할 것이냐 아니면 전부 설치할 것이냐를 결정한다. 여기서는 기본만 설치하고 필요할 때마다 패키지를 설치하여 사용하고자 한다.

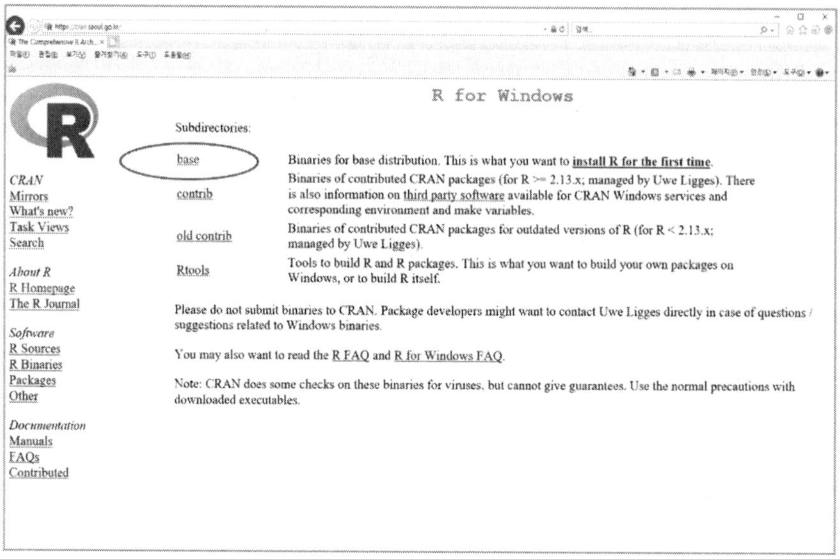

그림 1.4 base 선택

그림 1.4에서 R의 기본만을 설치하기 위해 base를 선택한다.

⑤ R 버전 선택

R에는 여러 가지 버전이 있다. 여기서는 가장 최신버전을 설치한다. 그림 1.5에 나와 있는 버전 R 3.6.2가 현재 최신버전이다.

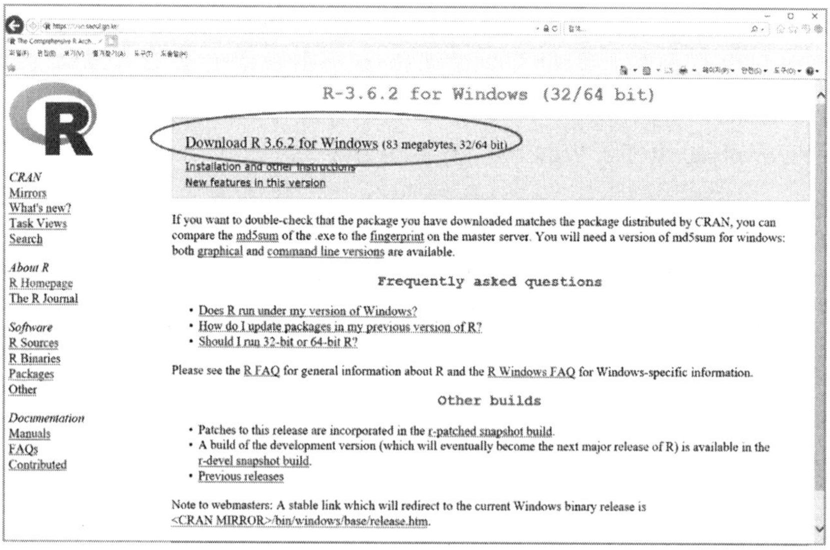

그림 1.5 R의 최신버전 선택

그림 1.5에서 R 3.6.2를 선택하기 위해 "Download R 3.6.2 for Windows"를

클릭한다. 만약, 이전 버전(previous version)을 선택하고자 하는 경우 그림 1.5의 중앙에 있는 “Other builds” 내용 중에서 “Previous releases”를 선택하여 원하는 버전을 선택한다.

⑥ 윈도우 버전 R 3.6.2 다운로드

그림 1.5에서 “Download R 3.6.2 for Windows”를 클릭하면 그림 1.6과 같이 R 3.6.2를 다운로드할 수 있는 대화상자가 나타난다.

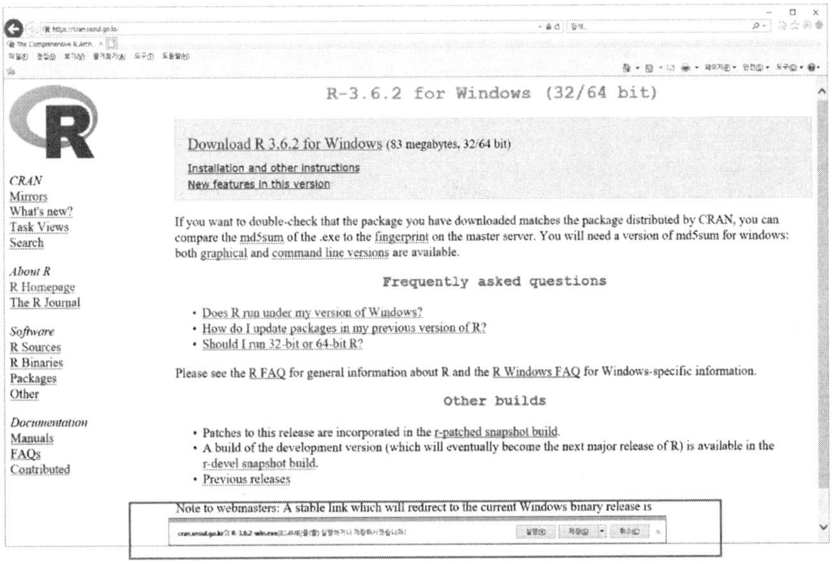

그림 1.6 R 3.6.2 다운로드를 위한 대화상자

⑦ 디렉토리에 실행파일 저장

다운로드 받은 실행파일을 설치하는 방법에는 그림 1.7과 같이 바로 실행시키는 방법과 컴퓨터 하드디스크에 저장 후 실행시키는 방법이 있다.

그림 1.7 실행파일 실행 및 저장을 위한 대화상자

여기서는 후자의 방법으로 설치하고자 한다. 이를 위해 그림 1.7의 대화상자에서 “저장”→“다른 이름으로 저장” 버튼을 선택하여 실행파일을 컴퓨터 하드디스크의 적당한 곳에 저장한다. 여기서는 디렉토리 “C:\UTIL”에 실행파일 “R-3.6.2-win.exe”을 저장한다. 그림 1.8은 “C:\UTIL”에 “R-3.6.2-win.exe” 파일이 저장되어 있는 것을 볼 수 있다.

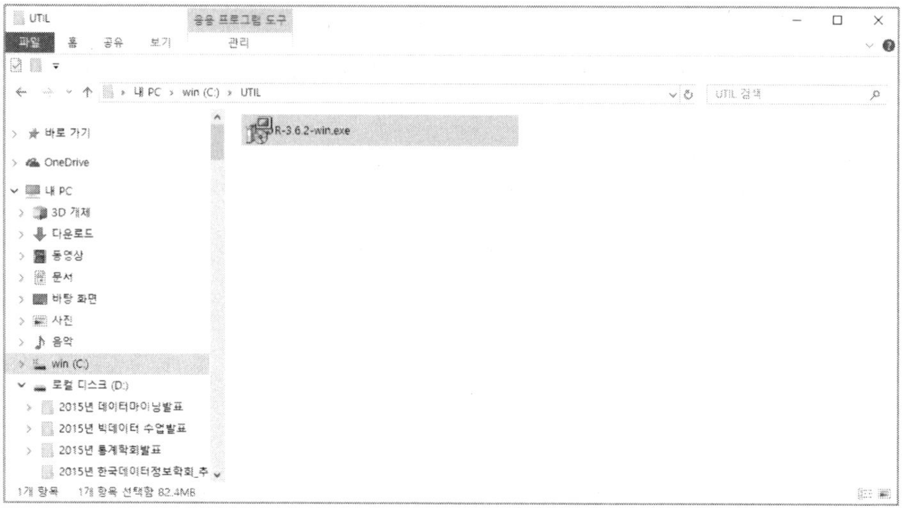

그림 1.8 "C:₩UTIL" 저장

⑧ 다운로드된 실행파일 실행

그림 1.8의 "C:\UTIL"에 저장된 "R-3.6.2-win.exe" 파일을 더블 클릭하여 실행한다.

⑨ 사용 언어 선택

R에서 사용할 언어를 그림 1.9의 언어 선택 대화상자에서 선택한다.

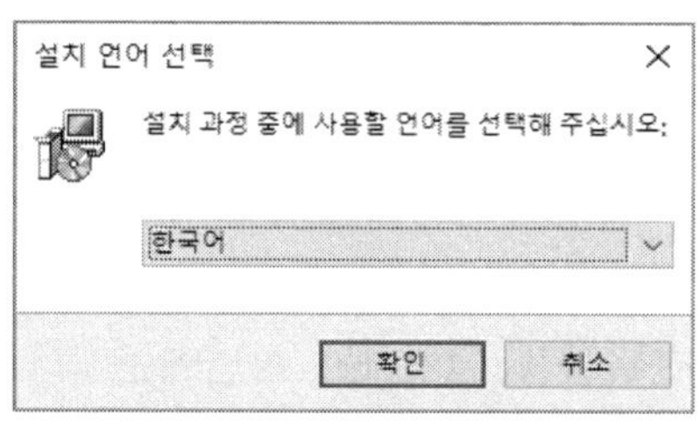

그림 1.9 설치 언어 선택

그림 1.9에서 디폴트로 지정된 "한국어"를 그대로 선택하기 위해 [확인] 버튼을 클릭한다.

⑩ 라이센스 정보 확인

그림 1.10은 R의 라이센스에 대한 정보 확인을 위한 대화상자이다.

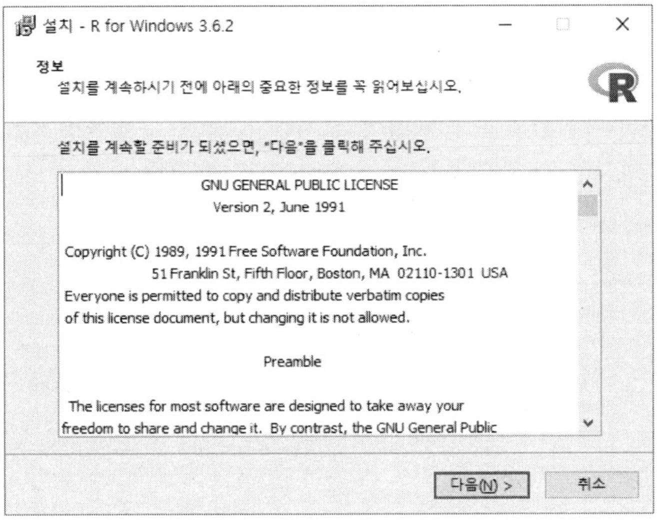

그림 1.10 라이센스 정보 확인

그림 1.10에서 라이센스 정보 확인 후 진행을 위해 [다음]을 선택한다.

⑪ R 설치할 디렉토리 선택
그림 1.11에서 R을 설치할 디렉토리를 선택한다.

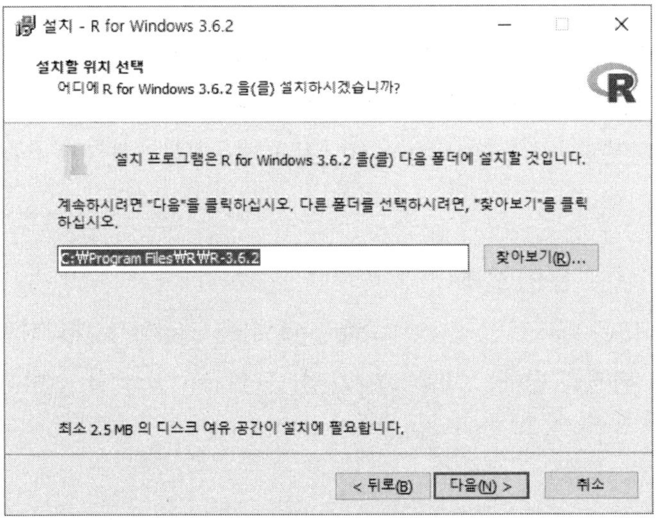

그림 1.11 R 설치 디렉토리 선택

여기서는 디폴트로 선택된 폴더 "C:\Program Files\R\R-3.6.2"에 설치한다. 설치 경로를 변경하고자 하는 경우, [찾아보기]를 통해서 변경할 수 있다. 진행을 위해 [다음]을 클릭한다.

⑫ 설치할 구성요소 선택

구성요소 설치에서는 원하는 구성요소를 선택하여 설치할 수 있다. 사용자 운영체제에 따라 구성요소를 선택하여 설치하면 된다. 초기설정에는 그림 1.12와 같이 32-bit Files, 64-bit Files 모두 설치하게 되어 있다.

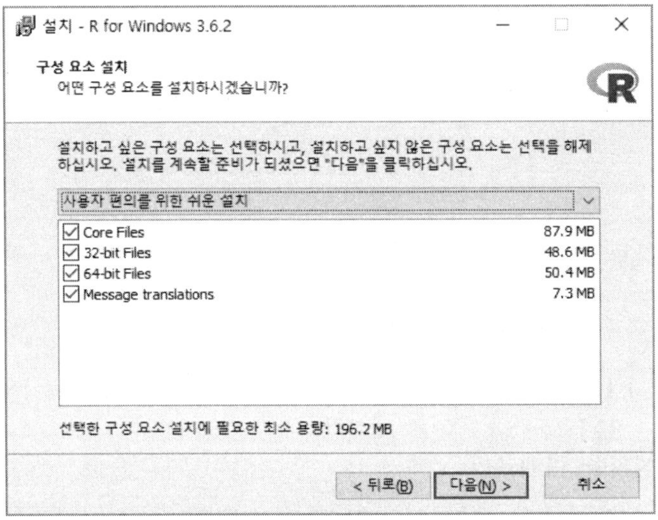

그림 1.12 구성요소 설치화면

여기서는 사용자 운영체제와는 관계없이 디폴트로 설정된 것을 그대로 설치하기 위해 [다음] 버튼을 선택한다. 만약, 컴퓨터 하드 디스크 용량을 절약하고자 하는 경우 운영체제가 Windows 10 64bit 사용자라면 32-bit Files를 제외하고 설치할 수도 있다.

⑬ 스타트업 옵션 선택

그림 1.13은 스타트업 옵션(startup option)을 조정하는 대화상자이다. 사용자가 특별한 R 환경을 원하는 경우 스타트업 옵션에서 "Yes"를 선택하고 그렇지 않은 대부분의 사용자들은 "No"를 선택한다.

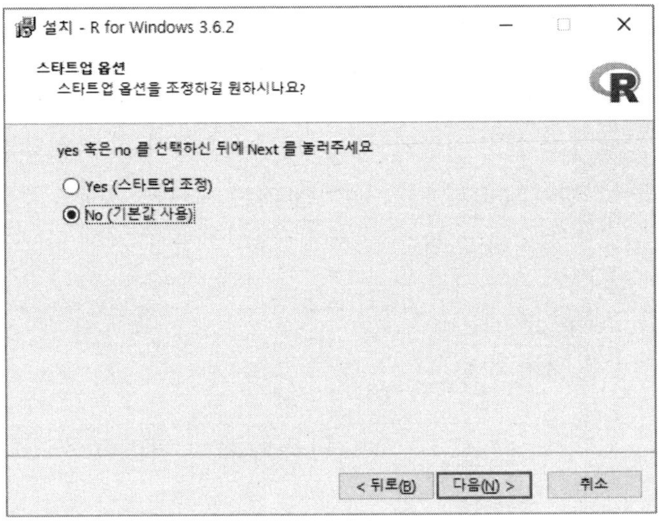

그림 1.13 스타트업 옵션 화면

여기서는 디폴트로 설정된 “No”를 선택하고 [다음] 버튼을 선택한다.

⑭ 시작 메뉴 폴더 선택

시작프로그램에서 R 프로그램에 대한 메뉴 폴더를 새로 만들 수 있다. 그림 1.14에서 디폴트 설정으로 [R]을 선택하면 [시작] → [모든 프로그램] → [R]처럼 [R] 폴더가 새로 만들어진다. 이 경우 R을 실행시키기 위해 폴더 [R]을 선택하면 된다.

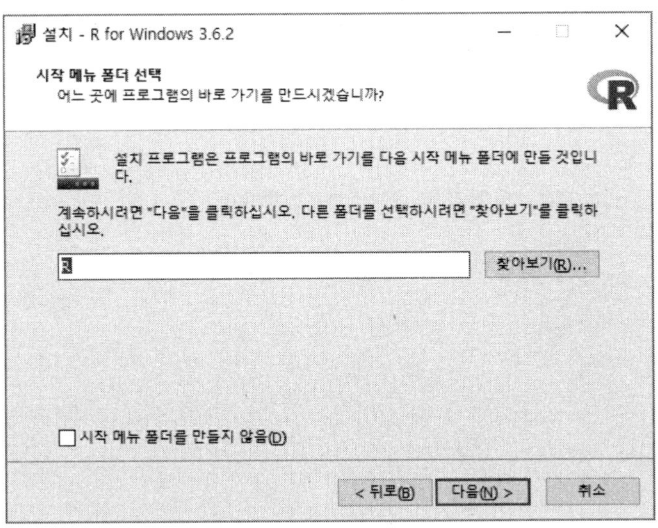

그림 1.14 시작 메뉴 폴더 선택 화면

여기서는 시작 메뉴 폴더로 디폴트로 지정된 “R”을 그대로 선택하고 진행을 위해 [다음] 버튼을 클릭한다.

⑮ 추가 사항 적용

그림 1.15에서 R 설치 과정에서 추가로 적용하고자 하는 사항을 선택한다. 특별히 추가 적용 사항이 없으면 이미 선택된 기본 사항을 그대로 적용하고자 하는 경우 [다음] 버튼을 클릭하면 된다.

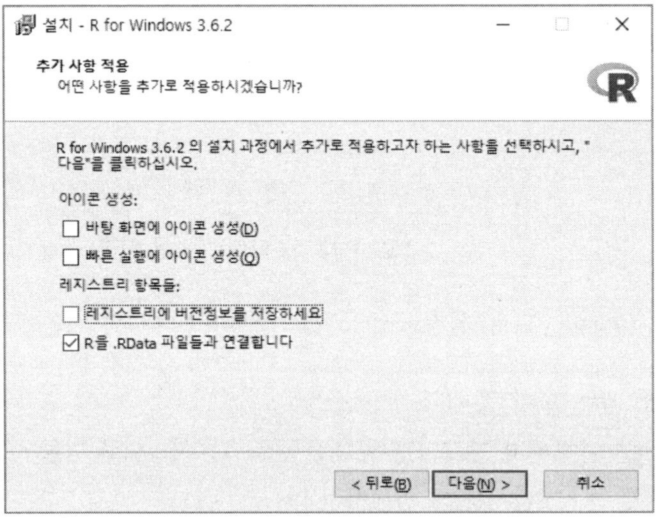

그림 1.15 추가 사항 적용 화면

만약, 바탕화면에서 설치된 R 프로그램에 대한 아이콘 생성을 원한다면 [바탕화면에 아이콘 생성(D)]를 선택하면 된다. 진행을 위해 [다음] 버튼을 클릭한다.

⑯ R 설치

그림 1.16은 R을 설치하고 있는 화면이다.

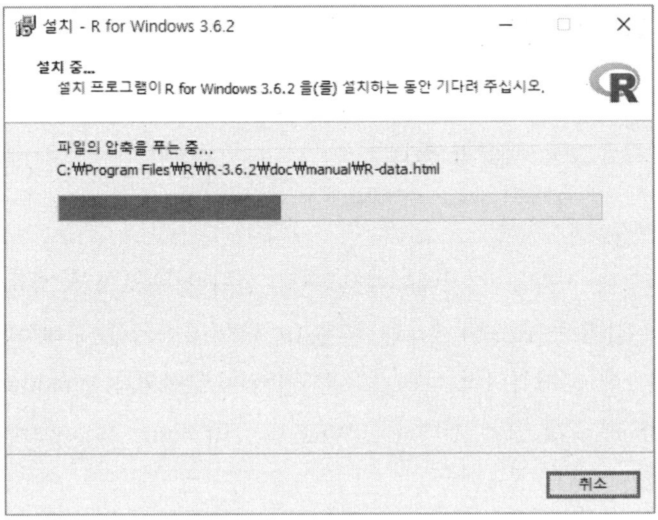

그림 1.16 R 설치 중 화면

그림 1.16에서 보듯이 실행파일의 압축이 풀리면서 설치가 되는 것을 알 수 있다.

⑰ 설치완료

그림 1.17과 같은 화면이 나오면 정상적으로 R 설치가 완료된 것이다.

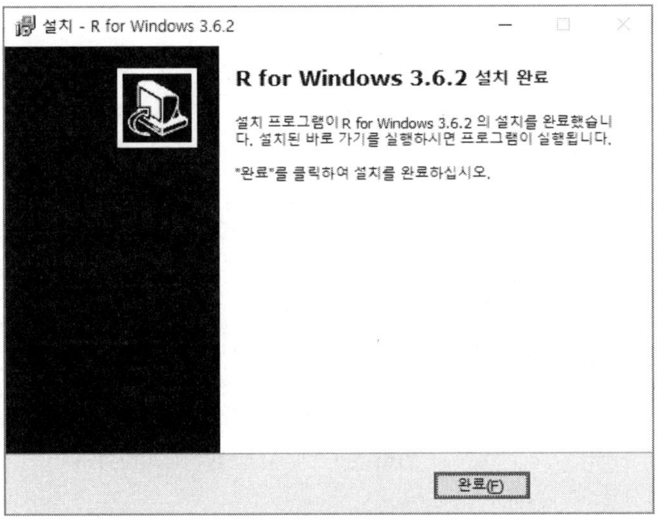

그림 1.17 설치완료

2. R 프로그램 실행

(1) R 프로그램 시작과 종료

① R 프로그램 시작

R 프로그램 시작은 시작메뉴에서 새로 설치한 프로그램 항목이나 혹은 [최근에 추가한 앱]에서 [R x64 3.6.2] 혹은 [R i386 3.6.2]를 선택하면 그림 2.1과 같이 R 프로그램 초기화면이 나타난다. 여기서 운영체제가 Windows 10 64bit 사용자라면 [R x64 3.6.2]를 선택하고 Windows 10 32bit 사용자라면 [R i386 3.6.2]를 선택한다.

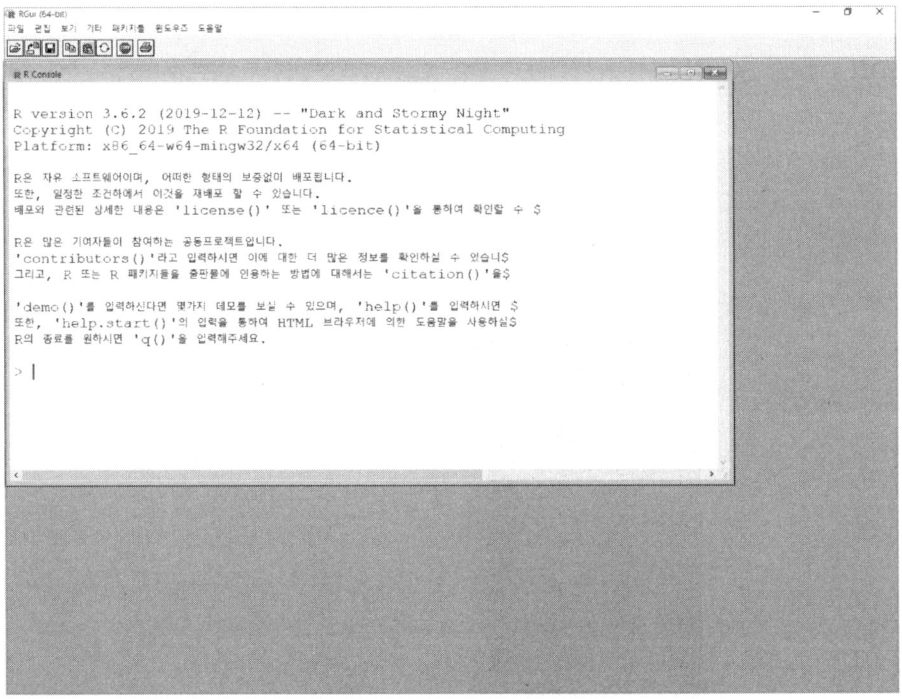

그림 2.1 R 프로그램 초기화면

그림 2.1을 보면 2개의 화면(혹은 창)이 나타나는데 안에 있는 작은 화면이 R 콘솔(console) 화면이고 바깥에 있는 큰 화면이 RGui 화면이다. R 콘솔 화면은 R 코드를 작성하여 실행시킬 수 있는 화면이고, RGui 화면에는 파일, 편집, 보기, 패키지, 윈도우즈, 도움말 등의 R 프로그램과 관련된 여러 가지 메뉴가 있는 화면이다. RGui 화면에 있는 메뉴를 통하여 편리하게 R 프로그램 파일처리, R 편집기

그리고 패키지 불러오기 그밖에 도움말 기능들을 이용할 수 있다.

② R 프로그램 종료
R 프로그램을 종료하고자 하는 경우 RGui 화면에서 [파일] → [종료] 메뉴를 선택하는 경우와 R 콘솔 화면에서 q() 입력 후 [Enter] 버튼을 선택하는 경우가 있다. 이 경우 그림 2.2와 같이 "작업공간 이미지를 저장하시겠습니까?"라는 메시지가 나타나는데 저장하고 싶으면 [예], 아니면 [아니오] 버튼을 선택하면 된다.

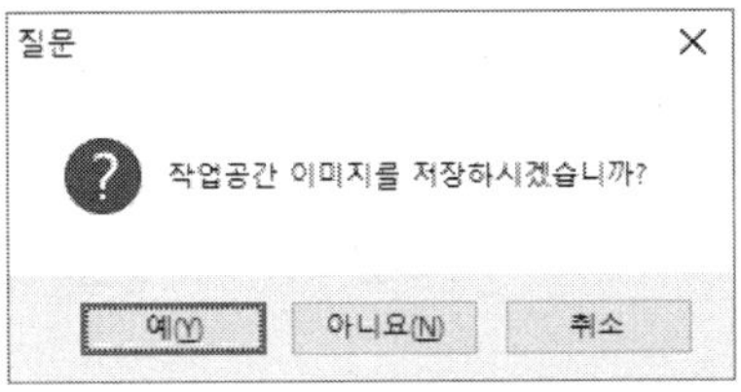

그림 2.2 작업 디렉토리 저장화면

그림 2.2에서 [예]를 선택하는 경우 R 종료 후에도 작업디렉토리의 ".RData" 파일에 R에서 사용한 변수가 저장되어 있고, [아니오]를 선택하는 경우 R을 종료한 후에는 R에서 사용한 변수가 저장되지 않는다. 따라서 영구히 변수 저장을 원하는 경우를 제외하고는 [아니오]를 선택하면 된다. 보통 [아니오]를 선택하여 R을 종료한다.

(2) 자주 사용하는 R 메뉴

① [파일] → [새 스크립트]
RGui 화면에서 [파일] → [새 스크립트] 메뉴를 선택하면 그림 2.3의 R 편집기(editor)가 열린다. R 편집기는 R 프로그램 코드가 긴 경우 프로그램 작성, 저장 및 실행을 편리하게 해주는 기능을 갖고 있다. 따라서 R 프로그램 코드가 짧은 경우는 R 콘솔 화면에서 프로그램 작성하여 실행시켜도 큰 불편함이 없으나, R 코드가 긴 경우 R 콘솔 화면에서 에러(error)를 수정하고 실행시키는 일련의 반복적인 작업을 수행하는 것이 불편하다.

그림 2.3 R 편집기

그림 2.3의 R 편집기에서 간단한 계산, 여기서는 10+20을 계산하는 프로그램을 작성하였다.

② [파일] → [저장하기] 혹은 [파일] → [다른 이름으로 저장]

그림 2.3의 R 편집기에서 작성된 코드를 저장하기 위해 [파일] → [저장하기] 메뉴 혹은 [파일] → [다른 이름으로 저장] 메뉴를 선택한다. 여기서는 디렉토리 "D:\빅데이터R고싶다\부록"에 "십이십.R"이라는 파일이름으로 저장하였다.

③ [파일] → [스크립트 열기]

그림 2.3의 R 편집기에서 작업한 파일, 즉 확장자가 R인 파일을 열고자 하는 경우 [파일] → [스크립트 열기] 메뉴를 선택한다. 예를 들면, 그림 2.4에서 "십이십.R" 파일을 열고자 하는 경우 이 메뉴를 사용한다.

그림 2.4 스크립트 열기

④ [편집] → [줄 또는 선택영역 실행]

R 편집기에서 선택한 줄(line) 또는 영역을 실행시키고자 하는 경우 [편집] → [줄 또는 선택영역 실행] 메뉴를 선택한다. 개인적으로 줄(line) 또는 영역을 실행시키고자 하는 경우 커서를 원하는 위치에 놓고 혹은 원하는 영역을 선택한 다음 단축키 "Ctrl+R"을 사용하면 편리하다.

그림 2.5 코드 실행 결과 화면

그림 2.5는 단축기 "Ctrl+R"을 사용하여 R 편집기에서 작성된 코드를 실행시킨 결과 R 콘솔 화면에 계산 결과가 나타나는 것을 보여 주고 있다.

⑤ [편집] → [GUI 설정]

R 콘솔화면 혹은 R 편집기에서 글자 폰트 크기를 조절하고자 하는 경우 [편집] → [GUI 설정] 메뉴를 사용한다.

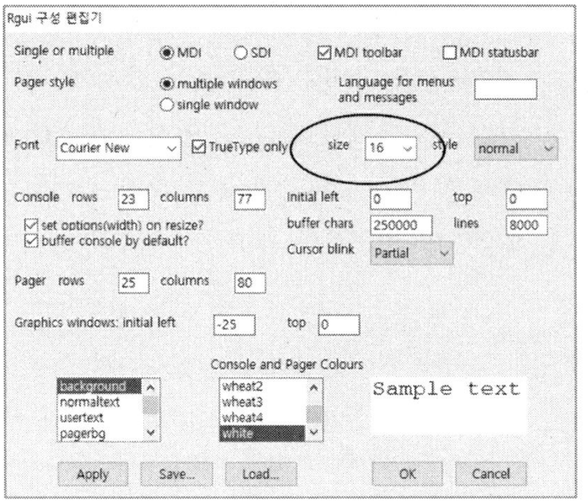

그림 2.6 글자 폰트 크기 조절

그림 2.6에서 기본적으로 설정된 폰트 크기는 10이다. 개인적으로 폰트 10은 너무 작아서 size에서 16, 18을 사용한다.

(3) R을 사용한 간단한 프로그램

① 사칙연산

여기서는 R을 이용하여 10, 20을 덧셈, 뺄셈, 곱셈 그리고 나눗셈을 수행하고자 한다. 그림 2.7은 R 콘솔에서 사칙연산 수행과정을 보여 주고 있다.

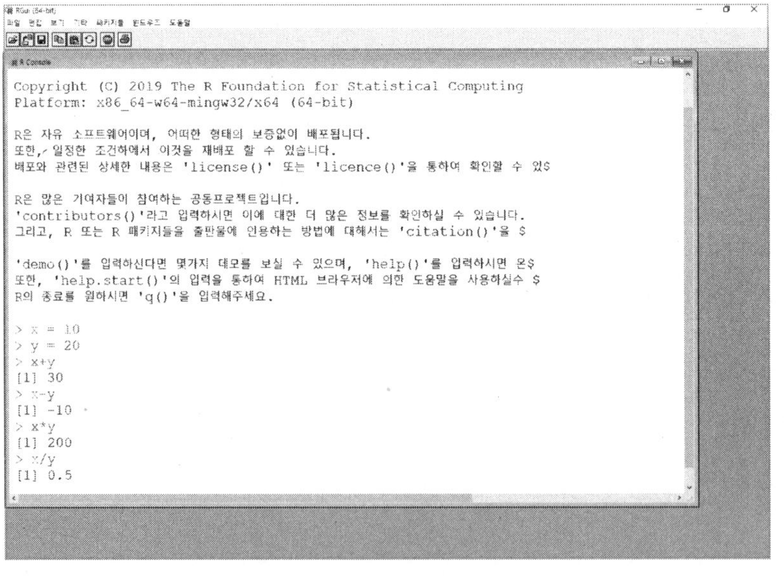

그림 2.7 R 콘솔에서 사칙연산

그림 2.8은 R 편집기에서 사칙연산 프로그램을 작성 한 것을 보여 주고 있다.

그림 2.8 R 편집기에서 사칙연산 프로그램

그림 2.8에서 단축기 "Ctrl+R"을 사용하여 한 줄 한 줄 실행시키면 그림 2.7과 같은 결과가 R 콘솔화면에 나타난다.

② 평균 계산

그림 2.9는 R 콘솔에서 5개의 데이터에 대한 평균을 계산하는 것을 보여 주고 있다. R에서 mean() 함수를 이용하여 평균을 계산한다.

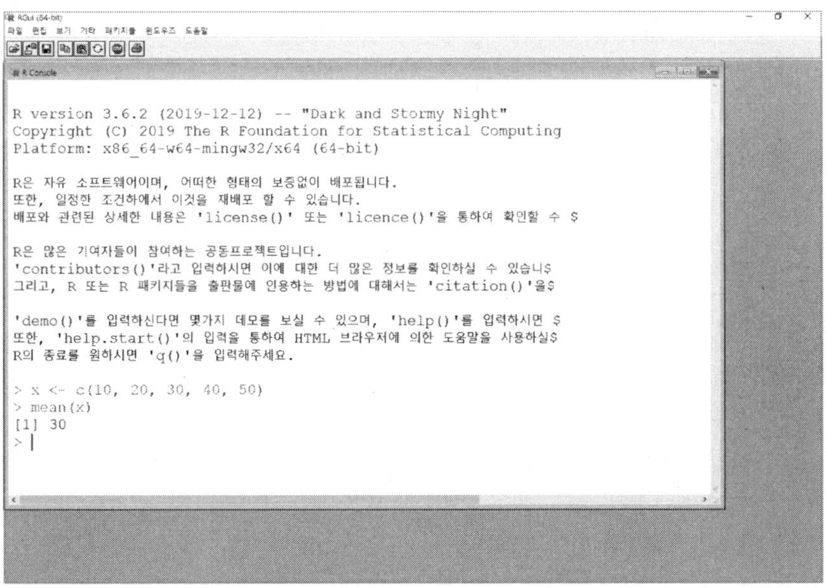

그림 2.9 R 콘솔에서 평균 계산

그림 2.9에서처럼 R에서 기호 "<-" 대신 "="을 사용하여 벡터를 생성할 수 있다. 그림 2.9에서 5개의 데이터에 대해 c() 함수를 사용하여 벡터를 생성한 후 mean() 함수를 사용하여 평균을 구하고 있다. 그림 2.10은 R에서 도움말 기능을 보여 주고 있다.

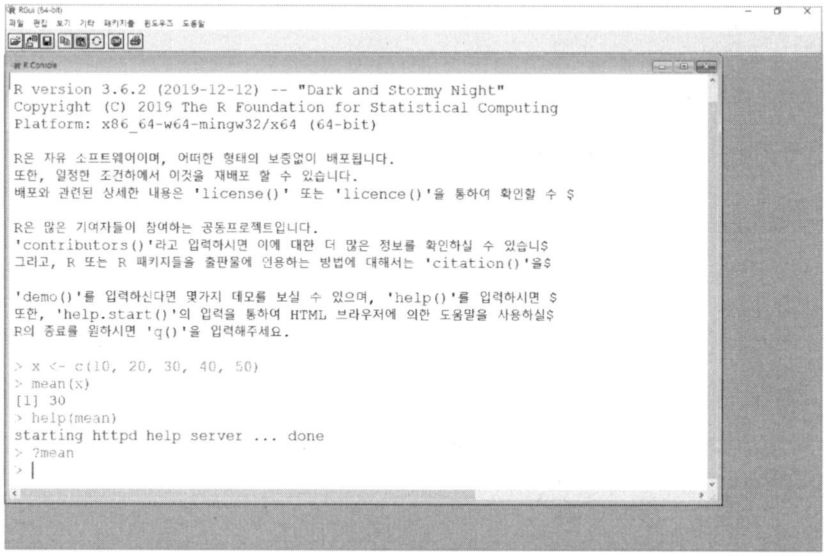

그림 2.10 도움말 기능

그림 2.10에서 mean() 함수의 사용법을 모를 경우에는 help() 함수를 이용하여 도움을 요청하거나 기호 ?를 이용하면 된다.

그림 2.11은 도움말 기능을 통하여 얻어진 mean() 함수의 사용법을 보여 주고 있다.

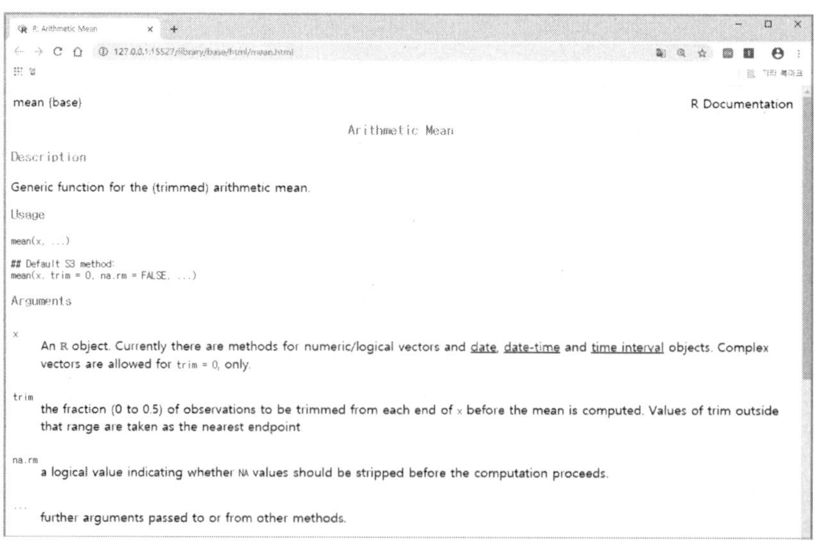

그림 2.11 mean() 함수의 사용법

그림 2.11의 mean() 함수의 사용법에서 보는 것처럼 함수를 사용하는 경우 반드시 필요한 인수가 있고 생략가능한 인수가 있다. 예를 들어, mean(x,...) 함수에서 x는 필요한 인수이다.

3. R 프로그램 문법

(1) 데이터 유형

R의 데이터 유형에는 벡터(vector), 행렬(matrix), 데이터프레임(data frame), 리스트(list)로 구분된다.

① 벡터(vector)
R에서 가장 기본적인 데이터 형태는 벡터(vector)이다. 벡터는 하나 이상의 숫자, 문자 등의 집합으로 동일한 데이터 유형으로 구성되는 1차원 데이터 구조이다. 수학에서 사용하는 벡터와는 의미가 다루다.

R에서 c() 함수를 이용하여 벡터를 생성한다. 벡터는 숫자형 벡터, 문자형 벡터, 논리형 벡터로 구분된다.

- 숫자형 벡터: 벡터의 모든 원소가 숫자로 이루어진 벡터이다.
  예 x <- c(1,2,3,4,5,6,7,8,9,10)
- 문자형 벡터: 벡터의 모든 원소가 문자로 이루어진 벡터이다. 여기서 원소는 이중 따옴표 " " 혹은 단일 따옴표 ' '를 사용하여 나타낸다.
  예 y <- c("Kim","Lee","Park","Lim","Moon")
- 논리형 벡터: 벡터의 모든 원소가 TRUE(혹은 T), FALSE(혹은 F)의 논리값으로 이루어진 벡터이다.
  예 z <- c(TRUE, FALSE, TRUE)

참고로, 벡터는 원소가 동일한 유형을 갖는다. 따라서 숫자형 벡터는 오직 숫자만 포함하고, 문자형 벡터는 오직 문자만 포함하여야 한다. 예를 들어, 숫자와 문자가 포함된 벡터, 즉 c(1, 2, "Kim", "Lee")는 문자형 벡터로 취급하니 주의하기 바란다.

그림 3.1은 여러 가지 벡터의 예를 보여 주고 있다.

```
> x <- c(1,2,3,4,5,6,7,8,9,10)
> x
 [1]  1  2  3  4  5  6  7  8  9 10
> y <- c("Kim","Lee","Park","Lim","Moon")
> y
[1] "Kim"  "Lee"  "Park" "Lim"  "Moon"
> z <- c(TRUE, FALSE, TRUE)
> z
[1]  TRUE FALSE  TRUE
> |
```

그림 3.1 여러 가지 벡터의 예

- 데이터의 형 확인

R에서 class() 함수를 이용하여 데이터 형을 확인할 수 있다. 그림 3.2는 class() 함수를 사용하여 데이터 형을 확인하고 있다.

```
> x <- c(1,2,3,4,5,6,7,8,9,10)
> class(x)
[1] "numeric"
> y <- c("Kim","Lee","Park","Lim","Moon")
> class(y)
[1] "character"
> z <- c(TRUE, FALSE, TRUE)
> class(z)
[1] "logical"
> |
```

그림 3.2 class() 함수 사용 데이터 형 확인

그림 3.2에서 숫자형 벡터는 “numeric”, 문자형 벡터는 “character”, 논리형 벡터는 “logical”로 나타내고 있다.

- 벡터의 길이

length() 함수를 이용하여 벡터의 길이를 알 수 있다. 통계분석에서 벡터의 길이

는 통계 관측치의 개수를 알기 위해 필요하다. 그림 3.3은 length() 함수를 이용하여 벡터의 길이를 구하고 있다.

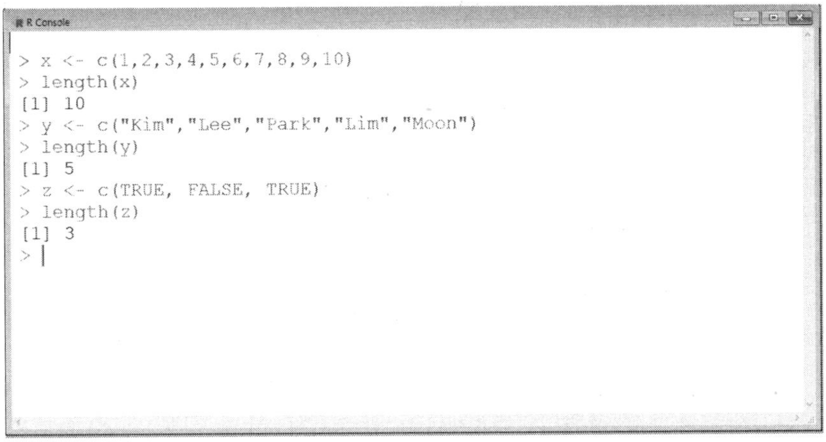

그림 3.3 length() 함수 이용 벡터의 길이

② 행렬(matrix)

행렬은 데이터가 행(row)과 열(column)로 이루어진 2차원 구조이다. 행렬의 원소는 벡터와 같이 동일한 데이터 형만 허용한다. R에서 matrix() 함수를 이용하여 행렬을 생성한다. R에서 행렬은 기본적으로 열(column)을 기준으로 생성한다. 다음의 matrix() 함수의 사용형식이다.

```
matrix(data, nrow, ncol, byrow)
```

- data: 데이터
- nrow: 행의 개수
- ncol: 열의 개수
- byrow: 행 기준 지정, 디폴트는 열 기준이다.

그림 3.4는 1부터 9까지 수를 가지고 3행 3열 행렬을 만드는 경우 byrow 인수를 사용하는 경우와 사용하지 않는 경우 각각의 예를 보여 주고 있다.

```
> A = matrix(1:9, nrow=3)
> A
     [,1] [,2] [,3]
[1,]    1    4    7
[2,]    2    5    8
[3,]    3    6    9
> B = matrix(1:9, nrow=3, byrow=T)
> B
     [,1] [,2] [,3]
[1,]    1    2    3
[2,]    4    5    6
[3,]    7    8    9
> 
```

그림 3.4 matrix() 함수 이용 행렬 생성

그림 3.4에서 연속적인 데이터를 만들고자 하는 경우 콜론(:)을 이용하여 범위를 지정할 수 있다. 여기서 "1:9"는 1부터 9까지 연속적인 데이터를 만든다.

- 행렬의 차원

  dim() 함수를 이용하여 행렬의 차원(dimension)을 알 수 있다. 여기서 차원이란 행과 열의 길이를 의미한다. 그림 3.5는 dim() 함수를 이용하여 행렬의 차원을 구하고 있다.

```
> A = matrix(1:9, nrow=3)
> A
     [,1] [,2] [,3]
[1,]    1    4    7
[2,]    2    5    8
[3,]    3    6    9
> dim(A)
[1] 3 3
> B = matrix(1:9, nrow=3, byrow=T)
> B
     [,1] [,2] [,3]
[1,]    1    2    3
[2,]    4    5    6
[3,]    7    8    9
> dim(B)
[1] 3 3
```

그림 3.5 dim() 함수 이용 행렬 차원

그림 3.5에서 행렬 A와 B의 각각의 차원은 3, 3이다. 즉, 행의 수가 3이고 열의 수가 3임을 나타낸다.

③ 데이터프레임(data frame)

데이터프레임은 변수(열)와 관찰치(행)로 구성된 2차원 데이터 구조이다. 데이터프레임은 행렬과 같은 구조이나 행렬과 다르게 각 열(column)마다 다른 데이터 유형을 가질 수 있는 데이터 구조이다. 다시 말하면, 데이터프레임은 각 변수의 데이터 유형은 일치하지 않아도 상관없지만 각 변수에 대한 관찰치의 수는 같아야 한다. 통계분석에서 사용되는 데이터의 형태는 데이터프레임이므로 가장 빈번히 사용된다. R에서 data.frame() 함수를 이용하여 데이터프레임을 생성한다.

```
> x <- c("Kim","Lee","Park","Lim","Moon")
> y <- c("M", "F", "M", "F", "M")
> z <- c(170, 160, 180, 155, 175)
> df <- data.frame(x,y,z)
> df
     x y   z
1  Kim M 170
2  Lee F 160
3 Park M 180
4  Lim F 155
5 Moon M 175
> |
```

그림 3.6 data.frame() 함수 사용 데이터프레임 생성

그림 3.6에서 변수 df의 구조가 바로 데이터프레임인데 df는 3개의 열, 즉 첫 번째 열과 두 번째 열은 문자형 벡터이고 세 번째 열은 숫자형 벡터로 구성되어 있음을 알 수 있다.

• 데이터프레임에서 데이터 검색 및 수정

데이터프레임을 벡터들의 집합으로 간주하여 개별 벡터의 검색 및 수정 등을 용이하게 할 수 있다. 이를 위해 "$" 기호를 사용한다. 그림 3.7은 데이터프레임에서 데이터 검색 및 수정하는 예를 보여 주고 있다.

```
> x <- c("Kim","Lee","Park","Lim","Moon")
> y <- c("M", "F", "M", "F", "M")
> z <- c(170, 160, 180, 155, 175)
> df <- data.frame(x,y,z)
> df
     x y   z
1  Kim M 170
2  Lee F 160
3 Park M 180
4  Lim F 155
5 Moon M 175
> df$z
[1] 170 160 180 155 175
> df$z <- z+10
> df
     x y   z
1  Kim M 180
2  Lee F 170
3 Park M 190
4  Lim F 165
5 Moon M 185
> df[df$y=="M", ]
     x y   z
1  Kim M 180
3 Park M 190
5 Moon M 185
> 
```

그림 3.7 데이터프레임에서 데이터 검색 및 수정

그림 3.7에서 변수 z에 대해 검색하고자 하는 경우 데이터프레임 df에 $ 기호를 붙여서 df$z처럼 사용한다. 그리고 데이터프레임에서 일부 데이터만을 검색하고자 하는 경우(예를 들면, 변수 y에 대해 M만을 검색), 즉 성별이 남성인 경우만을 검색하고자 하는 경우는 다음과 같다.

```
df[df$y=="M", ]
```

- 데이터프레임에서 행과 열의 이름 변경

데이터프레임을 생성할 때 각 열과 행의 이름은 자동으로 부여된다. rownames() 함수를 사용하여 행의 이름, colnames() 함수를 사용하여 열의 이름을 변경할 수 있다. 그림 3.8은 데이터프레임에서 행과 열의 이름을 변경하는 예를 보여 주고 있다.

```
> x <- c("Kim","Lee","Park","Lim","Moon")
> y <- c("M", "F", "M", "F", "M")
> z <- c(170, 160, 180, 155, 175)
> df <- data.frame(x,y,z)
> df
     x y   z
1  Kim M 170
2  Lee F 160
3 Park M 180
4  Lim F 155
5 Moon M 175
> rownames(df) <- c("p1","p2","p3","p4","p5")
> colnames(df) <- c("name","sex","height")
> df
   name sex height
p1  Kim   M    170
p2  Lee   F    160
p3 Park   M    180
p4  Lim   F    155
p5 Moon   M    175
> 
```

그림 3.8 데이터프레임에서 행과 열의 이름 변경

그림 3.8에서 행의 이름을 기존의 이름 1, 2, 3, 4, 5에서 p1, p2, p3, p4, p5로 변경되고, 열의 이름을 기존의 이름 x, y, z에서 name, sex, height로 변경된 것을 알 수 있다.

④ 리스트(list)

리스트는 벡터, 행렬, 데이터프레임 등 서로 다른 데이터 구조를 하나로 묶을 수 있는 데이터 구조이다. 리스트는 데이터프레임에서 각 변수별 원소의 개수가 동일해야 한다는 제한도 없어 데이터 형태 중에서 가장 자유로운 구조를 갖고 있다. R의 list() 함수를 사용하여 리스트를 생성한다. 그림 3.9는 벡터, 행렬, 데이터프레임을 하나의 리스트로 나타내고 있다.

```
R Console
> x <- c("Kim","Lee","Park","Lim","Moon")
> y <-  c(170, 160, 180, 155, 175)
> m <- matrix(1:9, nrow=3)
> df <- data.frame(x,y)
> L1 <- list(x,y,m,df)
> L1
[[1]]
[1] "Kim"  "Lee"  "Park" "Lim"  "Moon"

[[2]]
[1] 170 160 180 155 175

[[3]]
     [,1] [,2] [,3]
[1,]    1    4    7
[2,]    2    5    8
[3,]    3    6    9

[[4]]
     x   y
1  Kim 170
2  Lee 160
3 Park 180
4  Lim 155
5 Moon 175
```

그림 3.9 list() 함수 사용 리스트 생성

그림 3.9에서 리스트를 구성하는 각각의 원소를 [[1]], [[2]], [[3]], [[4]]로 나타내고 있다. 따라서 각 원소를 검색하고자 하는 경우 다음과 같다.

L1[[1]], L1[[2]], L1[[3]], L1[[4]]

그림 3.10은 그림 3.9에서 리스트를 구성하는 각각의 원소에 이름을 부여하고 있다.

```
> x <- c("Kim","Lee","Park","Lim","Moon")
> y <-  c(170, 160, 180, 155, 175)
> m <- matrix(1:9, nrow=3)
> df <- data.frame(x,y)
> L2 <- list(name=x,height=y,matrix=m,dataframe=df)
> L2
$name
[1] "Kim"  "Lee"  "Park" "Lim"  "Moon"

$height
[1] 170 160 180 155 175

$matrix
     [,1] [,2] [,3]
[1,]    1    4    7
[2,]    2    5    8
[3,]    3    6    9

$dataframe
     x   y
1  Kim 170
2  Lee 160
3 Park 180
4  Lim 155
5 Moon 175
```

그림 3.10 리스트의 원소 이름 부여

그림 3.10에서 리스트를 구성하는 각각의 원소를 $name, $height, $matrix, $dataframe로 나타내고 있다. 따라서 각 원소를 검색하고자 하는 경우 다음과 같다.

```
L2$name, L2$height, L3$matrix, L2$dataframe
```

(2) 데이터 시각화

데이터 시각화(data visualization)는 데이터를 그림이나 그래프를 통해 시각적으로 표현하는 과정이다. R에서 제공하는 대표적인 시각화 함수로는 산점도(산포도, scatter plot)를 그리는 plot() 함수, 막대그래프(bar graph)를 그리는 barplot() 함수, 히스토그램(histogram)을 그리는 hist() 함수 등이 있다.

① plot() 함수

plot() 함수는 x와 y의 2개 축을 기준으로 좌표를 찍어 산점도를 그리는 함수이다. plot() 함수는 R에서 제공하는 기본적인 시각화 함수이다. plot() 함수의 사용 형식은 다음과 같다.

```
plot(y)
plot(x, y, type, main, xlab, ylab)
```

- x, y: 데이터
- type: 좌표를 표시하는 인수로서 "p"와 "l"이 있다. 여기서 "p"는 디폴트로 점(points)을 표시하기 위해 사용하고 "l"은 선(lines)을 표시하기 위해 사용한다.
- main: plot의 전체 제목
- xlab: x축 제목
- ylab: y축 제목

다음은 15개의 데이터에 대해 plot() 함수의 디폴트 옵션을 사용하여 산점도를 그리고자 한다.

```
y <- c(62, 75, 56, 64, 66, 53, 50, 64, 80, 64, 45, 70, 52, 65, 54)
plot(y)
```

> plot(y)

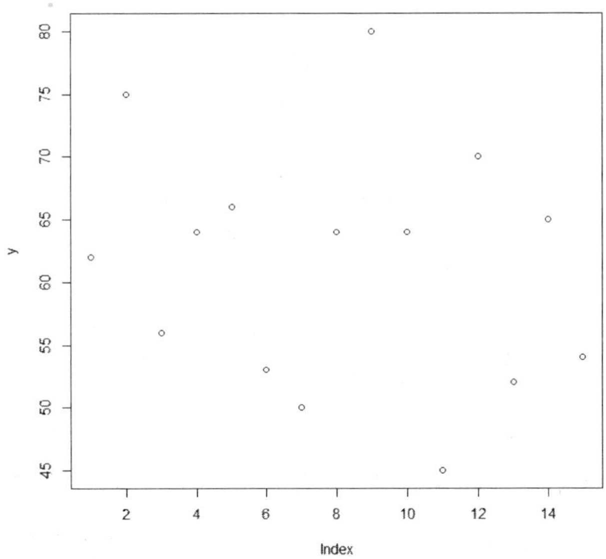

그림 3.11 plot() 함수의 디폴트 옵션 사용

그림 3.11은 index에 따른 y의 분포를 나타낸 것이다. 여기서 index 값은 자동으로 지정된다.

다음은 x, y 데이터에 대해 plot() 함수의 옵션을 사용하여 x축과 y축의 제목과 그래프의 이름을 추가하고자 한다.

```
x <- c(77, 76, 65, 49, 57, 46, 51, 55, 65, 41, 77, 52, 52, 68, 75)
y <- c(62, 75, 56, 64, 66, 53, 50, 64, 80, 64, 45, 70, 52, 65, 54)
plot(x, y, main="과학성적에 대한 수학성적의 산점도", xlab="과학성적", ylab="수학성적")
```

```
> plot(x, y, main="과학성적에 대한 수학성적의 산점도", xlab="과학성적", ylab="수학성적")
```

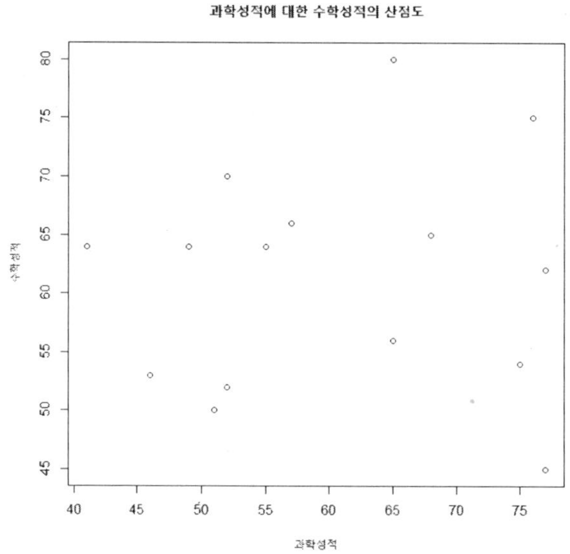

그림 3.12 plot() 함수의 옵션 사용

② barplot() 함수

barplot() 함수는 막대그래프를 그리는 함수이다. 막대그래프는 도수분포표(frequency table)로부터 그린다.

다음은 x 데이터(과학성적)에서 75점 이상이면 "Good"(잘함), 55점 이상이고 75점 미만이면 "Fair"(보통), 55점 미만이면 "Bad"(못함)로 구분하고자 한다. table() 함수를 이용하여 도수분포표를 작성한 후 barplot() 함수를 이용하여 막대그래프를 그린다.

```
x <- c(77, 76, 65, 49, 57, 46, 51, 55, 65, 41, 77, 52, 52, 68, 75)

x[x >= 75]<- "Good"
x[ (x >= 55) & (x <75)]<- "Fair"


x[x < 55]<- "Bad"
```

```
freq <- table(x)
freq
barplot(freq)
```

R에서 전체 데이터의 일부분을 추출하고자 하는 경우, 여기서는 x 데이터에서 조건을 만족하는 데이터만을 추출하는 경우 사용 형식은 다음과 같다.

```
x[x의 조건식]
```

예를 들어, x 데이터에서 75점 이상을 추출하고자 하는 경우 x[x >= 75], 55점 이상이고 75점 미만을 추출하고자 하는 경우 x[(x >= 55) & (x <75)], 그리고 55점 미만을 추출하고자 하는 경우 x[x < 55]이다.

다음은 도수분포표를 보여 주고 있다.

```
> freq <- table(x)
> freq
x
 Bad Fair Good
   6    5    4
```

→"Bad"가 6명, "Fair"가 5명, "Good"가 4명이다.

그림 3.13은 위 도수분포표에 대한 막대그래프를 보여 주고 있다.

```
> barplot(freq)
```

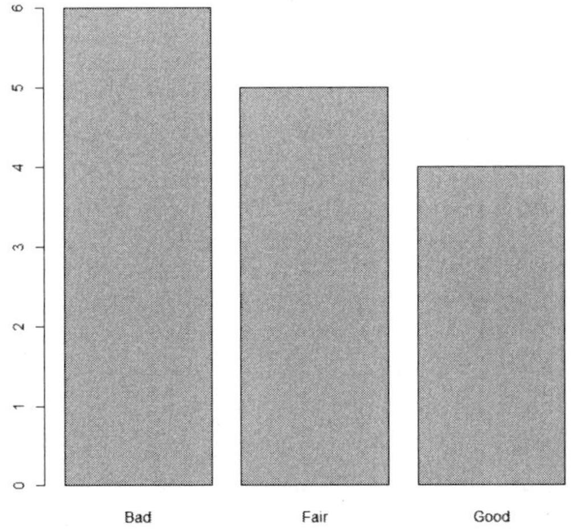

그림 3.13 barplot() 함수 이용 막대그래프

③ hist() 함수

hist() 함수는 히스토그램을 그리기 위한 함수이다. 히스토그램을 그려봄으로서 데이터의 분포를 알 수 있다. 다음은 hist() 함수의 사용형식이다.

```
hist(x)
hist(x, freq, main, xlab, ylab )
```

- x: 데이터
- freq: 디폴트인 경우 구간별 빈도수를 나타내며, FALSE이면 각 구간의 확률 밀도함수 값이 그려진다. 이 경우 전체 막대 너비의 합은 1이 된다.
- main: 히스토그램의 제목
- xlab: x축 제목
- ylab: y축 제목

다음은 15개의 데이터에 대해 hist() 함수의 디폴트 옵션을 사용하여 히스토그램을 그리고자 한다.

```
x <- c(77, 76, 65, 49, 57, 46, 51, 55, 65, 41, 77, 52, 52, 68, 75)
hist(x)
```

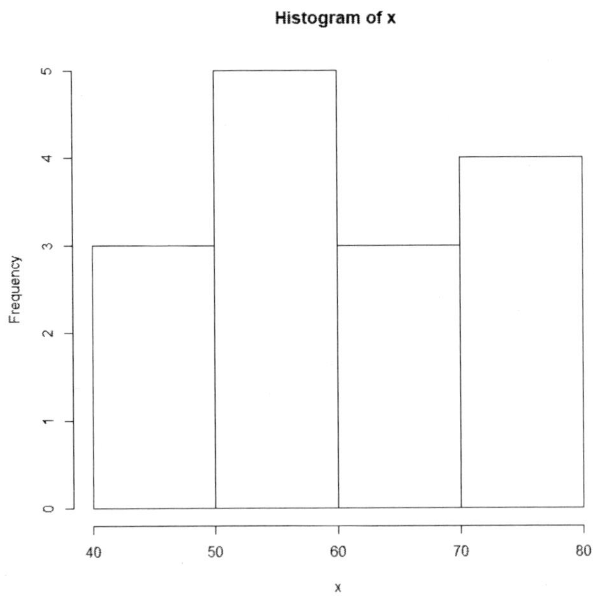

그림 3.14 hist() 함수의 디폴트 옵션 사용

다음은 x 데이터에 대해 hist() 함수의 옵션을 사용하여 x축의 제목과 히스토그램의 이름을 추가하고자 한다.

```
x <- c(77, 76, 65, 49, 57, 46, 51, 55, 65, 41, 77, 52, 52, 68, 75)
hist(x, freq=FALSE, main="과학성적 히스토그램", xlab="과학성적")
```

```
> hist(x, freq=FALSE, main="과학성적 히스토그램", xlab="과학성적")
```

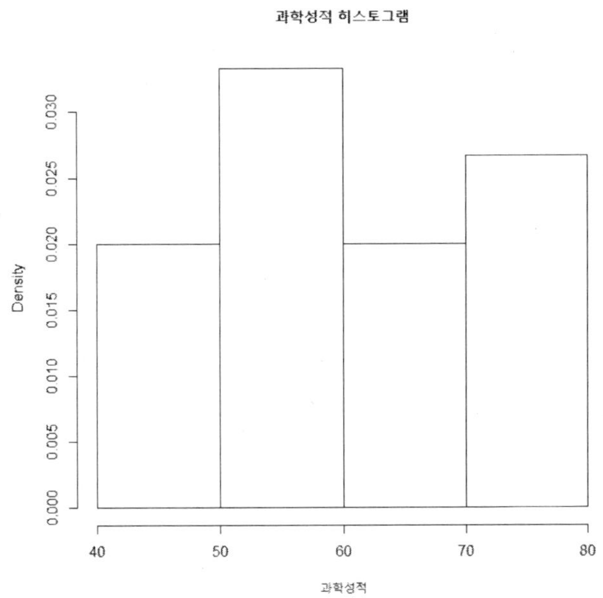

그림 3.15 hist() 함수의 옵션 사용

(3) 제어문과 함수

R에서 제어문에는 조건문과 반복문이 있고, 가장 많이 사용하는 조건문에는 if 문, if ~ else 문, ifelse 문 등이 있고 반복문에는 for 문과 while 문 등이 있다.

R에서는 함수를 별도로 정의할 필요 없이 사용하는 내장함수(built-in function)와 사용자가 직접 함수를 정의한 다음 그 함수를 불러서 사용하는 사용자 정의 함수(user defined function)가 있다. 여기서는 사용자 정의 함수에 대해 설명하고자 한다.

① 조건문

i) if ~ else 문

다음은 if ~ else 문의 사용형식이다.

```
if (조건) { 문장 1 }   else  { 문장 2 }
```

조건을 만족하면 문장 1을 수행하고 조건을 만족하지 않으면 문장 2를 수행한다. 위 if ~ else 문의 사용형식은 한 줄로 나타냈으나 아래와 같이 여러 줄에 걸쳐 나타낼 수도 있다.

```
if (조건) {
  문장 1
} else {
 문장 2
}
```

다음은 if ~ else 문을 사용하여 주어진 x 데이터에 대해 75 이상이면 "합격" 아니면 "불합격"을 출력하고자 한다.

```
x <- 80
if (x >= 75) { print("합격")} else {print("불합격")}
```

```
[1] "합격"
```

프로그램 가독성을 위해 아래와 같이 여러 줄에 걸쳐 나타낼 수도 있다.

```
x <- 80
if (x >= 75) {
print("합격")
} else {
print("불합격")
}
```

```
[1] "합격"
```

if ~ else 문의 단점은 여러 원소로 이루어진 벡터에 대해 조건검사가 불가하고

오로지 하나의 원소에 대해서만 조건검사가 가능하다.

다음은 15개의 x 데이터에 대해 if ~ else 문을 사용하여 75 이상이면 “합격” 아니면 “불합격”을 출력하고자 한다.

```
x <- c(77, 76, 65, 49, 57, 46, 51, 55, 65, 41, 77, 52, 52, 68, 75)
if (x >= 75) {
print("합격")
} else {
print("불합격")
}
```

```
[1] "합격"
경고 메시지(들):
In if (x >= 75) { :
  length > 1 이라는 조건이 있고, 첫 번째 요소만이 사용될 것입니다
```

→ 위 경고 메시지는 if ~ else 문은 반복 연산이 불가하기 때문에 벡터 x의 첫 번째 요소, 즉 77에 대해서만 사용이 가능하다는 점을 나타내고 있다. 우리가 원하는 벡터에 대해 반복 연산이 가능하려면 ifelse 문이나 뒤에 나오는 반복문 for를 사용한다.

ii) ifelse 문

다음은 ifelse 문의 사용형식이다.

```
ifelse (조건, 리턴값 1, 리턴값 2)
```

조건을 만족하면 리턴값 1을 출력하고 조건을 만족하지 않으면 리턴값 2를 출력한다. ifelse 문의 장점은 if ~ else 문의 한계를 해결하기 위해 벡터 연산이 가능하다는 점이다. 즉, 벡터의 각 원소에 대해 조건검사가 가능하다.

다음은 15개의 x 데이터에 대해 ifelse 문을 사용하여 75 이상이면 “합격”을 아니면 “불합격”을 출력하고자 한다.

```
x <- c(77, 76, 65, 49, 57, 46, 51, 55, 65, 41, 77, 52, 52, 68, 75)
ifelse (x >= 75, "합격", "불합격")
```

```
 [1] "합격"    "합격"    "불합격" "불합격" "불합격" "불합격" "불합격" "불합격"
 [9] "불합격" "불합격" "합격"    "불합격" "불합격" "불합격" "합격"
```

② 반복문

for 문은 문장을 반복하고자 하는 경우 사용한다. 다음은 for 문의 사용형식이다.

```
for(변수 in 초기값 : 최종값) {
  문장
}
```

여기서 변수가 초기값부터 최종값이 될 때까지 문장을 반복 수행한다.

다음은 15개의 x 데이터에 대해 for 문을 사용하여 75 이상이면 “합격”을 아니면 “불합격”을 출력하고자 한다.

```
x <- c(77, 76, 65, 49, 57, 46, 51, 55, 65, 41, 77, 52, 52, 68, 75)
for(i in 1:15) {
    if (x[i] >= 75) {
          print("합격")
    } else {
          print("불합격")
    }
}
```

```
[1] "합격"
[1] "합격"
[1] "불합격"
[1] "불합격"
[1] "불합격"
[1] "불합격"
[1] "불합격"
[1] "불합격"
[1] "불합격"
[1] "불합격"
[1] "합격"
[1] "불합격"
[1] "불합격"
[1] "불합격"
[1] "합격"
```

→ 위 코드는 for 문 안에 if ~ else 문이 있는 형태이다. 15개의 원소 각각에 대해 if ~ else 문이 반복 수행되고 있다.

③ 사용자 정의 함수

R에서 사용자 정의 함수를 설명하기 전에 수학시간에 배운 함수에 대해 생각해 보고자 한다. 2개의 인수 x_1, x_2을 갖는 함수는 다음과 같다.

$y = f(x_1, x_2)$

- f: 함수기호
- x_1, x_2: 입력값
- y: 결과값

예를 들어, 2개의 수 각각의 제곱의 합을 구하는 경우 함수는 다음과 같다.

$$y = f(x_1, x_2) = x_1^2 + x_2^2$$

2개의 수, 10과 20의 제곱 100과 400의 합을 구하는 경우, $x_1 = 10, x_2 = 20$을 함수 $f(x_1, x_2)$에 적용하면 다음과 같다.

$$f(x_1 = 10, x_2 = 20) = 100 + 400 \rightarrow y = 500$$

따라서 함수 f을 적용하여 얻어진 결과값은 $y = 500$이다.

R에서도 수학함수와 동일하게 직접 함수를 정의한 다음 함수에 입력값을 적용하여 원하는 결과를 얻는다. 여기서 직접 정의한 함수를 사용자 정의 함수(user defined function)라고 하고, 수학에서 입력값을 적용하는 것을 R에서는 함수를 호출(call)한다고 한다. 다음은 함수를 정의하는 형식이다.

```
함수이름 <- function(인수1, 인수2, ...) {
  수식
}
```

다음은 2개의 수 각각의 제곱의 합을 구하기 위해 함수를 정의한 다음 두 수 10과 20을 적용하고자 한다.

```
hap <- function(x, y) {
x^2 + y^2
}
x <- 10
y <- 20
hap(10, 20)
```

```
> hap(10, 20)
[1] 500
```

사용자 함수를 정의할 때 return 문을 사용하여 명시적으로 계산된 값을 되돌려 줄 수 있다. 다음은 return 문을 사용하는 경우 함수의 사용 형식이다.

```
함수이름 <- function(인수1, 인수2, ...) {
 변수=수식
 return (변수)
}
```

다음은 2개의 수 각각의 제곱을 더하기 위해 return 문을 사용한 사용자 정의 함수를 보여 주고 있다.

```
hap <- function(x, y) {
z = x^2 + y^2
return(z)
}
x <- 10
y <- 20
hap(10, 20)
```

```
> hap(10, 20)
[1] 500
```

사용자 정의 함수를 사용하는 이유는 무엇일까? 무엇보다 편리하기 때문이다. 함수를 한번만 정의한 다음 매번 필요할 때마다 정의된 함수를 호출하여 사용하면 코드의 반복 사용을 줄일 수 있어서 편리하다.

다음 x, y 데이터에 대해 사용자 정의 함수를 사용하여 평균, 표준편차, 최솟값, 최댓값을 구하고자 한다.

```
x <- c(77, 76, 65, 49, 57, 46, 51, 55, 65, 41, 77, 52, 52, 68, 75)
y <- c(62, 75, 56, 64, 66, 53, 50, 64, 80, 64, 45, 70, 52, 65, 54)
f <- function(x) {
  x_mean <- mean(x)
  x_sd <- sd(x)
  x_min <- min(x)
  x_max <- max(x)
  x_summary <- list(mean=x_mean,sd=x_sd, min = x_min, max = x_max)
  return(x_summary)
}
f(x)
f(y)
```

```
> f(x)
$mean
[1] 60.4

$sd
[1] 12.22293

$min
[1] 41

$max
[1] 77

> f(y)
$mean
[1] 61.33333

$sd
[1] 9.641182

$min
[1] 45

$max
[1] 80
```

(4) 입력 및 출력

1) 입력

① 콘솔 입력

• scan() 함수

scan() 함수는 콘솔(키보드) 혹은 외부파일로부터 데이터를 입력받고자 하는 경우 사용한다. 기본적으로 입력받는 데이터는 숫자형이다.

다음은 콘솔로부터 5개의 숫자형 데이터를 입력받고 있다.

```
> x <- scan()
1: 10 20 30 40 50
6:
Read 5 items
> x
[1] 10 20 30 40 50
```

위 코드에서 엔터키 입력 시 입력이 종료되고 사용자가 입력한 숫자를 벡터로 저장한다. 만약, 데이터가 숫자가 아니고 문자를 입력하는 경우는 옵션 what="" 혹은 what=character()을 사용한다.

다음은 콘솔로부터 5개의 문자형 데이터를 입력받고 있다.

```
> x <- scan(what="")
1: Lim Lee Kim Park Moon
6:
Read 5 items
> x
[1] "Lim"  "Lee"  "Kim"  "Park" "Moon"
```

위 코드에서 엔터키 입력 시 입력이 종료되고 사용자가 입력한 문자를 벡터로 저장한다.

다음은 scan() 함수를 사용하여 외부파일로부터 데이터를 입력받고자 한다. 그림 3.16은 숫자 데이터를 갖고 있는 파일 "부록1.txt"이다.

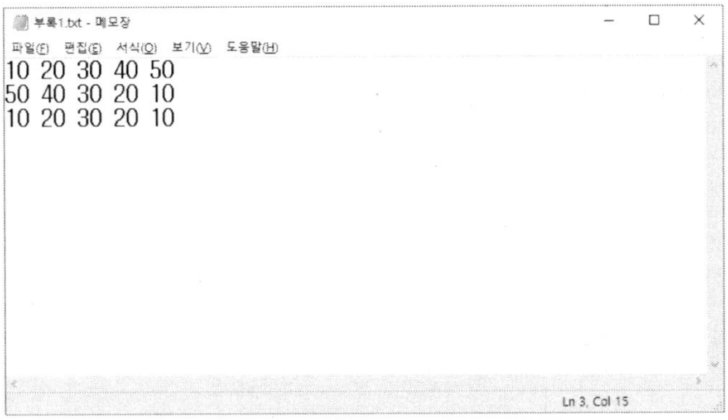

그림 3.16 숫자 데이터 파일 "부록1.txt"

scan() 함수를 사용하여 "부록1.txt" 파일을 불러온다.

```
> x <- scan("D:/빅데이터R고싶다/부록/부록1.txt")
Read 15 items
> x [1] 10 20 30 40 50 50 40 30 20 10 10 20 30 20 10
```

그림 3.16의 "부록1.txt"에는 여러 줄에 걸쳐 데이터를 입력하였으나 scan() 함수는 하나의 벡터로 저장하고 있다.

그림 3.17은 문자 데이터를 갖고 있는 파일 "부록2.txt"이다.

그림 3.17 문자 데이터 파일 "부록2.txt"

scan() 함수를 사용하여 "부록2.txt" 파일을 읽어온다.

```
> x <- scan("D:/빅데이터R고싶다/부록/부록2.txt", what="")
Read 5 items
> x
[1] "나"      "아버지" "어머니" "누나"   "동생"
```

그림 3.17의 "부록2.txt"에는 여러 줄에 걸쳐 데이터를 입력하였으나 scan() 함수는 하나의 벡터로 저장하고 있다.

② 파일입력

• readLines() 함수

파일에서 데이터를 행(줄) 단위로 읽어 배열을 생성해 주는 함수이다. R에서 텍스트 파일을 읽어 워드 클라우드를 작성하는 데 자주 이용되는 함수이다. readLines() 함수의 사용형식은 다음과 같다.

```
readLines(file, encoding="unknown")
```

- file: 파일이름
- encoding: 인코딩 방식 지정

예 moon <- readLines("moon.txt", encoding="UTF-8")

• read.table() 함수

read.table() 함수는 데이터가 표, 테이블 구조(행과 열을 갖는 구조)를 갖고 있는 텍스트 파일로부터 데이터를 읽어 데이터 프레임을 생성하는 데 사용되는 함수이다. 다음은 read.table() 함수의 사용형식이다.

```
read.table(file, header = FALSE, sep = "")
```

- file: 파일이름
- header: 데이터에 헤더부분 포함 여부 지정, 디폴트는 header = FALSE로 데이터에 헤더 부분이 없다는 것을 나타내고, header = TRUE이면 데이터에 헤더부분이 있다는 것을 나타낸다.
- sep: 데이터 구분자(separator) 지정, 여기서 구분자란 데이터와 데이터 간 구분하는 문자를 말하며 주로, 공백(빈칸), 콤마(쉼표), 탭(tab) 등이 사용된다.

디폴트는 데이터를 공백(빈칸)으로 구분된다. 만약 공백(빈칸) 대신 다른 구분자를 사용하는 경우, 예를 들어, 콤마(쉼표)로 구분하는 경우 sep = ‘,’ 그리고 탭(tab)으로 구분하는 경우 sep = ‘\t’와 같이 지정한다.

그림 3.18은 데이터가 표, 테이블 구조의 텍스트 파일 “부록3.txt”이다.

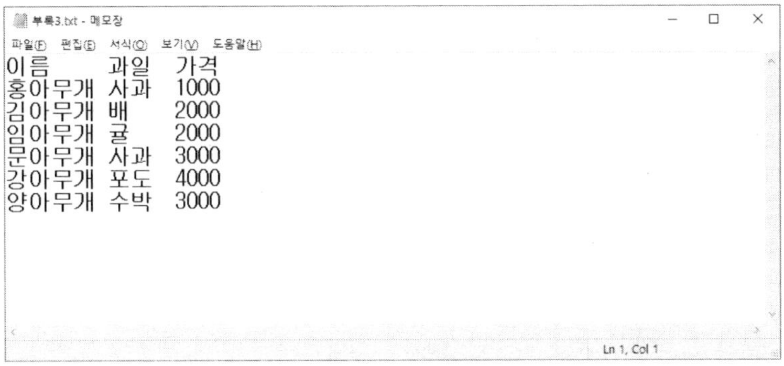

그림 3.18 표, 테이블 구조의 파일 “부록3.txt”

그림 3.18에서 보면 헤더를 갖고 있고 데이터의 구분자는 공백(빈칸)으로 되어 있다.

read.table() 함수를 이용하여 파일 “부록3.txt”를 읽어온다.

```
setwd("D:/빅데이터R고싶다/부록")
x <- read.table("부록3.txt", header = TRUE)
x
> x
      이름 과일 가격
1 홍아무개 사과 1000
2 김아무개   배 2000
3 임아무개   귤 2000
4 문아무개 사과 3000
5 강아무개 포도 4000
6 양아무개 수박 3000
```

위 코드에서 보면, read.table() 함수에서 sep = “”가 디폴트이기 때문에 별도로 header = TRUE 옵션만 추가 지정하였다.

• read.csv() 함수

read.csv() 함수는 텍스트 파일에서 각 데이터 열의 구분을 콤마(,)로 하는 CSV (Comma Separated Value) 파일을 읽어 데이터 프레임을 생성하기 위한 함수이다. 다음은 read.csv() 함수의 사용형식이다.

```
read.csv(file, header = TRUE, sep = ",")
```

- file: CSV 파일이름
- header: 데이터에 헤더부분 포함 여부 지정, 디폴트는 header = TRUE로 데이터에 헤더 부분이 있다는 것을 나타내고, header = FALSE이면 데이터에 헤더 부분이 없다는 것을 나타낸다.
- sep: 데이터 구분자(separator) 지정, 디폴트는 데이터를 콤마(,)로 구분된다.

참고로, read.csv() 함수는 read.table() 함수와의 차이점은 몇 가지 디폴트 옵션, 즉 구분자 sep=“,”와 header= TRUE 등을 제외하고는 동일하다.

그림 3.19는 텍스트 파일 중에서 데이터 열의 구분을 콤마(,)로 하는 CSV 파일이다.

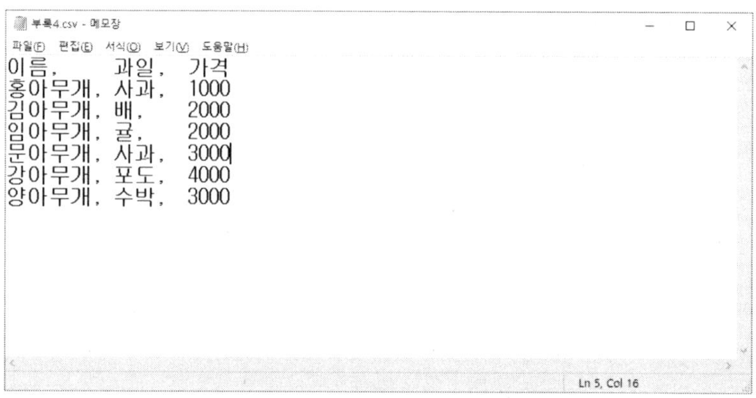
부록4.csv - 메모장
파일(F) 편집(E) 서식(O) 보기(V) 도움말(H)
이름,　　과일,　가격
홍아무개, 사과,　1000
김아무개, 배,　　2000
임아무개, 귤,　　2000
문아무개, 사과,　3000
강아무개, 포도,　4000
양아무개, 수박,　3000
Ln 5, Col 16

그림 3.19 CSV 파일 “부록4.csv”

그림 3.19의 “부록4.csv” 파일은 헤더를 갖고 있다. read.csv() 함수를 이용하여 파일 “부록4.csv”를 읽어온다.

```
setwd("D:/빅데이터R고싶다/부록")
x <- read.csv("부록4.csv")
x
> x
```

```
      이름  과일  가격
1 홍아무개  사과 1000
2 김아무개    배 2000
3 임아무개    귤 2000
4 문아무개  사과 3000
5 강아무개  포도 4000
6 양아무개  수박 3000
```

위 코드에서 보면, read.csv() 함수에서 header = TRUE, sep = ","가 디폴트이므로 별도로 옵션을 지정할 필요가 없다.

• load() 함수

load() 함수는 작업공간에 있는 변수, 데이터를 객체(object)로 저장해서 다시 메모리에 로딩하고자 하는 경우 사용한다. 참고로, save() 함수를 사용하여 변수, 데이터를 메모리에 저장한다.

다음은 x, y 데이터에 대해 save( ) 함수, load( ) 함수를 이용하여 바이너리 파일로 R 객체를 저장하고 불러오는 예를 보여 주고 있다.

```
#rm(list = ls())
setwd("D:/빅데이터R고싶다/부록")
x <- c(77, 76, 65, 49, 57, 46, 51, 55, 65, 41, 77, 52, 52, 68, 75)
y <- c(62, 75, 56, 64, 66, 53, 50, 64, 80, 64, 45, 70, 52, 65, 54)
save(x, y, file="xy.RData")
load("xy.RData")
ls()
> ls()
[1] "x" "y"
```

위 코드는 load() 함수를 이용하여 "xy.RData" 파일로부터 객체 x, y가 메모리 상에 로딩되어 있는 것을 알 수 있다.

2) 출력

① 콘솔 출력

• print() 함수

한 번에 1개의 객체를 콘솔에 출력한다.

다음은 if ~ else 문에서 조건에 따라 주어진 객체를 화면에 출력하는 예를 보여 주고 있다.

```
x <- 80
if (x >= 75) {
print("합격")
} else {
print("불합격")
}
[1] "합격"
```

위 코드에서 보면, print( ) 함수는 결과를 출력한 후 자동으로 개행(줄 바꿈)이 일어난다.

• cat() 함수

한 번에 여러 개의 객체를 콘솔에 출력한다.

```
x <- 80
if (x >= 75) {
cat("당신은", x, "점입니다. 합격입니다.₩n")
} else {
cat("당신은", x, "점입니다. 불합격입니다.₩n")
}
당신은 80 점입니다. 합격입니다.
```

cat( ) 함수는 결과를 출력한 후 자동으로 개행이 일어나지 않는다. 따라서 개행을 하려면 개행문자(\n)을 사용한다.

② 파일 출력

• write() 함수

write() 함수는 R에서 간단한 문자열을 저장하기 위해서 사용한다. 반대로, 문자열을 읽으려면 readLines() 함수를 사용한다.

다음은 텍스트마이닝에 대한 간단한 정의를 write() 함수를 사용하여 파일에 저장하고자 한다.

```
setwd("D:/빅데이터R고싶다/부록")
```

```
text_mining<- "텍스트마이닝 (text mining)은 비정형 텍스트 데이터 (unstructured text data)에서 패턴을 추출하여 유용한 정보를 찾아내는 기법으로 자연어 처리 (natural language processing; NLP)에 기반을 둔 기술이다. 여기서 자연어 (natural language)란 우리가 일상생활에서 사용하는 언어를 말하고, 자연어 처리는 컴퓨터가 사람처럼 자연어를 처리하는 분야를 말한다. "

write(text_mining, "text_mining.txt")
#text_mining <- readLines("text_mining.txt")
```

위 코드 수행결과 디렉토리 "D:/빅데이터R고싶다/부록"에 있는 파일 "text_mining.txt"에 텍스트마이닝에 대한 간단한 정의가 저장되어 있는 것을 확인할 수 있다.

• write.table() 함수

write.table() 함수는 데이터프레임 형태의 텍스트 데이터를 저장하는 함수이다. write.table() 함수의 사용형식은 다음과 같다.

```
write.table(x, file, sep=" ",quote=TRUE, row.names=TRUE,col.names = TRUE)
```

- x: 객체
- file: 파일 이름
- quote: 데이터의 이중따옴표 표시
- row.names: 행의 이름을 파일에 저장 여부
- col.names: 열의 이름을 파일에 저장 여부

"부록3.txt" 파일에 있는 데이터를 read.table() 함수를 사용하여 읽은 다음 write.table() 함수를 사용하여 파일로 저장하고자 한다.

```
setwd("D:/빅데이터R고싶다/부록")
x <- read.table("부록3.txt", header = TRUE)
x
> x
      이름 과일  가격
1 홍아무개 사과 1000
2 김아무개   배 2000
```

```
3 임아무개     귤 2000
4 문아무개 사과 3000
5 강아무개 포도 4000
6 양아무개 수박 3000
write.table(x, "부록5.txt")
write.table(x, "부록6.txt",quote=FALSE, row.names=FALSE)
```

```
> write.table(x, "부록5.txt")
```

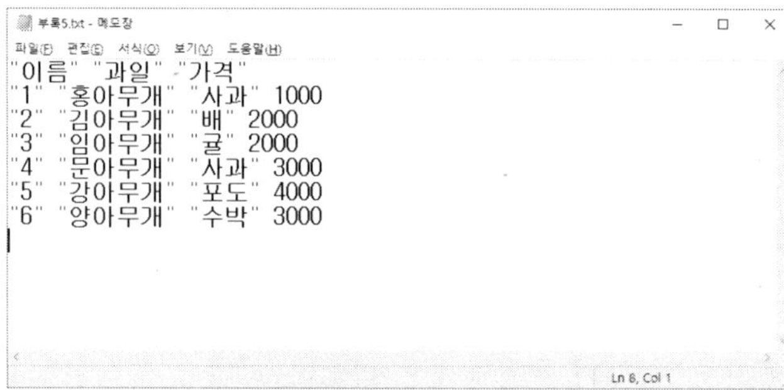

```
"이름" "과일" "가격"
"1" "홍아무개" "사과" 1000
"2" "김아무개" "배" 2000
"3" "임아무개" "귤" 2000
"4" "문아무개" "사과" 3000
"5" "강아무개" "포도" 4000
"6" "양아무개" "수박" 3000
```

그림 3.20 "부록5.txt" 파일

```
> write.table(x, "부록6.txt",quote=FALSE, row.names=FALSE)
```

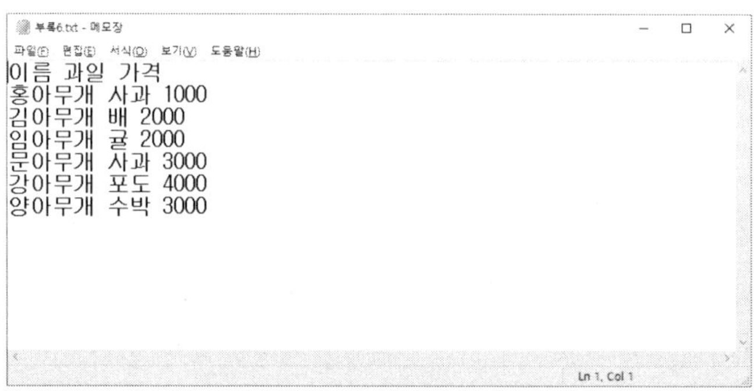

```
이름 과일 가격
홍아무개 사과 1000
김아무개 배 2000
임아무개 귤 2000
문아무개 사과 3000
강아무개 포도 4000
양아무개 수박 3000
```

그림 3.21 "부록6.txt" 파일

- write.csv() 함수

write.csv() 함수는 데이터프레임 형태의 CSV 파일로 저장하는 함수이다. write.csv() 함수의 사용형식은 다음과 같다.

```
write.csv(x, file, sep=",",quote=TRUE, row.names=TRUE,col.names = TRUE)
```

- x: 객체
- file: 파일 이름
- quote: 데이터의 이중따옴표 표시
- row.names: 행의 이름을 파일에 저장 여부
- col.names: 열의 이름을 파일에 저장 여부

다음은 CSV 파일 “부록4.csv”에 있는 데이터를 read.csv() 함수를 사용하여 읽은 다음 write.csv() 함수를 사용하여 다시 CSV 파일로 저장하고자 한다.

```
setwd("D:/빅데이터R고싶다/부록")
x <- read.csv("부록4.csv")
x
> x
      이름  과일  가격
1 홍아무개  사과 1000
2 김아무개    배 2000
3 임아무개    귤 2000
4 문아무개  사과 3000
5 강아무개  포도 4000
6 양아무개  수박 3000

write.csv(x, "부록7.csv")
write.csv(x, "부록8.csv",quote=FALSE, row.names=FALSE)
```

```
> write.csv(x, "부록7.csv")
```

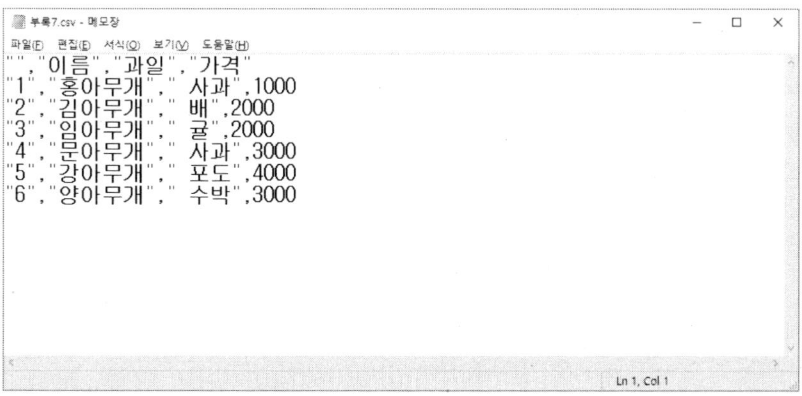


```
"","이름","과일","가격"
"1","홍아무개"," 사과",1000
"2","김아무개"," 배",2000
"3","임아무개"," 귤",2000
"4","문아무개"," 사과",3000
"5","강아무개"," 포도",4000
"6","양아무개"," 수박",3000
```

그림 3.22 “부록7.csv” 파일

```
> write.csv(x, "부록8.csv",quote=FALSE, row.names=FALSE)
```

그림 3.23 "부록8.csv" 파일

1장

1. 강원일보(2007), 강원도 인구 리포트, http://m.kwnews.co.kr/nview.asp?s=101&aid=215102800088
2. 문화체육관광부, 보도자료(2017), https://www.mcst.go.kr/
3. 보안뉴스(2019), https://www.boannews.com/
4. 빅터뉴스(2019), http://www.bigtanews.co.kr
5. 찰스 두히그(2012), 습관의 힘(The Power of Habit), 캘리온.
6. YTN뉴스(2013), "심야버스 100일, 운영 성과와 과제는?", http://www.ytn.co.kr/_ln/0103_201308022129547660_004
7. Beyer, M. A. and Laney, D(2012). The importance of big data: A definition. Stanford, CT: Gartner.
8. Davenport, T. H., and D. J. Patil(2012), "Data Scientist: The Sexiest Job of the 21st Century." Harvard Business Review 90, no. 10, 70–76.
9. Greene, D. and Cunningham, P(2006), "Practical Solutions to the Problem of Diagonal Dominance in Kernel Document Clustering", Proc. ICML 2006.
10. Gilad Lotan(2011), "Breaking Bin Laden: Visualizing the Power of a Single Tweet", http://www.visualizing.org/visualizations/breaking-bin-laden-visualizing-power-single-tweet
11. Gilad Lotan(2011), "Breaking Bin Laden: Visualizing the Power of a Single Tweet", http://blog.socialflow.com/post/5246404319/breaking-bin-laden-visualizing-the-power-of-a-single

12. Google Ngram Viewer, https://books.google.com/ngrams

13. James D. Miller, Rui Miguel Forte(2017), Mastering Predictive Analytics with R, Packt Publishing Ltd.

14. McKinsey Global Institute(2011), Big data: The Next Frontier for Innovation, Competition, and Productivity, McKinsey&Company.

15. reddit(2019), https://www.reddit.com/r/Internet/comments/b2vg3h/what_happens_in_an_internet_minute_in_2019/

16. Sammer, E(2012), Hadoop Operations, O'Reilly Media, Inc., Sebastopol, CA.

17. White, T(2012), Hadoop: The Definitive Guide. O'Reilly Media, Inc., Sebastopol, CA.

○ 2장

1. 한국일보(2019), "2019 즐거운 한가위" https://www.hankookilbo.com/News/Read/201909101610045709

2. Feinerer, I(2013), Introduction to the tm Package: Text Mining in R.

3. Feinerer, I., Hornik, K., & Meyer, D(2008), Text Mining Infrastructure in R. Journal of Statistical Software, 25(5).

4. Project Gutenberg EBook(2011), The Complete Works of William Shakespeare by William Shakespeare, http://www.gutenberg.org/ebooks/100

○ 3장

1. Zhao, Y(2013), R and data mining : Examples and case studies. Elsevier.

2. 트위터 개발자 사이트 https://developer.twitter.com

3. 트럼프 트위터 사이트 https://twitter.com/realdonaldtrump

4장

1. 이데일리(2011), https://www.edaily.co.kr/news/read?newsId=02197606596385368&mediaCodeNo=
2. 군산대학교 Data Intelligence Lab, http://dilab.kunsan.ac.kr
3. Github 사이트, https://github.com/park1200656/KnuSentiLex
4. Bertrand, K. Z., Bialik, M., Virdee, K., Gros, A., Bar-Yam, Y(2013), Sentiment in New York City: A High Resolution Spatial and Temporal View. New England Complex Systems Institute, Physics and Society.
5. Carey, B(2011), Twitter Study Tracks When We Are. The New York Times
6. Golder, S. A. and Macy, M. W(2011), Diurnal and Seasonal Mood Vary with Work, Sleep, and Daylength Across Diverse Cultures. Science 333, 1878-1881.
7. Hu, M., and Liu, B. (2004). Mining and Summarizing Customer Reviews. In Proceedings of the ACM SIGKDD International Conference on Knowledge Discovery & Data Mining, 168-177.

5장

1. 군산대학교 Data Intelligence Lab. http://dilab.kunsan.ac.kr
2. MLB, https://www.mlb.com/standings

6장

1. 이민희, 박미라, 이효정, 진서훈(2011), 공저자 네트워크를 활용한 응용통계연구 분석, 24(6), 1250-1270
2. 전희주(2015), 소셜 네트워크 분석을 활용한 통계학회 논문집과 응용통계연구 공저자 네트워크 비교, 26(2), 335-346.
3. Csárdi, G., Nepusz, T, and Airoldi, E. M(2016), AiroldiStatistical Network Analysis with igraph, Springer.

4. Dimiter Toshkov(2012), Rules of Reason. Network visualization in R with the igraph package, http://www.dimiter.eu/Visualizations.html

7장

1. Zhao, Y. 트위터, https://twitter.com/RDataMining

2. Memon, N., Xu, J. J., Hicks, D. L., Chen, H(2010), Data Mining for Social Network Data. Annals of Information Systems. Springer.

8장

1. 김민재, 이상진(2014), 코사인 유사도 기반의 인터넷 댓글 상 이상 행위 분석 방법, 한국정보보호논문지, 24(2), 335-343.

2. Cho, H. W(2019), Topic Modeling, Osong Public Health and Research Perspectives, 10(3), 115-116.

3. Reuter_50_50 data. https://archive.ics.uci.edu/ml/datasets/Reuter_50_50

4. Rhody, L. M(2012), Topic Modeling and Figurative Language, CUNY Academic Works.

찾아보기

저자 소개

임동훈

부산대학교 계산통계학과 졸업(이학사)
부산대학교 대학원 계산통계학과 졸업(이학석사)
부산대학교 대학원 통계학과 졸업(이학박사)
미국 오하이오 주립대학교(Post-Doc)
현재 경상대학교 정보통계학과 교수
연구분야: 빅데이터, 영상처리, 비모수통계학

저서

OpenCV를 이용한 영상처리, 자유아카데미, 2014
AMOS를 이용한 구조방정식 모형, 자유아카데미, 2014
R을 이용한 통계학, 자유아카데미, 2013
R을 이용한 비모수 통계학, 자유아카데미, 2010
초보자를 위한 비주얼 C++ 6.0 프로그래밍, 자유아카데미, 2008
초보자를 위한 OpenCV를 이용한 영상처리, 자유아카데미, 2008
초보자를 위한 XML 프로그래밍, 내하출판사, 2006

빅데이터 분석 : 그것이 R고 싶다

저　　자　임동훈
발 행 인　김지영
발 행 처　자유아카데미
주　　소　경기도 파주시 회동길 37-42
　　　　　파주출판도시
전　　화　031-955-1321
팩　　스　031-955-1322
홈페이지　www.freeaca.com
전자우편　main@freeaca.com (대표)
　　　　　editor@freeaca.com (편집)
　　　　　crm@freeaca.com (영업)
등　　록　제406-2003-017호, 1980. 7. 12
제1판1쇄　2020년 5월 25일 발행
정　　가　29,000원

저자와의
협의하에
인지생략

ISBN 979-11-5808-262-8 93310